RAYMOND POINCARÉ

COME FU DICHIARATA
LA GUERRA DEL 1914

A&P

Titolo originale: Raymond Poincaré
Comment fut déclaré la Guerre de 1914
Flammarion, Éditeur, 26, rue Racine, Paris, 1939

Traduzione e redazione: Aurelio Picco
Revisione: Paola Marletta

© A&P Milano – 2016 gennaio – Prima edizione
aepedizioni@studiopicco.it

ISBN 978-88-98098-02-6

Indice

Capitolo I

Apprendo al Grand Prix dell'attentato di Sarajevo. Dispacci da Vienna e da Budapest. Una visita del conte Szécsen. Francesco Giuseppe e Guglielmo II. Berchtold e Tisza. La festa del 14 luglio. Un dibattito militare al Senato.

Nel pomeriggio di domenica 28 giugno, era in programma il Grand Prix di Longchamp. Madame Poincaré ed io dovevamo, come tradizione, andare ad assistere alla corsa. Siamo partiti con un tempo splendido, con un tiro alla daumont[1], lungo i viali del Bois; sul nostro percorso si accalcava una folla spensierata e gioiosa. Non si dirà mai abbastanza dei servizi che il sole rende alla popolarità dei capi di Stato. Nella tribuna presidenziale abbiamo trovato i presidenti delle Camere e il corpo diplomatico. Per i nostri ospiti era stato preparato un buffet. La limpidezza del cielo, l'affluenza degli spettatori, l'eleganza dei vestiti, la bellezza del campo di corse nella sua immensa cornice verde, tutto annunciava un pomeriggio piacevole.

Seguivo con uno sguardo un po' distratto il galoppo dei cavalli, quando ci è stato comunicato un telegramma dell'agenzia Havas[2] che ha gettato la costernazione fra di noi. Vi si annunciava che nel corso di una visita a Sarajevo, l'arciduca d'Austria, Francesco Ferdinando e sua moglie morganatica, la duchessa di Hohenberg, erano stati mortalmente colpiti. Erano stati commessi due attentati in sequenza: il primo, dicevano, da un tipografo di origine serba, ma suddito austriaco, di nome Kabrinovitch[3], che aveva lanciato una bomba a mano, ma aveva raggiunto solo dei passanti; il secondo, ad opera di uno studen-

---

[1] Si tratta di un elegante tiro di carrozza a sei o a quattro cavalli, introdotto in Francia dal duca di Daumont durante il regno di Napoleone I. Nelle carrozze così approntate i cocchieri siedono sui cavalli di sinistra, che quindi vengono sellati, e non c'è l'usuale sedile del conducente.

[2] *L'Agence d'information Havas* fu la prima agenzia di stampa creata in Francia, nel 1832, da Charles-Louis Havas.

[3] Nedeljko Čabrinović (1895-1916) faceva parte dell'associazione sovversiva denominata *Crna Ruka* (Mano Nera) che organizzò l'attentato di Sarajevo. Catturato dopo il lancio della bomba, che cadde su un'auto del corteo reale e fece alcuni morti, venne catturato vivo, nonostante si fosse gettato in un fiume e avesse ingerito quella che avrebbe dovuto essere una fialetta di cianuro. Morì in carcere di tubercolosi.

te, chiamato Princip[4], che aveva esploso numerosi colpi di browning, quasi a bruciapelo, sull'arciduca e sulla duchessa di Hohenberg e che aveva ferito il primo alla testa e questa al ventre. Tutti e due, trasportati al Konak, erano morti qualche minuto dopo.

Benché la notizia non abbia alcun carattere ufficiale, mi sento in obbligo a mostrare il telegramma al conte Szécsen[5], ambasciatore d'Austria-Ungheria, seduto nella tribuna non lontano da me. Sbianca in volto, si alza e mi chiede il permesso di rientrare alla sua ambasciata per attendervi informazioni dirette dal suo governo. Gli altri ambasciatori, messi al corrente, decidono di rimanere e io mi trovo, di conseguenza, obbligato a rimanere con loro sino alla fine delle corse. Ma non parliamo d'altro che di questa morte e delle complicazioni politiche che può portare. Alcuni si chiedono quale possa essere l'avvenire della monarchia d'Asburgo, i figli dell'arciduca e di sua moglie morganatica essendo stati esclusi dalla successione al trono dalla volontà di Francesco Giuseppe; altri si preoccupano di vedere nuovamente posti, in modo acuto, i problemi balcanici. Lahovary, ministro di Romania, è alquanto cupo. Teme che questo crimine fornisca all'Austria un pretesto per dichiarare una guerra.

Rientrato all'Eliseo, mi affretto a telegrafare al vecchio imperatore: «*Apprendo con tristezza indignata dell'attentato che infligge un nuovo dolore a Vostra Maestà e che porta il lutto nella famiglia imperiale e nell'Austria-Ungheria. Prego Vostra Maestà di credere alla mia profonda simpatia.*» A dire il vero, non ero molto sicuro che la morte del nipote avesse fatto piombare lo zio in un profondo dolore. Non ignoravo che i loro rapporti erano alquanto tesi e che Francesco Giuseppe non aveva mai perdonato all'arciduca ereditario il suo matrimonio con Sofia Chotek[6].

---

[4] Gavrilo Princip (1894-1918) entrò, poco più che adolescente, nella Giovane Bosnia (*Mlada Bosna*) associazione ultranazionalista e rivoluzionaria che aveva come obiettivo l'annessione della Bosnia, che allora era stata inglobata con l'Erzegovina nel regno asburgico, al regno di Serbia. Gli attentatori di quel 28 giugno 1914 erano sei, ma solo Princip e Čabrinović, gli unici ad entrare in azione, furono arrestati dalla polizia, mentre gli altri si dispersero anonimi nella folla. Il diciannovenne Princip era troppo giovane per subire una condanna a morte e gli fu così inflitta una pena di vent'anni dei quali ne scontò solo quattro, perché morì di tubercolosi, nel carcere di Terezin, il 28 aprile del 1918.
[5] Nikolaus conte Szécsen di Temerin (1857-1926) di nobile famiglia ungherese, percorse tutta la carriera in diplomazia fino ad essere nominato, nel marzo del 1911, ambasciatore a Parigi.
[6] Sophie Maria Josephine Albina Gräfin Chotek von Chotkow und Wognin (1868-1914) apparteneva a un'antica famiglia aristocratica boema. Nel 1899, Francesco Giuseppe, dopo una lunga opposizione determinata dal fatto che per entrare a far parte della fami-

In effetti, se si vuole dar credito al generale Margutti, Francesco Giuseppe, nell'apprendere la morte del suo erede, si sarebbe limitato a dire: «Un potere superiore ha ristabilito l'ordine che disgraziatamente io non ero stato in grado di mantenere.» Sia quel che sia, al lunedì, ricevo dall'imperatore una risposta nella quale mi ringrazia delle mie condoglianze in termini così calorosi che potrebbero far pensare a un uomo molto afflitto.

Poco a poco ci giungono diversi ragguagli sul dramma di Sarajevo e sul seguito che può avere. Il nostro ambasciatore a Vienna, Dumaine, scrive il 29 giugno a Viviani[7]: *«Il conte Berchtold[8] mi ha parlato con una sincera emozione della sua lunga intimità con l'arciduca defunto. Essendo della stessa età, dall'infanzia e durante gli anni della giovinezza aveva intrattenuto con Francesco Ferdinando d'Este rapporti di amicizia, trasformati, nel corso del tempo, in un fiducioso e fedele attaccamento. Allo stesso modo, tra la duchessa di Hohenberg e la contessa Berchtold esisteva un'amicizia che datava dalla loro nascita. L'ultimo ricevimento al castello di Konopischt, dove il ministro e sua moglie sono stati oggetto delle più amichevoli attenzioni, è divenuto una estrema testimonianza di quei sentimenti con cui il conte Berchtold mi ha intrattenuto, con un'abbondanza di particolari che non ci si sarebbe aspettata dal suo abituale riserbo. Egli è stato generalmente giudicato ma-*

glia imperiale bisognava appartenere a una delle case regnanti in Europa, concesse al nipote di sposare Sophie morganaticamente e venne stabilito che i discendenti non avrebbero potuto salire al trono imperiale. Il matrimonio ebbe luogo il 1° luglio del 1900 e dalla coppia nacquero quattro figli di cui uno, l'ultimo, morto in fasce.

[7] René Jean, Raphaël, Adrien Viviani (1863-1925) deputato socialista, cofondatore con Jean Jaurès del giornale *L'Humanité*, fu nominato presidente del Consiglio il 13 giugno del 1914, dopo una travagliata crisi politica determinata dall'esito delle elezioni tenutesi nel mese precedente. Assunse anche il dicastero degli Affari esteri che cedette prima a Doumergue e poi a Théophile Delcassé. Lasciò l'incarico di presidente del Consiglio il 29 ottobre del 1915 per poi ricoprire altre cariche ministeriali.

[8] Leopold von Berchtold (1863-1942), naturalizzato ungherese ma con radici austriache fu una figura centrale in quegli anni per la politica austro-ungarica. Dopo essere stato ambasciatore in Russia, assunse la carica di ministro degli Affari esteri nel gennaio del 1912. Già nel 1913, quando la Conferenza di Londra, che si tenne al termine della Prima Guerra balcanica, stabilì i confini dell'Albania, Berchtold ebbe modo di scontrarsi con la Serbia che aveva invaso con forze militari alcuni territori del nuovo stato albanese. Il 18 ottobre di quell'anno, di fronte alla vaga rassicurazione del governo serbo di Nikola Pašić di «non voler ulteriormente avanzare in territorio albanese» inviò a Belgrado un ultimatum nel quale intimava alla Serbia di ritirare, entro otto giorni, le truppe che avevano oltrepassato il confine, poiché in caso contrario si sarebbe visto costretto a ricorrere ai mezzi adatti ad assicurare il compimento della sua richiesta. Ebbe un atteggiamento molto rigido contro la Serbia dopo l'attentato de Sarajevo, in contrasto con il Presidente del Consiglio ungherese István Tisza, che era invece un convinto pacifista.

le, mi diceva il conte, perché aveva un carattere difficile, ostinato, ed era indifferente al timore di farsi dei nemici. Ma era un principe dall'intelligenza aperta e capace di disegni considerevoli. Molto ingiustamente, è stato accusato di meditare una politica aggressiva contro qualche stato, in particolare contro la Russia. Posso invece affermare che, al contrario, si ispirava a sentimenti favorevoli nei confronti del vicino impero. Seguiva in questo la tradizione di suo padre[9] che, avendo compiuto numerose missioni alla corte di San Pietroburgo, aveva conservato un'alta stima per il popolo russo e si era legato d'amicizia con lo zar Nicola. Se avesse regnato, sono certo che l'arciduca avrebbe manifestato sentimenti russofili.»

Dopo aver riportato questa conversazione, Dumaine proseguiva: «Colpito da una morte tanto onorevole quanto crudele, nel compimento dei doveri di un quasi-sovrano e di un generalissimo, Francesco Ferdinando è chiamato, insomma, a beneficiare del segreto della sua enigmatica natura. Mentre quando era vivo il suo regno futuro era quasi unanimemente temuto, d'ora in poi gli verranno attribuiti i progetti di governo più lusinghieri per la sua memoria. Tutto ciò che è permesso supporre, sembra, è che la violenza delle sue passioni avrebbe potuto condurlo a sconvolgere le basi e la politica estera della monarchia, senza che si possa dire se l'esperienza sarebbe stata felice. Detestava gli ungheresi e gli italiani, da qui il pensiero che gli si attribuiva di favorire lo slavismo a detrimento dei magiari e della penetrazione italiana nel litorale austriaco dell'Adriatico. Tuttavia, spinto da queste tendenze, avrebbe istituito il trialismo o dotato le differenti nazionalità riunite sotto il suo scettro di un'autonomia abbastanza ampia da soddisfare le aspirazioni degli uni e degli altri? In Romania ci si attendeva da lui un miglioramento della sorte delle popolazioni della Transilvania, oppresse dagli ungheresi. In Serbia, l'opinione pubblica gli era favorevole, perché si sperava che creasse un regime jugo-slavo. Ma era verosimilmente fare i conti senza il suo stretto ultramontanismo, che doveva ispirargli tanto orrore per gli scismatici dei diversi culti quanto per gli italiani spogliatori degli stati pontifici. All'interno, i cechi ritenevano, pressappoco, che con loro sarebbe stato caritatevole, a causa dell'influenza che sua moglie, nata da una delle vecchie famiglie boeme, esercitava sul suo animo. Il popolo, senza conoscerlo troppo e giudicando su ciò che veniva riportato sul suo fanatismo clericale e la sua avarizia, non l'amava. Tuttavia, ora che è scomparso, si contrappongono quelle probabilità di rischiosi cambiamenti alla quasi certezza di vedere prolungate, sotto il regno di un giovane sovrano senza personalità, le tradizioni antiquate care al vecchio imperatore attuale. La puerilità minaccia di succedere alla se-

---

[9] Carlo Ludovico Francesco Giuseppe d'Asburgo (1833-1896), fratello minore di Francesco Giuseppe.

nilità. C'è di che far affliggere coloro che, nell'atmosfera viennese di irriflessione e di spensieratezza, si inquietano per la coesione della monarchia, e per pericoli di un vicino avvenire.» Firmato: Dumaine.

In un altro dispaccio, datato 30 giugno, Dumaine aggiunge: «*Secondo Jovanovitch (ministro serbo a Vienna), il suo governo si sarebbe imposto da parecchio tempo la regola di far rispettare il rigoroso isolamento in cui sono mantenute le due province annesse. A Belgrado, trattano i fratelli di razza del paese vicino «come se fossero infestati dal colera». Ma i fratelli bosniaci non hanno bisogno di essere eccitati. La grande maggioranza tra loro si rassegna ad attendere gli avvenimenti favorevoli al sogno panserbo; alcuni violenti, più anarchici che patrioti, preconizzano il ricorso ai mezzi rivoluzionari. Che abbiano delle affiliazioni con gruppi simili nella stessa Serbia e che si procurino le armi in Serbia è abbastanza verosimile. Se tuttavia i loro armeggi sfuggono all'arcigna polizia austriaca, come rimproverare all'amministrazione serba l'insufficiente sorveglianza?*»

Lo stesso giorno, il nostro console a Budapest scrive al Quai d'Orsay: «*Colui che gli ungheresi denunciavano come loro nemico e come l'amico degli slavi è morto assassinato dai serbi. Il fatto è che Francesco Ferdinando non era, in generale, amato dai serbi e dagli slavi più di quanto lo fosse dagli ungheresi. Da una parte, non gli si perdonava di essere stato l'ispiratore principale dell'annessione della Bosnia Erzegovina. Dall'altra, i nazionalisti serbi e slavi avevano tutte le ragioni di diffidare dei suoi grandi progetti trialisti. Dando soddisfazione a certe rivendicazioni, costituendo quegli stati slavi nello stesso ambito della monarchia, quei progetti erano di natura tale da separare per sempre dal regno i serbi dell'impero e forse, un giorno o l'altro, in virtù della forza di attrazione di un grande stato, avrebbero condotto all'annessione pura e semplice della Serbia.*»

Nel complesso, le valutazioni dei nostri agenti sono state confermate da tutto ciò che si è potuto sapere più tardi sulle cause e sullo svolgimento dell'attentato. È certo che Princip e Kabrinovitch erano sudditi austriaci. Non è meno certo che il consigliere di sezione Wiesner, incaricato dalla Ballpltaz[10] di procedere a una inchiesta sul duplice omicidio di Sarajevo, aveva scritto già dal 13 luglio 1914, nel suo rapporto ufficiale: «*La complicità del governo serbo nella direzione dell'attentato, nella preparazione o nella consegna delle armi, non è per nulla provata, e non è neanche da presumere. Molto di più, vi sono ragioni che fanno considerare tutto ciò impossibile.*» Probabilmente, i due assassini avevano abitato a Belgrado e le granate portavano il marchio dell'arsenale di Kraguje-

---

[10] Veniva così denominata la sede del Ministero degli esteri a Vienna. Oggi è sede della cancelleria federale austriaca.

vac[11]. Ma Wiesner dichiarava nello stesso rapporto: «*Non vi sono prove che esse siano state prese in quel deposito al momento dell'attentato e con questa intenzione, poiché le bombe possono provenire dai munizionamenti dei combattenti dell'epoca della guerra.*»

Comunque, la morte dell'arciduca, precedendo quella del vecchio imperatore, non riapriva soltanto la questione balcanica, ma poneva anche la questione dell'Austria. Già da qualche tempo, il malessere interno dell'Austria andava accrescendosi. La perdita del trono di Albania da parte del principe Guglielmo di Wied[12] era stata sentita a Vienna come una ferita all'amor proprio, quasi come un'umiliazione. Lo stesso imperatore Guglielmo II aveva creduto opportuno ricevere il suo confidente e amico Francesco Ferdinando e discutere nuovamente con lui le questioni relative all'Oriente. L'incontro era stato fissato per il 12 giugno nella proprietà preferita dall'arciduca ereditario, a Konopischt, in Boemia. Nel suo libro *Cause e inizio della Guerra Mondiale (Ursachen und Ausbruch des Weltkriegs)*, von Jagow[13] ha scherzosamente dato come ragione di questo incontro principesco il desiderio che avevano l'imperatore e l'arciduca di ammirare insieme la fioritura delle rose. Una sorta di idillio, ecco tutto. Dopo l'incontro, von Tschirschky[14], ambasciatore della Germania a Vienna, inviava al cancelliere un rapporto che iniziava così: «*Il conte Berchtold è stato invitato a Konopischt dall'arciduca Francesco Ferdinando, dopo la partenza di Sua Maestà l'Imperatore. Il ministro mi ha raccontato oggi che S. A. imperiale e reale ha dichiarato di essere molto soddisfatta della visita di S. M. l'Imperatore. Egli ha discusso con Sua Maestà tutte le possibili questioni e ha potuto constatare*

---

[11] Kragujevac si trova in Serbia ed era nota per le sue fabbriche di armamenti.

[12] Principe Guglielmo di Wied (1876-1945) fu effettivamente sul trono di Albania solo per qualche mese: dal 7 marzo 1914 al 3 settembre dello stesso anno, quando lasciò il paese sulla nave italiana Misurata e si trasferì a Venezia. La sua reggenza era frutto di un accordo nato alla conclusione della prima guerra balcanica dal Patto di Londra del maggio 1913. Con l'attentato di Sarajevo le sei potenze che avevano stipulato tale accordo (Austria-Ungheria, Francia, Germania, Italia, Gran Bretagna e Russia) e che di fatto costituivano la garanzia di Wied, si trovarono in conflitto fra loro e mancò quindi l'appoggio internazionale dal quale era nato il regno di Albania.

[13] Gottlieb von Jagow (1863-1935) intraprese la carriera diplomatica che lo portò in Lussemburgo (1907-1909) e in Italia (1909-1913), per essere nominato, nel 1913, ministro degli Affari esteri da Guglielmo II. Secondo alcuni fu il principale fautore e sostenitore di un piano che avrebbe dovuto provocare una guerra tra Stati Uniti e Messico e, quindi, evitare che i primi entrassero nel conflitto europeo.

[14] Heinrich Leonhard von Tschirschky und Bögendorff (1858-1916), diplomatico, fu anche ministro degli Esteri della Germania (1906-1907), per poi ricoprire, dal 1908 al 1916, la funzione di ambasciatore a Vienna.

la piena concordanza delle loro vedute.»

Qualsivoglia siano stati gli argomenti trattati in queste misteriose conversazioni, vi è da notare che esse sono state immediatamente seguite da inspiegabili misure militari. Il 27 giugno, vale a dire alla vigilia dell'attentato di Sarajevo, il nostro ministro a Belgrado scriveva: *«Delle misure militari sono state prese qualche giorno dopo alla frontiera con la Serbia. Sono stati concentrati centomila uomini in Bosnia e in Dalmazia, e stabilito un cordone di truppe e di gendarmeria lungo le rive della Save e del Danubio, dall'Orsova a Raca. La brigata Semlin è stata munita di artiglieria e di cavalleria. La ferrovia è sorvegliata militarmente da Semlin a Szabatka.»*

Non è tutto. Tra il 14 e il 27 giugno, prima che l'arciduca partisse per Sarajevo, il Ballplatz redigeva un'importante memoria destinata a dimostrare che, per l'Austria, la situazione nei Balcani era divenuta intollerabile. Dopo la rivoluzione del 9 novembre 1918[15], in un momento in cui pressoché la Germania intera sembrava aprire gli occhi alla verità, Karl Kautsky[16], segretario di Stato aggiunto agli Affari esteri del Reich, rimarcava con ragione che in questo documento del Ballplatz non si poteva rilevare altra cosa se non un progetto, concepito in stile diplomatico, di guerra preventiva contro la Russia. In effetti, gli autori della memoria se la prendevano in primo luogo con la Romania il cui re, benché fosse un Hohenzollern[17], aveva appena ricevuto lo zar a Costanza[18], e che denunciavano, a dispetto di tutte le «rimostranze amicali», come propenso ad allontanarsi dalla politica austro-ungherese. Non vi era più da sperare, dicevano, in un cambiamento favorevole e concludevano che l'Austria da quel momento doveva rinunciare, non solo nei confronti della Romania, ma anche nei confronti della Serbia e della Russia, a ciò che chiamavano «la politica dell'attesa tranquilla». Era necessario provocare un'alleanza tra la Bulgaria e la Turchia e utilizzare l'azione combinata di questi due popoli contro la Serbia. La propaganda tedesca si è sforzata da qualche anno di seppellire questa memoria, in cui si rivela così crudamente il

[15] In questa data l'imperatore Guglielmo II abdicò e venne proclamata la repubblica di Weimar.
[16] Karl Kautsky (1854-1938) dopo la morte di Engels, del quale fu segretario per cinque anni a Londra (1885-1890), divenne uno dei maggiori teorici del socialismo. Fu tra i fondatori del Partito Social Democratico (SPD) in Germania e, per questo, co-estensore del Programma di Erfurt. Ebbe una posizione massimalista.
[17] Carlo I di Romania, nato principe Carlo Eitel Federico Zefirino Ludovico di Hohenzollern-Sigmaringen (1839-1914).
[18] Si tratta di *Constanta* in Romania sulla sponda occidentale del Mar Nero.

segreto pensiero dell'Austria-Ungheria, sotto i commenti del *Libro nero* sovietico. Ciò non di meno questa memoria era stata redatta fin dal 24 giugno ed era evidentemente fatta per preparare l'accerchiamento e l'umiliazione della Serbia.

Questo significativo documento stava per partire per Berlino nel momento stesso in cui è stato ucciso Francesco Ferdinando. Subito, Francesco Giuseppe ne affretta la spedizione e l'appoggia con una lettera autografa indirizzata a Guglielmo II: «*Gli sforzi del mio governo –* scrive *– devono da questo momento avere come fine l'isolamento e la riduzione della Serbia. La prima tappa in questa via andrà ricercata in un rafforzamento dell'autorità dell'attuale governo bulgaro, in modo tale che la Bulgaria, i cui veri interessi concordano con i nostri, sia al sicuro da un ritorno alla russofilia. Quando a Bucarest si saprà che la Triplice Alleanza è decisa a non abbandonare l'idea di unire a sé la Bulgaria, ma che è disposta a impegnare questa a legarsi con la Romania e a garantire l'integrità territoriale di quest'ultima, forse si ritornerà sulla pericolosa direzione in cui è stata spinta dall'amicizia serba e dal riavvicinamento con la Russia. Inoltre, si potrebbe, in caso di successo, cercare di riconciliare la Grecia con la Bulgaria e con la Turchia. Si formerebbe così, sotto gli auspici della Triplice Alleanza, una nuova lega balcanica che avrebbe come oggetto arrestare la pressione dell'onda panslavista e assicurare la pace ai nostri stati. Tutto ciò sarà possibile se la Serbia, che è attualmente il perno della politica panslavista, viene eliminata dai Balcani in quanto fattore politico.*»

Nello stesso tempo, la memoria è completata con una energica conclusione: «*La necessità impone alla monarchia di strappare con mano vigorosa l'intreccio che il suo avversario vuole gettare sulla sua testa come una rete.*»

La morte di Francesco Ferdinando non è stata dunque la causa, ma è stata l'occasione e il pretesto della *Strafexpedition* che l'Austria già preparava contro la Serbia. Tant'è vero che, all'indomani stesso dell'attentato, il conte Berchtold diceva al capo di stato maggiore, Conrad von Hoëtzendorff, che era suonata l'ora di risolvere la questione serba. Il ministro degli Affari esteri annunciava nello stesso tempo al conte Tisza[19], presidente del Consiglio ungherese, «la sua in-

---

[19] István Tisza (1861-1918) fu primo ministro d'Ungheria dal 1903 al 1905 e successivamente dal 1913 al 1917. Benché avesse ricevuto l'educazione universitaria a Oxford, Tisza era un convinto conservatore e si oppose sempre all'allargamento del suffragio, che in Ungheria riguardava solo il 6% della popolazione, anche per evitare di dar voce alle minoranze etniche che facevano parte dell'impero. Inizialmente contrario alla guerra, feroce oppositore delle rivendicazioni serbe ma anche contrario alle ipotesi di annessio-

tenzione di approfittare del crimine di Sarajevo per regolare i conti con la Serbia». Il conte Tisza era al momento assai esitante. Non tanto, sembra, per amore della pace, poiché egli stesso scriveva: «Sarebbe la mia minor preoccupazione trovare un *casus belli* adeguato»; ma non giudicava opportuna un'aggressione immediata alla Serbia perché, temendo l'intervento della Russia, voleva innanzi tutto aumentare le possibilità dell'Austria-Ungheria con un appoggio certo di Bucarest e di Sofia. Senza tener conto di questo parere, Berchtold invia a Berlino, fin dalla sera del 4 luglio, il suo capo di gabinetto, il conte Hoyos[20], latore della memoria e della lettera imperiale.

A Parigi, naturalmente ignoriamo questa corrispondenza segreta e i progetti in essa contenuti. L'opinione pubblica era ancora più lontana del governo dal sospettarli. Vienna, Budapest, Sarajevo sono per molti francesi delle città che si perdono tra le brume della lontananza, e gli stessi ministri hanno motivi di preoccupazione più prossimi della scomparsa dell'arciduca. Al Consiglio di martedì 30 giugno, si discute un poco d'Austria; si discute molto delle congregazioni.

Personalmente mi ripago della politica ricevendo a colazione, in occasione dei Salons, i membri della società degli artisti e trascorrendo con loro, sulla terrazza e in giardino, una deliziosa serata[21]. Poi, ricomincia la serie di feste e cerimonie. Gran premio ciclistico a Vincennes. Pubblico numeroso e popolare. Siamo a domenica 5 luglio. Il conte Hoyos è arrivato a Berlino. Ma nulla si sa a Parigi e nessuno in questa folla intuisce la catastrofe che minaccia il mondo: né io, che presiedo, né le brave persone che mi acclamano. Le notizie che riceviamo dall'Est europeo sono ancora molto vaghe. Siamo esattamente informati su ciò che si vede, ma come i nostri rappresentanti possono intui-

---

ne di porzioni di territorio serbo all'impero, successivamente si convinse della necessità di un'azione militare.

[20] Ludwig Alexander Georg von Hoyos zu Stichsenstein (1876-1937) iniziò la carriera diplomatica nel 1900 a Pechino come *attaché* all'ambasciata austriaca e fu successivamente a Parigi, Belgrado, Berlino, Stoccarda e Londra. Nell'aprile del 1912 venne nominato capo di Gabinetto al ministero degli Affari esteri, all'epoca guidato da Berchtold. Fu a capo di un gruppo di diplomatici di nuova generazione, denominati «Giovani Ribelli», che propugnava una politica estera più aggressiva per fermare il declino dell'impero austroungarico. Una posizione che si rivelò fatale nella crisi del 1914.

[21] Si tratta del *Salon des artistes français* esposizione annuale gestita dalla *Société des artistes français*, nata nel 1881 proprio con lo scopo di gestire questa manifestazione.

re ciò che non si vede? Il 2 luglio, de Valicourt, console francese a Trieste, invia al Quai d'Orsay un interessante rapporto sull'arrivo delle spoglie mortali dell'arciduca e di sua moglie. Alla vigilia, la corazzata austriaca *Viribus unitis*, che trasportava i due corpi scortata da numerose corazzate e torpediniere, ha gettato l'ancora nel porto. In tutta la città, lungo le strade con le alte case, senza imposte né persiane, delle quali parla Stendhal nella sua corrispondenza, vi sono paramenti e bandiere fasciate a lutto. Il 2, in mattinata, i feretri sono stati sbarcati sulla riva. Benché italiana di razza e di lingua, la popolazione di Trieste si accalca rispettosa lungo il percorso del corteo. L'itinerario è lo stesso di quello seguito, il 18 gennaio 1868, dai resti dell'imperatore Massimiliano[22]. Sette vetture mortuarie, cariche di più di duecento corone, precedono i due carri funebri. I corpi sono depositati alla stazione ferroviaria meridionale in un vagone funerario che, alle dieci del mattino, si mette in marcia per Vienna. Cinque minuti dopo, il convoglio attraversa senza fermarsi la stazione di Miramare, in vista di quel castello dove, l'aprile scorso, l'arciduca ha meravigliosamente ricevuto l'imperatore Guglielmo, davanti alla squadra navale giunta da Pola per salutare i due grandi alleati.

Il 2, alla sera, i feretri giungono a Vienna e sono esposti alla luce dei candelieri. È da questo momento che Dumaine ci descrive il seguito delle cerimonie funebri. Aggiunge che a nessuna di queste è stato invitato il corpo diplomatico, e che a nessuna è apparso Guglielmo II. Il Kaiser aveva annunciato sin dalla prima ora che avrebbe assistito alle esequie. Era stato recentemente l'ospite così gioiosamente accolto dall'arciduca a Konopischt, che il suo desiderio di rendergli l'estremo saluto sembrava del tutto naturale. Ma voleva portare con sé gli ufficiali del reggimento prussiano del quale il defunto era colonnello onorario e là, come ovunque, colpire con il lustro della sua presenza. Era una pretesa che male si accordava con il modesto e incolore programma che era stato preparato. La rigorosa etichetta, in effetti, non permetteva che la sposa morganatica dell'arciduca partecipasse a delle onoranze principesche. Non un solo membro della famiglia degli Asburgo si era disturbato per accompagnare da Sarajevo a Vienna le

---

[22] Si riferisce a Ferdinando Massimiliano d'Austria (1832-1867) che fu imperatore come Massimiliano I del Messico. Fu fucilato dagli oppositori repubblicani dopo un breve regno durato appena tre anni (1864-1867). Nel 1868, la salma fu riportata a Trieste sul *Novara*, la stessa fregata che l'aveva portato oltreoceano. Fu sepolto a Vienna.

spoglie delle vittime. L'armata non era stata ammessa ai funerali del suo generalissimo e, con il pretesto di salvaguardare la salute del vecchio imperatore, si era riusciti ad evitare l'arrivo dei sovrani stranieri e delle loro famiglie. L'imperatore tedesco, informato dell'accoglienza fatta alle sue proposte, si era ricreduto e aveva annunciato che era trattenuto a Potsdam da una leggera indisposizione. Mentre Dumaine dava al governo della Repubblica questi curiosi dettagli, già intuiva ciò che si stava tramando nell'ombra e scriveva: «*Dopo aver suscitato da vivo tanti timori e sollevato tanta inimicizia, l'arciduca Francesco Ferdinando d'Este rimane, persino nella morte, inquietante e minaccioso. L'attentato nel quale è perito rianima gli odi contro la Serbia e contro la Russia. Con il pretesto di vendicare l'assassinio, è pressoché tutta la questione balcanica che si pretende di riaprire.*»

Peraltro, la Germania, senza neanche conoscere esattamente le circostanze della morte, prende partito per l'Austria contro la Serbia, e il 4 luglio de Manneville, che sostituisce a Berlino il nostro ambasciatore in congedo, telegrafa a René Viviani: «*Il sottosegretario di Stato agli Affari esteri mi ha detto ieri e ha ripetuto oggi all'ambasciatore di Russia, che sperava che la Serbia desse soddisfazione alle richieste che l'Austria avrebbe potuto porre in relazione alla ricerca e al perseguimento dei complici del crimine di Sarajevo. E ha aggiunto che, se la Serbia avesse agito altrimenti, sarebbe andata contro l'opinione di tutto il mondo civilizzato.*»

Sazonov[23], al contrario, sembra portato a difendere la Serbia contro azioni arbitrarie. Ha amichevolmente segnalato al conte Czernin[24], incaricato d'affari dell'Austria-Ungheria a San Pietroburgo, l'inquietante irritazione che gli attacchi della stampa viennese contro la Serbia, a seguito di un crimine commesso sul territorio austro-ungarico da sudditi austriaci, rischiano di produrre in Russia; e poiché il conte Czernin lasciava intendere che il governo austro-ungarico avrebbe potuto essere obbligato a ricercare sul suolo della Serbia gli istigatori dell'attentato di Sarajevo, Sazonov l'ha interrotto: «Nessun paese più della Russia – ha detto – ha dovuto soffrire di attentati preparati su territorio straniero. Abbiamo mai preteso di impiegare contro qualsivoglia paese i comportamenti che i vostri giornali minaccia-

---

[23] Sergueï Dmitrievitch Sazonov (1860-1927) fu ministro degli Affari esteri dell'impero Russo dal 1910 al 1916.

[24] Ottokar Theobald Otto Maria, conte Czernin (1872-1932) amico di Francesco Ferdinando, diplomatico di carriera, venne nominato ministro degli Esteri dell'impero asburgico nel dicembre del 1916, in sostituzione di Stephan Burián von Rajecz, e rimase in carica sino all'aprile del 1918, quando il ministero ritornò al suo predecessore.

no contro la Serbia? Non avviatevi su questa strada; è pericolosa.»

Il 5 luglio, il conte Szécsen viene all'Eliseo e mi ringrazia nuovamente, a nome dell'imperatore Francesco Giuseppe e del governo austro-ungarico, delle condoglianze che ho espresso al sovrano e alla famiglia imperiale. Nel corso dell'incontro, rinnovo l'assicurazione che quel crimine ha causato nell'intera Francia un reale sentimento d'orrore. Sottolineo discretamente che, in generale, gli assassini politici sono, come quello del presidente Carnot[25] in Francia, degli atti isolati di fanatici. Il conte Szécsen, ai cui atteggiamenti pacifisti ho sovente reso omaggio, mi risponde tuttavia come se già avesse ricevuto una parola d'ordine: «Il crimine di Caserio non corrispondeva ad alcuna agitazione francofoba in Italia. Al contrario, da molti anni, in Serbia si impiega ogni mezzo lecito e illecito per eccitare gli slavi contro la monarchia austro-ungarica.»

La tesi che mi ha presentato, con moderazione, l'ambasciatore imperiale non tarda a divenire quella del governo austro-ungarico. Tutti a Vienna parlano correntemente di farla finita con la Serbia. Fin dal 30 giugno, Tschirschky, ambasciatore della Germania in Austria, constata la generalità di questo stato d'animo e ne informa Wilhelmstrasse: «*Ieri* – scrive - *ho sentito persone serie esprimere il desiderio di regolare definitivamente i conti con la Serbia. Approfitto di ogni occasione per sconsigliare pacatamente, ma in modo serio, di adottare misure precipitose.*» Alla buon'ora! Ecco un ambasciatore della Germania che si distingue per la sua moderazione. Ma il suo rapporto è sottoposto all'imperatore e Guglielmo immediatamente l'annota rabbiosamente: «*Chi l'ha autorizzata?* - scrive (chi ha autorizzato Tschirschky ad avere questo linguaggio ragionevole?). *È alquanto stupido. Tutto ciò non la riguarda affatto. È esclusivamente affare dell'Austria decidere ciò che deve fare. Poi, se ciò non andrà bene, si dirà: È la Germania che non l'ha voluto! Che Tschirschky mi faccia il piacere di lasciar stare tutte le sue sciocchezze. Con i serbi, bisogna finirla il più presto possibile. Ora o mai più!*» In questa parola d'ordine imperiale, imperiosa e imperativa c'era tutto Guglielmo II, come ce l'ha descritto il suo compatriota Emil Ludwig[26], in un libro che non è

---

[25] Marie François Sadi Carnot (1837-1894), presidente della Repubblica francese, fu assassinato, a Lione, dall'anarchico italiano Sante Caserio. L'attentatore spiegò il suo gesto con la mancata grazia a Auguste Vaillant, anarchico francese condannato a morte per aver portato a termine un attacco dinamitardo alla Camera dei deputati, dove rimasero feriti una ventina di parlamentari. Caserio fu ghigliottinato il 16 agosto 1894.

[26] Si riferisce alla biografia *Guglielmo II* scritta dal giornalista e scrittore Emil Ludwig (1881-1948). In Italia, Ludwig è noto per la sua opera *Colloqui con Mussolini*.

senza errori, né senza ingiustizie, ma che ci permette di misurare i danni dell'orgoglio in una mente turbata d'autocrate.

Il 5 luglio, mentre ricevo la visita di ringraziamento del conte Szécsen si svolgono al castello di Potsdam dei lunghi e misteriosi incontri. Il conte Hoyos è appena arrivato a Berlino portando la memoria austriaca e la lettera di Francesco Giuseppe. L'ambasciatore d'Austria a Berlino, il conte Szogyéni, riceve questi scritti dalle mani del conte Hoyos e si incarica di rimetterli a Guglielmo II. Chiede udienza all'imperatore e viene invitato a far colazione a Potsdam. Il rendiconto della sua missione, redatto da lui la sera stessa, figura nel *Libro Rosso* austriaco del 1919. L'imperatore, dopo aver preso conoscenza della lettera e della memoria, dichiara che l'Austria può contare sul pieno appoggio della Germania; è del parere che non bisogna attendere molto per agire. L'atteggiamento della Russia, aggiunge Guglielmo, sarà certamente ostile, ma da tempo è preparato a questa eventualità e l'Austria può essere assicurata che, anche se scoppia una guerra tra lei e la Russia, la Germania resterà fedelmente al suo fianco. La Russia, del resto, non è pronta per la guerra.

All'indomani mattina, Bethmann Hollweg[27], dopo aver ricevuto l'incarico dall'imperatore, riceve a sua volta l'ambasciatore d'Austria ed ha con lui un incontro che noi conosciamo sia grazie a un telegramma del cancelliere a Tschirschky, sia dal rapporto dell'ambasciatore d'Austria al suo governo.

Bethmann Hollweg si dichiara pronto a iniziare un'azione diplomatica per far entrare la Bulgaria nella Triplice e per rinsaldare l'alleanza austro-rumena. Promette nella stessa misura che la Germania, «conformemente agli obblighi dell'Alleanza e alla sua vecchia amicizia», resterà a fianco dell'Austria-Ungheria in un'azione contro la Serbia.

Il conte Szogyéni precisa che l'appoggio garantito dal cancelliere non comporta né riserve né condizioni e che Bethmann Hollweg ha dichiarato: «Per quanto concerne i rapporti dell'Austria con la Serbia, il governo tedesco si attiene al punto di vista che è l'Austria a giudicare ciò che bisogna fare per regolarli. Essa può, a tal fine, qualunque sia la sua decisione, contare con certezza che la Germania si troverà die-

---

[27] Theobald Theodor Friedrich Alfred von Bethmann Hollweg (1856-1921) conobbe il futuro imperatore Guglielmo II durante i suoi studi universitari e questo gli aprì le porte di una lunga carriera politica che lo portò a sostituire, nel 1909, von Bulow nella carica di cancelliere dell'impero tedesco, carica che mantenne sino al luglio del 1917.

tro ad essa come alleata e come amica[28].»

L'ambasciatore d'Austria a Berlino riporta infine che Bethmann Hollweg ha, come l'imperatore, espresso l'opinione che l'Austria doveva agire senza tardare. Questa frase è confermata dal conte Hoyos, che è stato direttamente coinvolto nei negoziati del 5 e 6 luglio: «*Considero come mio dovere* – dice – *dichiarare che a Berlino il conte Szogyéni ed io, abbiamo avuto tutti e due l'impressione che il governo tedesco fosse favorevole a un'azione offensiva immediata da parte nostra contro la Serbia, pur riconoscendo chiaramente che ne sarebbe potuta seguire una guerra mondiale.*» Ma ci sono state a Potsdam e a Berlino, il 5 e il 6 luglio, altre conversazioni oltre a quelle che ho appena riassunto. Si è anche pensato che si era tenuto, al castello imperiale, un gran consiglio della Corona. Sembra proprio che gli incontri del 6 luglio non abbiano preso questa forma solenne, ma è altrettanto certo che a quella data e, dopo aver ricevuto l'ambasciatore d'Austria, l'imperatore abbia avuto lunghe riunioni con i più alti gradi militari e navali.

Secondo il *Libro bianco* che ha pubblicato il Reich nel mese di giugno del 1919, nulla sarebbe stato più inoffensivo e banale di quelle conversazioni. In un pranzo informale, si sarebbero scambiate vaghe parole sulla situazione politica. All'indomani, Guglielmo, completamente rassicurato dai suoi visitatori, sarebbe partito per la sua crociera nel mare del Nord, con tutta la tranquillità di una coscienza senza paura e senza colpa. Eppure, il *Libro bianco* aggiunge: «*Non sono state prese (a Potsdam) decisioni particolari, perché non era possibile rifiutare all'Austria l'appoggio che le era dovuto, in virtù degli obblighi di alleanza, nelle richieste di garanzie reali da ottenere dalla Serbia. Il* Libro bianco *aggiunge espressamente, inoltre, che a Berlino si teneva contemporaneamente conto della possibilità dell'intromissione della Russia e delle sue conseguenze ma,* aggiunge, *non si valutava alcuna possibilità di guerra generale. Quanto all'intenzione di provocare un conflitto europeo, non vi è proprio questione.*»

Queste deboli spiegazioni sono in conflitto con numerose smentite. Il principe Lichnowsky[29], ambasciatore della Germania a Londra, ha confermato, nelle sue *Memorie*, i ragguagli dati dal conte Szogyéni. «*Ho ricevuto* – dice – *alla fine di giugno ordine dall'imperatore di andare a Kiel ... A bordo del Meteor (lo yacht dell'imperatore), ho appreso della morte*

---

[28] È quello che venne chiamato *l'assegno in bianco*.
[29] Karl Max von Lichnowsky (1860-1928) fu ambasciatore tedesco a Londra dal 1912 al 1914. Dissentì in modo chiaro circa l'opportunità dell'appoggio dell'impero tedesco alle rivendicazioni austro-ungariche nei confronti della Serbia e informò Berlino circa un probabile intervento inglese in un eventuale conflitto.

del possibile erede austro-ungarico. Sua Maestà espresse il rimpianto che i suoi sforzi per guadagnare l'arciduca alle sue idee fossero così annullati. Non so se un piano di politica attiva diretto contro la Serbia fosse già stato stabilito a Konopischt ... Vidi a Berlino il cancelliere imperiale gli dissi che ritenevo la nostra situazione estera alquanto soddisfacente, visto che ci trovavamo, come non accadeva da molto, in un momento positivo nei nostri rapporti con l'Inghilterra ... In Francia, inoltre, era al potere un governo pacifico. Bethmann Hollweg non parve condividere il mio ottimismo e si lamentava degli armamenti russi ... Naturalmente si guardò dal dirmi che il generale von Moltke[30] (capo di Stato maggiore tedesco) insisteva perché si facesse la guerra. Appresi, ancora, che von Tschirschky era stato biasimato a causa di un rapporto in cui diceva di aver consigliato all'Austria moderazione nei confronti della Serbia. Al mio ritorno in Slesia mi fermai qualche ora a Berlino (4 luglio) e vi appresi che l'Austria era decisa ad agire contro la Serbia, per porre fine a uno stato di cose intollerabile. Disgraziatamente, non diedi a questa notizia l'importanza che aveva ... In seguito, seppi che nel corso della discussione decisiva che ebbe luogo a Potsdam il 5 luglio la questione posta da Vienna aveva ottenuto l'assenso incondizionato di tutte le persone autorevoli, e con l'aggiunta che non vi sarebbe stato alcun male se ne fosse risultata una guerra contro la Russia. Per lo meno, è ciò che è stato riportato nel verbale austriaco che il conte Mensdorff[31] (ambasciatore dell'Austria-Ungheria in Inghilterra) ha ricevuto a Londra.»

D'altra parte, Maurice Bompard[32], anziano ambasciatore di Francia a Costantinopoli, attualmente senatore della Mosella, mi ha fornito sugli incontri di Potsdam le seguenti indicazioni: «*A quell'epoca – mi ha scritto – il mio collega barone Wangenheim[33], era a Berlino. Rientrò un po' all'improvviso a Costantinopoli il 14 luglio. Nei giorni che seguirono, fece visita al marchese Garroni[34], ambasciatore d'Italia. Gli disse allora, come par-*

---

[30] Helmuth Johann Ludwig von Moltke (1848-1916) fu capo di stato maggiore dal 1906 al 1914, quando fu sostituito da Erich von Falkenhayn.

[31] Albert von Mensdorff-Pouilly-Dietrichstein (1861-1945) fu all'ambasciata londinese dal 1889 e ne divenne il titolare nel maggio del 1904. La sua famiglia aveva legami di parentela con la corte britannica, con la quale, grazie a questi, ebbe sempre un rapporto privilegiato sino allo scoppio della guerra.

[32] Louis Maurice Bompard (1854-1935) svolse la carriera diplomatica in Tunisia, Madagascar e Montenegro. Fu inviato a Costantinopoli nel 1909 per essere richiamato in patria allo scoppio della guerra.

[33] Hans Freiherr von Wangenheim (1859-1915) fu ambasciatore in Messico e poi presso l'impero ottomano dal 1912 all'ottobre del 1915.

[34] Eugenio Camillo Garroni (1852-1935) ebbe una lunga carriera prefettizia, per essere nominato, nel 1905, senatore. L'incarico di ambasciatore a Costantinopoli giunse nel luglio 1911, ma entrò effettivamente in carica alla conclusione della guerra italo-turca e

lando a un alleato: «La guerra è decisa; la decisione è stata presa in un gran Consiglio che si è tenuto a Potsdam, sotto la presidenza dell'imperatore, prima della sua partenza per la Norvegia.» Il marchese Garroni, prima di tutto, ha tenuto per sé questa confidenza. Sembra che il fatto gli sia parso così mostruoso, che ha fatto fatica a prestarvi fede. Ma, quando la guerra scoppiò, il barone Wangenheim ne fece partecipi un po' tutti. Morgenthau[35], ambasciatore d'America, riporta nelle sue Memorie il racconto dettagliato che il suo collega tedesco gli fece di quel Consiglio, nei primi giorno dell'agosto 1914. Naturalmente, le informazioni del barone Wangenheim giunsero molto presto alle mie orecchie e, in quell'epoca, ne ho ricevuto la conferma dallo stesso marchese Garroni, con il quale cercavo di verificarne l'esattezza.»

Per giunta, nel primo *Libro bianco* pubblicato dalla Germania all'inizio della guerra, nel momento in cui l'impero si credeva sicuro della vittoria, non si sono prese quelle precauzioni che si è ritenuto di prendere dopo la disfatta, e si sono lasciati scappare questa confessione: «*Noi potevamo dire, sinceramente, al nostro alleato che condividevamo il suo modo di vedere, assicurandolo che l'azione che considerava come necessaria per mettere fine all'agitazione perseguita in Serbia contro l'esistenza della monarchia avrebbe avuto tutta la nostra simpatia. Avevamo coscienza che degli atti di ostilità dell'Austria-Ungheria contro la Serbia potevano mettere in scena la Russia e trascinarci in una guerra corrispondente ai nostri obblighi di alleanza.*»

L'imperatore, quindi, non ignorava che lasciando campo libero all'Austria e, a maggior ragione, spingendola ad agire, rischiava di provocare delle complicazioni generali. Lo sapeva così bene, che prima di imbarcarsi per il mare del Nord aveva giudicato opportuno concertarsi con gli Stati maggiori dell'armata e della marina. Ammettiamo che il cavalier von dem Bussche si sia sbagliato quando, in una nota redatta il 30 agosto 1917, in un suo passaggio al ministero, ha parlato di una deliberazione da cui risultavano dei preparativi di guerra. Ciò non di meno, è certo che l'imperatore ricevette, il 6 luglio, il generale Falkenhayn[36], ministro della Guerra, il generale von Ber-

con il trattato di Ouchy, nell'ottobre del 1912.

[35] Henry Morgenthau senior (1856-1946) avvocato di successo, contribuì finanziariamente alla campagna elettorale di Woodrow Wilson, nel 1911, che gli consentì anche di stringere un legame personale con il presidente. Fu nominato ambasciatore presso l'impero ottomano nel 1913 e mantenne il ruolo sino al 1916.

[36] Erich von Falkenhayn (1861-1922), militare di carriera, efficiente, scrupoloso, ma considerato molto duro e insofferente a ogni forma di democrazia. Nella sua carriera alternò successi e sconfitte, ma Churchill lo considerava comunque il miglior generale tedesco. Fu capo di Stato maggiore durante la guerra, sostituendo Moltke, nel settembre 1914,

trab, rappresentante lo Stato maggiore generale dell'armata, l'ammiraglio von Capelle, incaricato dell'*interim* del segretariato di Stato della Marina, il capitano di vascello Zenker, capo della sezione tattica dello Stato maggiore della Marina. Tutto ciò risulta chiaramente dall'inchiesta che la cancelleria ha aperto, nell'ottobre 1919, sui fatti rivelati nella nota di Bussche.

Nello stesso momento che cosa accadeva a Parigi? Lunedì 7 luglio, offro una cena ai nuovi esecutivi delle Camere e tra loro non vi è né un senatore né un deputato che pensi alla guerra. Mercoledì 8, inauguro all'École polytechnique un monumento commemorativo del 1814. Giovedì 9, mi allontano ancora di più dalle idee che regnano a Berlino. Scappiamo da Parigi in automobile per andare a pranzare al Prieuré, a casa di Maurice Donnay, con Marcel Prevost e sua moglie. Per qualche ora, chiacchieriamo liberamente tra gli alberi e i fiori e, con i nostri amici, dimentico presto le pesanti catene delle mie prigioni.

Le notizie che ci giungono dall'Austria non ci svelano, del resto, alcunché di una verità che viene tenuta nascosta e sono, al contrario, abbastanza rassicuranti.

In un telegramma dell'8 luglio, Dumaine, d'accordo con il suo collega russo, esprime l'opinione che il partito militare austriaco non riuscirà a far imporre alla Serbia un'inchiesta sul crimine di Bosna Serai e che l'influenza dell'imperatore fugherà ogni progetto comminatorio.

Né Dumaine, né alcuno di noi, sapeva ancora che il 7 luglio, al ritorno del conte Hoyos, si era appena tenuto a Vienna un Consiglio dei ministri sul quale ci ha ragguagliato il *Libro rosso* austriaco del 1919. Il conte Berchtold vi aveva affermato che era giunto il momento di porre la Serbia in condizioni di non nuocere per sempre. Aveva aggiunto che il governo imperiale tedesco aveva promesso di appoggiare senza riserve l'Austria, in un conflitto con questo paese. Non aveva nascosto che una guerra con la Serbia avrebbe potuto avere come conseguenza un'altra guerra con la Russia. Il verbale redatto dal conte Hoyos riportava, innanzitutto: «*È chiaro che a seguito del nostro ingresso in Serbia la guerra con la Russia sarà molto verosimile.* Il conte Berchtold sostituisce questa frase con quest'altra: «*È chiaro che la nostra entrata in Serbia potrebbe avere come conseguenza una guerra con la Russia. Ma* – conclude – *è meglio che la rottura si verifichi adesso, poiché la Russia diviene ogni giorno più potente nei Balcani. Ogni rinvio sarebbe una confessione di debolezza che*

dopo la battaglia della Marna.

21

sconcerterebbe il governo alleato.»

Il conte Tisza, presidente del Consiglio ungherese, ha un linguaggio più moderato. Riconosce che una guerra contro la Serbia è divenuta possibile, ma condanna egualmente la teoria della guerra e raccomanda, al posto di un attacco improvviso, una preliminare azione diplomatica.

Il Consiglio, ben risoluto a venire alle armi, si rassegna a cominciare con un'azione diplomatica, ma alla condizione formale che questa azione consista nell'invio di un ultimatum e che questo ultimatum sia concepito in termini molto secchi e molto sprezzanti. Il primo verbale riporta: «*Di conseguenza, bisognava porre alla Serbia delle richieste del tutto inaccettabili. Si corregge e finalmente viene scritto: ... delle richieste talmente estese da far prevedere un rifiuto e che permettano di aprire la via a una soluzione radicale, per mezzo di un intervento militare.*»

Poiché Tisza discute ancora, Berchtold gli risponde: «*Un successo diplomatico non avrebbe valore.*» Il 10, Berchtold dice all'ambasciatore di Germania, Tschirschky: «*Se la Serbia accettasse, sarebbe alquanto sgradevole e ho riflettuto sulle condizioni che si potrebbero porre alla Serbia per rendere la sua accettazione completamente assurda.*»

Mentre l'Austria-Ungheria medita così la sua vendetta, l'opinione pubblica parigina, inconsapevole del pericolo che già incombe sull'Europa, non si interessa che alla futura sessione della corte d'assise[37]. Le notizie da Vienna restano tuttavia sempre incerte. Ma nessuna minaccia di conflitto ci viene ancora segnalata.

Il 10 luglio, Dumaine scrive, in un dispaccio che non arriverà a Parigi che il 17: «*Se le violenze possono essere contenute, le repressioni attenuate, e se il pericolo per la Serbia di una imperiosa messa in mora si trova finalmente messo da parte, è la grande saggezza e chiaroveggenza dell'imperatore Francesco Giuseppe che bisognerà lodare. Guidati dalla volontà del loro sovrano, i tre ministri comuni e i due presidenti del Consiglio che hanno deliberato le misure da adottare hanno dovuto verosimilmente attenersi, tanto per il regime da instaurare in Bosnia che per l'inchiesta sulle origini del crimine, a dei progetti e disposizioni di una portata alquanto differente da quella che gli esaltati persistono nel chiedere loro.*» Il segreto, come si vede, era ben custodito.

Il giorno stesso in cui Dumaine scriveva questo dispaccio, il conte

---

[37] Si riferisce al processo a madame Caillaux, moglie del ministro delle finanze Joseph Caillaux, che aveva assassinato, il 13 marzo 1914, Gaston Calmette, direttore de *Le Figaro*, esasperata dalla compagna denigratoria che il giornale stava conducendo contro il marito. Il processo si era aperto il 20 luglio.

Tschirschky faceva parte il governo tedesco di una conversazione che il conte Berchtold aveva avuto con Francesco Giuseppe e gli aveva immediatamente riferito. L'imperatore aveva espresso l'opinione che bisognava porre alla Serbia delle condizioni concrete. La cancelleria tedesca comunica a Guglielmo II il rapporto di Tschirschky e subito l'imperatore pone a margine queste note aggressive: «*Ma molto precise, molto categoriche! Essi* (gli austriaci) *hanno avuto abbastanza tempo per questo!* E poiché Tschirschky aggiunge che Berchtold cerca di rendere impossibile l'accettazione da parte dei serbi, ma Tisza preferisce procedere in maniera *gentlemanlike,* Guglielmo si inalbera e lascia cadere dalla sua penna imperiale questa interposizione irritata: «*Verso degli assassini! Dopo quello che è successo! Stupidità!*»

Sappiamo che la resistenza di Tisza non è durata a lungo. Berchtold la considerava già superata l'11 luglio, poiché, a quella data, il conte Szécsen riceveva da Vienna un telegramma del quale si è ben guardato di dire una parola al governo francese: «*L'accordo completo con la Germania, per quanto concerne la situazione politica risultante dall'attentato di Sarajevo e tutte le eventuali conseguenze, è ottenuto.*»

Lo stesso giorno, Guglielmo II, leggendo un telegramma di Vienna, ricordava in una nota le parole di Federico II: «*Mi sono opposto ai consigli di guerra, perché è sempre il partito più timido che prevale.*» Trovava la politica austriaca eccessivamente timorosa e troppo pigra. Dopo l'avvertimento che aveva ricevuto, Tschirschky stesso si guardava bene dal raccomandare la prudenza. L'ambasciatore tedesco era, peraltro, tenuto al corrente da Berchtold di tutto ciò che accadeva. Dall'11, il ministro viennese gli aveva dato dei ragguagli sulle condizioni essenziali che avrebbe posto il prossimo ultimatum.

A Parigi non sospettiamo nulla di tutto ciò. La sfinge austriaca rimane impenetrabile. In presenza di questo mistero, non posso rinunciare al viaggio che devo fare nei paesi del Nord. È in programma da sei mesi. Le Camere hanno votato la spesa. Tutto è pronto, non solo a San Pietroburgo, ma a Stoccolma, a Copenaghen e a Christiania. Se cambiassi ora programma, rischierei di far credere all'imminenza di un pericolo e metterei in allarme l'Europa.

«Sotto diverse forme e diversi punti di vista – ha scritto Viviani nella sua *Réponse au Kaiser,* hanno criticato questo viaggio. È stato detto che l'avvenimento di Sarajevo avrebbe dovuto farlo rimandare. Preparato da più di cinque mesi, dovendosi compiere non solo in Russia, ma in Svezia, in Danimarca, in Norvegia, non potevamo ritardarlo senza dare luogo alle peggiori interpretazioni. Sarebbe stato accrescere da parte nostra lo stato di tensione appena visibile ...»

Viviani ha ragione. Se non fossimo partiti avremmo commesso una sconvenienza verso i tre regni scandinavi e ci sarebbe stato rimproverato di turbare il mondo. Manteniamo quindi i nostri progetti.

Nella serata del 13 luglio, il presidente del Consiglio e il ministro della Guerra, Viviani e Messimy[38], vengono successivamente a riferirmi sul lungo e grave dibattito che ha luogo al Senato. Si tratta del progetto di legge, da lungo tempo in sofferenza, che autorizza i ministri della Guerra e della Marina a effettuare spese non rinnovabili al fine di provvedere alle necessità della difesa nazionale. Il relatore della commissione senatoriale, Charles Humbert[39], si è lamentato non senza ragione che il progetto, depositato il 27 febbraio 1913 e prevedendo un credito di quattrocento venti milioni per migliorie per le attrezzature militari, non sia ancora stato votato. Egli ha in seguito fatto un quadro alquanto scuro della situazione. Messimy ha risposto ricordando che i programmi del ministero della Guerra erano frequentemente contrastati, da parecchi anni, dalle obiezioni del ministero delle Finanze, e ha mostrato come nonostante ciò numerosi miglioramenti fossero stati recentemente introdotti nell'organizzazione e nell'equipaggiamento dell'armata. Non è comunque riuscito a calmare la tensione del Senato. La seduta è stata rinviata a martedì 14 alle due per il proseguimento del dibattito e per il completamento di quel budget del 1914 il cui voto è stato rimandato per lungo tempo. Vi sarà quindi seduta il giorno della festa nazionale. È questo il momento di dare una tale pubblicità all'insufficienza della nostra organizzazione militare? Adesso, Guglielmo II può ripetere, in tutta sicurezza, ciò che ha già detto all'Austria per incoraggiarla, che né la Francia, né la Russia sono attualmente in condizioni di fare la guerra.

Nella mattina del 14, a Longchamp, gran bella rivista sotto un cielo limpido. All'andata e al ritorno, nei viali del Bois, la folla è così fremente che Messimy mi manifesta, con una sfumatura di stupore, la sua soddisfazione di vedermi così caldamente accolto. Ma, anche questa volta, non è a me, è all'effimera personificazione della Francia che

---

[38] Adolphe Marie Messimy (1869-1935), militare di carriera e politico, fu ministro della Guerra per due volte: nel 1911-1912 con il governo Caillaux e dal giugno all'agosto del 1914. Partecipò attivamente alla guerra e, ferito due volte al fronte, ricevette la Croce di Guerra e la dignità della Gran Croce dell'Ordine della Corona belga.

[39] Charles Humbert (1866-1927) fu senatore dal 1908 al 1920. Nel 1918 venne arrestato con l'accusa di intelligenza con il nemico perché avrebbe rilevato la pubblicazione *Le Journal* con denaro tedesco. L'accusa si rivelò infondata e fu prosciolto.

vanno questi omaggi rituali. Tutt'al più è possibile che la mia partenza per l'estero ispiri ai parigini il pensiero di indirizzarmi, con un particolare calore, i loro auspici di buon viaggio. Ma in queste manifestazioni non vi è alcuna voce che possa inquietare i più suscettibili amici della pace.

Nel pomeriggio, dopo il pranzo che offro, secondo la tradizione, agli ufficiali generali, Abel Ferry[40] mi viene a dire, da parte di Viviani, che la discussione si prolunga in Senato, che Clemenceau[41], d'accordo con Charles Humbert, pensa di proporre la nomina di una commissione d'inchiesta, e mi chiede il mio parere. Viviani sembrava disposto ad accettare, purché siano dati poteri d'inchiesta alla commissione senatoriale dell'armata. Non nascondo ad Abel Ferry che questa misura mi sembrava un'abdicazione del governo, e la sconsiglio. Verso le dieci e mezza di sera apprendo infine che Clemenceau ha ritirato la sua mozione, combattuta da Viviani, e che ci si è limitati a incaricare la commissione dell'armata di redigere un rapporto dettagliato.

Mentre la Francia celebrava tranquillamente la sua festa nazionale, grandi decisioni venivano prese a Vienna, senza che il nostro ambasciatore se ne rendesse conto. Dopo qualche giorno, la resistenza del conte Tisza è indebolita. Ha scritto all'imperatore per far valere le sue obiezioni contro un'azione immediata; ma Berchtold gli ha mostrato «le difficoltà militari che potrebbero nascere da un ritardo», ha invocato la testimonianza del capo di Stato maggiore Conrad Hötzendorf[42] e, nello stesso tempo, dopo essersi intrattenuto con Tschirschky, ha ripetuto a Tisza: «*In Germania, non si comprenderebbe se l'Austria lasciasse passare questa occasione senza sferrare un colpo. Se noi transigiamo con la*

---

[40] Abel Ferry (1881-1918) appartenente a una famiglia molto presente nella politica francese (il padre, due zii e il nonno furono deputati e ministri) venne eletto deputato nel 1909. Nel governo Viviani ricopriva la carica di sottosegretario agli Affari esteri. Venne ucciso da una granata nel settembre 1918.

[41] George Benjamin Clemenceau (1841-1929) si guadagnò il soprannome di «Tigre» per il vigore con il quale condusse la Francia negli anni in cui fu presidente del Consiglio per la seconda volta, dal 1917 al 1920 (precedentemente lo era stato dal 1906 al 1909). Ebbe un forte rancore verso la Germania che manifestò nel corso delle trattative di Versailles per la pace, quando pretese che venisse posta in condizioni di non nuocere con restrizioni durissime.

[42] Franz Conrad Hötzendorf (1852-1925) nel 1916, concepì i piani della *Strafexpedition* contro l'Italia, nei confronti della quale aveva un forte risentimento. Fu nominato capo di Stato maggiore nel 1906 e rimase in carica sino al marzo 1917, quando fu destituito dal nuovo imperatore Carlo I. Non fu un valente stratega e sotto il suo comando l'esercito austro-ungarico perse 1,5 milioni di uomini.

Serbia, saremmo tacciati di debolezza, il che non sarebbe senza conseguenze sulla nostra situazione nella Triplice Alleanza e sulla futura politica tedesca.»

Così indottrinato, il conte Tisza finiva per cedere, l'accordo veniva fatto con le inesorabili condizioni da inserire nell'ultimatum e, il 14 luglio, nel suo rapporto all'imperatore, Berchtold scriveva trionfalmente: *«Il contenuto della nota è tale che si deve tener conto della probabilità di un conflitto armato.»*

Lo stesso giorno il conte Tschirschky telegrafava a Berlino: *«Il conte è venuto oggi a trovarmi, dopo la sua conversazione con il conte Berchtold. Mi ha detto che egli aveva sempre consigliato la prudenza, ma che ogni giorno di più l'aveva confermato nell'opinione che la Monarchia doveva giungere a soluzioni energiche. (Certamente,* annota Guglielmo II) *... Il conte Tisza aggiunge –* continuava Tschirschky – *che la posizione presa dalla Germania, cioè che si sarebbe tenuta al fianco della Monarchia, ha esercitato la più grande influenza sul deciso atteggiamento di Francesco Giuseppe.»* Se dunque la Germania avesse voluto trattenere l'Austria, avrebbe potuto. Ancora meglio: senza trattenerla, avrebbe solo dovuto non spingerla affinché Francesco Giuseppe e il conte Tisza avessero delle possibilità di riuscire a moderare l'azione progettata.

Il conte Tschirschky proseguiva: *«Per quanto concerne il momento della consegna alla Serbia, è stato deciso oggi che sarebbe preferibile aspettare la partenza di Poincaré da San Pietroburgo, vale a dire il 25.»* E Guglielmo II, sempre impaziente e nervoso, scrive a margine queste due parole disilluse: *«Che peccato!»*

Alla stessa data del 14 luglio, Guglielmo entra in scena ancor più rumorosamente. Indirizza a Francesco Giuseppe una lettera personale di incoraggiamento all'azione.

Così, ai fuochi d'artificio delle feste parigine, Vienna e Berlino rispondono con dei preparativi di guerra contro il piccolo popolo che due grandi imperi hanno deciso di schiacciare. Ma il lontano rumore dei fucili che si caricano non arriva fino a noi.

Il mercoledì 15 luglio, divergenze di vedute tra il Senato e la Camera impongono ancora un andirivieni a quel budget del 1914 che avrebbe dovuto essere votato da sei mesi e che contiene, inserite nella legge finanziaria, le disposizioni essenziali di un'imposta generale sulle entrate. Infine, l'accordo è fatto. Finisco la serata un po' melanconicamente con mia moglie che è preoccupata del mio viaggio lontano e che propone di andare ad attendere il mio ritorno nella Mosa, a casa di mio fratello e sotto le ombre di Sampigny. Parto alle undici e mezza di sera per la *Gare du Nord*, dove tutti i ministri si sono riuniti per porgermi i loro saluti e i loro auguri. Benché l'ora di questa partenza non fosse annunciata, un gran numero di curiosi si è accalcato ai bordi della stazione e sui marciapiedi. Anche loro mi testimoniano la loro simpatia con degli *evviva*. Nessuno di loro, né di noi, ha il presentimento delle giornate di ansia che ci aspettano. Salgo sul treno presidenziale con Viviani, che mi accompagna in Russia, e con Gauthier, ministro della Marina, che deve condurci a bordo e prendere congedo da noi nella rada di Dunkerque.

Capitolo II

Partenza da Dunkerque. In mare. Il Consiglio austro-ungarico del 19 luglio. In rada a Cronstadt. Cena a Peterhof. Conversazione con l'imperatore. Visita a San Pietroburgo. Ricevimento del corpo diplomatico. Alla Duma municipale. L'imperatrice e i suoi figli. A Tsarskoié-Selo. Pranzo a bordo della «France».

Arriveremo a Dunkerque prima delle cinque del mattino. Trepont, prefetto del Nord, Delavey, sottoprefetto, Terquem, sindaco, Defossé, deputato, Vancauvenberghe, presidente del Consiglio generale, vengono a salutarmi nel mio vagone e quasi subito il treno si dirige verso il porto sino alla chiusa Trystram. Là, metto il piede a terra e monto su un rimorchiatore della compagnia locale. Nonostante l'ora mattutina, un certo numero di abitanti si è riunito sui marciapiedi. Il rimorchiatore ci porta in rada sino a due corazzate che ci attendono, *France e Jean Bart*. Tutte e due sparano le salve regolamentari. Gli equipaggi allineati sul ponte, immobili, rivolti verso l'esterno, innalzano il grido «Viva la Repubblica!».

Salpiamo e guadagniamo il mare del Nord, «in linea di fila», con un tempo dapprima freddo e brumoso, che a poco a poco si schiarisce e si riscalda. Eccomi dunque a riprendere questa rotta marina, che ho seguito due anni fa, il cui ricordo si associa in me a delle immagini di larghi orizzonti e alla sensazione di un dolce far niente, cullato dal rollio.

La *France*, che ci porta verso il Nord e che la *Jean Bart* segue a distanza rispettosa, ha appena concluso i suoi collaudi. Dà l'impressione di una casa nuova, ancora da sistemare completamente. Le pitture sono fresche. La corazza ha ricevuto solo una mano di colore grigio, della quale l'occhio misura facilmente lo spessore; il linoleum nuovo che ricopre il ponte è stato qua e là segnato nella fretta che è stata messa nel rimessaggio del bastimento. Ma, con le sue grandi dimensioni, la sua alta alberatura, la sua artiglieria da 305, e 23.500 tonnellate di stazza, la *France* ha, come la *Jean Bart*, una grandezza e una maestà che non appartengono ad alcuna delle unità meno recenti.

Eccoci quindi in rotta e viaggiamo verso il nord-est alla velocità di 17 e 18 nodi. Bellissima giornata: appena un po' di brezza nel tardo pomeriggio. Incontriamo qualche vapore e veliero che scambiano dei saluti con noi. Parlo lungamente con Viviani, facendo gradevoli passeggiate sul ponte. Il presidente del Consiglio sembra felice di scappare, per qualche giorno, da Parigi e dalla politica.

Venerdì 17 luglio.

Risveglio piacevole. Un bel sole, un mare di un blu delicato, delle onde impercettibili, una temperatura dolcissima, le coste dello Jutland all'orizzonte. Molti vapori e velieri.

Cosa succede a Vienna? Ancora ce lo chiediamo con più curiosità che inquietudine. Il telegrafo non ci porta alcuna novità interessante. Facciamo, Viviani ed io, chiacchierate che passano da un tema all'altro, dove la letteratura si alterna con la politica e la diplomazia. Il mio interlocutore, che ha una memoria stupefacente, sa a memoria pagine di prosa e di poesia e, soprattutto, dei brani di oratoria, con i quali nutre la sua stessa eloquenza. Ma, fra le sue reminiscenze e citazioni, si arresta di colpo per chiedersi quali affari sono sottoposti, in quel momento, a Bienvenu-Martin[43], guardasigilli, che fa il suo *interim* al Quai d'Orsay, e a Philippe Berthelot[44], che rimpiazza al ministero de Margerie.

Abbiamo preso la rotta verso sud, poi a sud-est, ci prepariamo a passare il Belt, rallentando l'andatura. Nella serata, scorgiamo «avanti a dritta» una torpediniera tedesca, che fa rotta in senso inverso a noi.

Sabato 18 luglio.

Tempo divino; traversata incantevole. La *France* non rolla né beccheggia. Leggo sul ponte. Visito tutta la corazzata. Parlo con gli ufficiali, con i capi timoniere, meccanici, cannonieri, con gli uomini dell'equipaggio.

Mentre vivo queste ore di calma e di riposo, si tramano, senza che io lo possa sospettare, strani intrighi a Vienna e a Berlino. È in questa

---

[43] Jean-Baptiste Bienvenu-Martin (1847-1943) prima di impegnarsi in politica fece una carriera nell'amministrazione statale, che culminò con la direzione del ministero delle Colonie. Fu deputato e senatore e ricoprì anche le cariche di ministro dell'Istruzione, della Giustizia e del Lavoro.

[44] Philippe Berthelot (1866-1934) è una figura centrale nella diplomazia francese dei primi anni dal secolo scorso. Per le sue posizioni, che volevano una politica di moderazione nel trattato di pace con la Germania, fu avversato da Poincaré, mentre ebbe l'appoggio dell'economista John Maynard Keynes. Sulla figura di questo diplomatico vedi: Maurizio Serra, *L'inquilino del Quai d'Orsay*, Sellerio editore, Palermo, 2002.

giornata che l'incaricato d'affari bavarese a Berlino, de Schœn, invia a Monaco, al presidente del Consiglio dei ministri, un rapporto singolarmente rivelatore: «*A seguito delle conversazioni che ho avuto con il sottosegretario di Stato Zimmermann[45], con i capi dei servizi incaricati degli affari dei Balcani e della triplice Alleanza, al ministero degli Affari esteri, e con l'ambasciatore dell'Austria-Ungheria, ho l'onore di indirizzare a Vostra Eccellenza il seguente rapporto sulle misure progettate dal governo austro-ungherese nei confronti della Serbia. L'atto che il gabinetto di Vienna ha deciso di intraprendere a Belgrado, e che consisterà nell'invio di una nota, avrà luogo il 25 di questo mese. Il rinvio di tale azione fino a quel momento ha per motivo che si desidera attendere la partenza di Poincaré e Viviani da Pietroburgo, per non rendere facile alle potenze della Duplice un'intesa in vista di una eventuale contromossa. Fino a questo momento, a Vienna, si mantiene un atteggiamento pacifico con la messa in congedo simultanea del ministro della Guerra e del capo di Stato maggiore generale, e si agisce anche, non senza successo, sulla stampa e sulla Borsa... **Come mi ha detto Zimmermann**, la nota, in base a quanto stabilito sino a questo momento, conterrebbe le seguenti richieste: 1° un proclama del re di Serbia nel quale sarebbe detto che il governo serbo è interamente estraneo all'agitazione panserba e la disapprova; 2° l'apertura di un'inchiesta contro i complici dell'attentato di Sarajevo e la partecipazione di un funzionario austriaco a detta inchiesta; 3° dei provvedimenti contro tutti coloro che hanno partecipato al movimento panserbo. Per l'accettazione di queste richieste, si lasceranno quarantotto ore di tempo. **È evidente che la Serbia non può accettare simili condizioni, che sono incompatibili con la sua dignità di Stato indipendente. La conseguenza sarà dunque la guerra. Qui (a Berlino) si ammette che l'Austria approfitti dell'ora favorevole, anche a rischio di ulteriori complicazioni.** Ma il punto da sapere è se veramente a Vienna avranno la forza di farlo, il che appare alquanto dubbio sia a Jagow sia a Zimmermann. Il sottosegretario di Stato ha dichiarato che l'Austria-Ungheria, grazie alla sua indecisione e alla sua sconsideratezza, è oggi diventata, come in altri tempi la Turchia, l'uomo malato dell'Europa, del quale i russi, gli italiani, i romeni, i serbi e i montenegrini attendono la spartizione ... Qui si è dell'avviso che per l'Austria si tratti di un'ora decisiva e, per questa ragione, si è qui dichiarato*

---

[45] Arthur Zimmermann (1864-1940) la sua carriera diplomatica, iniziata nel 1893, fu coronata con la nomina a ministro degli Esteri tedesco, incarico che ricoprì dal novembre 1916 all'agosto 1917. Il suo nome, tuttavia, viene principalmente ricordato per «*il telegramma Zimmermann*», inviato il 16 gennaio 1917 all'ambasciatore tedesco in Messico, nel quale dava istruzioni per avvicinare il governo messicano e indurlo ad una alleanza contro gli Stati Uniti, evitando così che questi entrassero nella guerra europea. Il telegramma fu intercettato dagli inglesi e, come ovvio, ebbe l'effetto esattamente opposto.

senza esitazione, in risposta a una domanda di Vienna, **che noi approva-**
vamo ogni risoluzione che sarebbe stata presa a Vienna, anche a ri-
schio di una guerra con la Russia. *Il* **potere in bianco** *che è stato dato al*
capo di gabinetto del conte Berchtold, il conte Hoyos, che è venuto qui per
portare una lettera autografa dell'imperatore e un memoriale dettagliato, **an-**
dava così lontano che il governo austro-ungarico è stato autorizzato
a negoziare con la Bulgaria per farla entrare nella Triplice. *A Vienna,*
sembra non ci si attendesse un intervento così privo di riserve da parte della
Germania in favore della monarchia del Danubio e Zimmermann ha
l'impressione che fosse quasi spiacevole per le autorità sempre timorose e in-
decise di Vienna non essere esortate alla prudenza e alla moderazione da par-
te della Germania … **Qui si sarebbe preferito che l'azione contro la Ser-**
bia non si facesse attendere così lungamente e che non si fosse lascia-
to al governo serbo il tempo di offrire spontaneamente una soddisfa-
zione sotto la pressione franco-russa … *Nell'interesse della localizzazio-*
ne della guerra, il governo dell'impero, immediatamente dopo la consegna
della nota a Belgrado, aprirà un'azione diplomatica nei confronti delle grandi
Potenze. Sottolineando che l'imperatore è impegnato in un viaggio nel mare
del Nord e che il capo del grande Stato maggiore generale, come il ministro
della Guerra della Prussia sono in congedo, **fingerà di essere tanto sorpre-**
so dell'azione austriaca quanto le altre Potenze *… Farà valere che è*
nell'interesse comune di tutti «che il nido di anarchia di Belgrado» sia an-
nientato, e si sforzerà di far valere nei confronti delle potenze il punto di vista
che il regolamento tra l'Austria-Ungheria e la Serbia è un affare che concerne
unicamente questi due Stati[46].

La lettera di Schœn[47] contiene ancora numerose pagine e prova che
il governo tedesco, sperando che la guerra sarebbe stata localizzata,
aveva perfettamente riconosciuto che non si era certi di riuscirvi e
aveva, dalla consegna dell'ultimatum, freddamente ammesso la possibilità di una conflagrazione generale.

Il rapporto di Schœn, del resto, è confermato da una lettera personale di Jagow che, il 18 luglio, scrive al principe Lichnowsky, ambasciatore a Londra: «L'Austria vuole ora regolare i suoi conti con la Serbia
e ci fa partecipe delle sue intenzioni .. Noi non dobbiamo e non possiamo arrestare il suo braccio … Se non si arriverà alla localizzazione,

---

[46] Il grassetto è nel testo originale.
[47] Wilhelm Eduard von Schœn (1851-1933) nella sua carriera diplomatica fu anche Segretario di Stato al Ministero degli Affari esteri (1910). Prestò servizio a Copenaghen,
San Pietroburgo e Parigi, in questa sede prima come consigliere d'ambasciata (1888-
1895) e poi come ambasciatore dal 1910 allo scoppio della guerra.

allora sarà la guerra, non possiamo sacrificare l'Austria.»

Appoggiato alla ringhiera della *France*, guardo il sole che si tuffa nel mare. Viviani viene a raggiungermi e stiamo silenziosi, ammirando la bellezza dello spettacolo e spiando sullo sfondo, all'orizzonte, un fuggitivo raggio verde.

Domenica 19 luglio

Riprendiamo la rotta a nord-est, senza accelerare l'andatura. Il cielo è sempre radioso e il mare mosso.

Alla fine della giornata, ci troviamo all'altezza di Reval. Nove cacciatorpediniere russi ci vengono incontro. Issiamo il piccolo pavese con la bandiera russa all'albero principale e ci fermiamo. Un cacciatorpediniere si ferma vicino alla *France* a tribordo. Ci porta due ufficiali di marina, un capitano di vascello e un capitano di fregata, che sono incaricati di accompagnarci sino a Cronstadt con i nove bastimenti.

Mentre navighiamo in questo modo, sempre con l'illusione della pace, il Consiglio austro-ungarico tiene a Vienna una riunione decisiva. Il conte Tisza si è infine arreso alle ragioni di Berchtold e, il 18 luglio, il conte Hoyos ha detto a Stolberg, consigliere dell'ambasciata tedesca: «*Le condizioni* (dell'ultimatum) *sono tali che è impossibile che uno Stato che conservi ancora un po' di fierezza o di dignità le accetti.*» Hoyos non ha nascosto che, se le cose avessero minacciato di sistemarsi, Berchtold avrebbe saputo, per rendere il conflitto inevitabile, *esercitare un'ingerenza alquanto ampia nell'esecuzione delle condizioni poste.*

Così debitamente informata la Germania, il Consiglio austro-ungarico stabilisce il testo definitivo dell'ultimatum e, nello stesso tempo, definisce un programma politico, che Berchtold, peraltro, dichiara provvisorio e soggetto a revisione. Verrà dichiarato che la Monarchia non intende annettersi alcuna parte di territorio serbo, poiché i magiari non vogliono diminuire la loro influenza nell'impero dualista con l'introduzione di nuovi sudditi slavi. Tuttavia, ci si riserva di procedere a ulteriori annessioni, se la Russia porta nella sua orbita la Bulgaria. In ogni modo, il regno serbo sarà frantumato e smembrato; sarà posto *alla dipendenza della Monarchia;* lo si costringerà a firmare una convenzione militare e a cambiare la dinastia. Pezzi di Serbia saranno divisi tra la Bulgaria, la Grecia, l'Albania e, all'occorrenza, la Romania. Pertanto, dichiareremo alle Potenze che l'Austria-Ungheria non persegue una guerra di conquista e non cerca l'annessione del regno, «ma, beninteso, delle rettifiche delle frontiere per ragioni strategiche, così come il rimpicciolimento della Serbia a beneficio degli altri Stati e, in caso di necessità, l'occupazione temporanea dei territori serbi, non sono escluse dalla decisione presa». Tali sono i disegni che, a nostra insaputa, delinea il vecchio impero degli Asburgo, seguito dal suo grande alleato, che si lamenta di trovarlo troppo lento.

In questo stesso giorno, dal mare in cui incrocia vicino alle coste della Norvegia, Guglielmo II dà ordine di mantenere la flotta tedesca concentrata sino al 25, vale a dire all'incirca alla data della consegna dell'ultimatum austriaco. A Berlino, atteggiamento analogo. L'incaricato d'affari della Serbia è andato a trovare Jagow e gli ha consegnato una «nota verbale». Sentendosi minacciato da un intervento dell'Austria, il governo serbo promette di perseguire con la giustizia ogni suddito serbo la cui complicità nel crimine di Sarajevo sarà provata. Si impegna a opporsi energicamente, sul territorio serbo, a ogni tentativo che potrebbe turbare la tranquillità della vicina monarchia; aggiunge solamente che non sarebbero accettate delle richieste incompatibili con la sua indipendenza e con la sua dignità. Cosa risponde Jagow? Allontana l'incaricato d'affari, respinge la richiesta, approva che l'Austria faccia mostra «d'energia», espone la solidarietà della Germania con il suo alleato.

Nessuna di queste inquietanti notizie giunge sino a noi. La *France* continua il suo viaggio. Una bruma intensa cade sulla flotta, come per nasconderci le rive dell'Europa.

Lunedì 7/20 luglio.

Sono svegliato da colpi di fischietto che si fanno sentire ogni due minuti. Mi avvicino all'oblò. Siamo avvolti in una fitta nebbia. Tuttavia, avanziamo, almeno così sembra, a una velocità di quindici nodi il che, in questa oscurità, è forse imprudente. Improvvisamente, verso le cinque e mezza del mattino, sentiamo un colpo violento e le due sirene, che sono state recentemente installate sulla *France*, gettano due grida stridenti, uno grave, l'altro acuto, che significano «fermare». La *France* ha urtato, a sud di Holgand, un rimorchiatore russo, il *Wintyge*, che traina una draga. Non abbiamo avarie, ma il rimorchiatore è leggermente danneggiato. Non sono troppo fiero della mia disavventura.

Subiamo due acquazzoni prima di arrivare in vista di Cronstadt, ma presto il tempo si rischiara e, dal momento in cui ci avviciniamo agli isolotti che precedono la città, un cielo radioso diffonde una luce calda su un panorama che troverei certamente più bello se per me non avesse qualcosa di già visto. Issiamo il gran pavese. La *Jean Bart* saluta la terra con ventun colpi di cannone. Da terra si risponde colpo su colpo. La dignità della *France*, nave presidenziale, le impone, sembra, la legge del silenzio.

Sfiliamo lentamente davanti ai cinque vascelli comandati dall'ammiraglio Essen[48]. Una squadriglia di piccoli battelli russi destinati a posamine viene a salutarci. Poi sono delle imbarcazioni leggere e dei piroscafi che, sulle onde argentate della rada, arrivano pieni di gente. Nell'andirivieni di tutte queste imbarcazioni noi abbiamo qualche difficoltà a gettare l'ancora. È già in rada lo yacht imperiale *Alexandria*. Ci scambiamo i saluti. L'ammiraglio Gregorovitch, ministro della Marina, che mi ha ricevuto qui nel 1912, viene a prendermi in motoscafo. L'aspetto sul ponte. Come esige l'etichetta, sono in abito nero, il petto attraversato dal grande cordone blu di Sant'Andrea. Scambio qualche parola con l'ammiraglio e lasciamo insieme la mia corazzata al rumore assordante delle salve russe e francesi.

Lo yacht imperiale porta, mischiandone le pieghe all'estremità dell'albero di mezzana, la bandiera personale di Nicola II e la bandiera francese ricamata con le mie iniziali. Lo zar mi attende al barcarizzo, in uniforme da ammiraglio, giubba bianca attraversata dal nostro cordone rosso. Mi accoglie con molta gentilezza e semplicità, uno sprazzo nei suoi occhi blu mentre attorno a noi raddoppiano le cannonate. Gli presento Viviani e le persone che ci accompagnano. Da parte sua ha portato con lui da Peterhof Sergeï Dmitrievitch Sazonov, Izvol'skij, Paléologue[49], il vecchio conte Freedericksz[50], ai quali stringo velocemente la mano.

Quasi subito l'*Alexandria* mette la prua nella direzione da cui è arrivato, la riva meridionale della baia della Neva, e ci allontaniamo dalla *France*, dalla *Jean Bart*, dalle corazzate russe e dalla miriade di piccoli battelli dove si agitano cappelli e fazzoletti. Le acque del golfo sono tranquille e hanno dei riflessi rilucenti. Le linee di Peterhof si intrave-

[48] Nikolaï Ottovitch von Essen (1860-1915) è considerato uno degli ammiragli più preparati che abbiano operato nella prima parte del conflitto. Era di origini germano-baltiche.

[49] Maurice Paléologue (1859-1944) in quel momento ricopriva l'incarico di ambasciatore francese a San Pietroburgo. Diplomatico di carriera, ricoprì anche la carica di segretario generale del ministero degli Affari esteri, fu anche scrittore e saggista, eletto membro dell'Académie française nel 1928.

[50] Adolf Andreas Woldemar Freedricksz (1838-1927), di nobile famiglia finno-russa fu l'ultimo gran maresciallo di corte e intimo amico dello zar Nicola II. Arrestato con la rivoluzione, gli fu consentito di espatriare nel 1924 e morì in Finlandia.

dono in lontananza e a poco a poco si precisano.

L'imperatore mi prega di sedermi vicino a lui a poppa del suo yacht. Mi parla, con una voce chiara e limpida, in un francese irreprensibile, del ricordo che ha conservato della mia precedente visita. Sembra aver abbandonato i pregiudizi ereditari che ha potuto avere contro i nostri costumi politici. Resta, da parte sua, molto attaccato alle tradizioni e ai privilegi dell'autocrate. Ma parla della nostra Repubblica con simpatia e mette al di sopra di ogni altra considerazione la lealtà della nostra alleanza.

Sono le tre del pomeriggio quando ci accostiamo all'imbarcadero di Peterhof, dove sono venuti per riceverci tutti i granduchi di Russia. Salto sulla passerella, seguito dall'imperatore, ed eccomi sulla terra ferma, che cominciavo a dimenticare. Dopo aver passato in rivista i marinai della guardia, immobili come delle statue e sul presentatarm, salgo in vettura, di fianco all'imperatore, per raggiungere il castello.

Truppe in formazione sulla piazza e nei giardini superiori, attorno al bacino di Nettuno, rendono gli onori al nostro arrivo. L'imperatore mi conduce negli appartamenti che mi ha riservato. Sono situati a un angolo del palazzo, con la vista sui giardini inferiori. Viviani è alloggiato, non lontano da me, nello stesso palazzo.

Qualche minuto di riposo, e sono ricevuto dall'imperatrice, che è venuta al gran Palais con le sue due figlie maggiori, le granduchesse Olga e Tatiana. La famiglia imperiale continua a non abitare il palazzo. Vive sempre ritirata nella tranquilla villa Alexandria, in mezzo a un parco chiuso, dove il pubblico non può entrare. L'imperatrice mi pare che stia meglio che nel 1912; si mostra molto accogliente. L'imperatore e la consorte non restano in piedi come nella mia prima visita. Mi offrono una sedia, si siedono anche loro vicino a me e parlano familiarmente in presenza delle due giovani ragazze, graziose e sorridenti. La conversazione parte dapprima su soggetti insignificanti, la mia attraversata, le mie impressioni, lo stato del mare, la temperatura. Poi, Nicola II mi parla del mio progettato ritorno per la Svezia. Spera che i malintesi che ci sono stati tra questo paese e la Russia si dissipino interamente e che il mio passaggio a Stoccolma contribuisca a farli scomparire.

Durante questa conversazione, Sazonov ha un incontro con Viviani, e i due uomini di Stato si intrattengono insieme per un'ora. Il ministro russo, mi dice in seguito il presidente del Consiglio francese, non ha l'aria di temere molto le conseguenze del duplice omicidio di Saraje-vo. Fino a questo momento non ha ricevuto notizie inquietanti.

Quando Viviani ha terminato la sua conversazione con Sazonov, esco in vettura per andare a rendere ai granduchi le visite d'uso.

Alla sera, cena di gala al Palais, nella grande sala di Pietro I, illuminate da dodici lampadari di cristallo colmi di candele.

Sono seduto alla destra dell'imperatrice, che è a sua volta alla destra dell'imperatore. Davanti a noi, sulla tavola, sono disposti degli ampi centritavola d'argento massiccio, circondati da rose, garofani e gladioli. Nel corso del pasto, l'imperatrice è presa da dei soffocamenti. Fa dei visibili sforzi per dominare il suo dolore. Peraltro, mi parla liberamente della sua precaria salute e delle crisi cardiache che guastano bruscamente tutti i suoi progetti. Sarebbe comunque felice di pranzare giovedì sulla *France*, dove l'ho invitata con l'imperatore.

Alla fine della cena, l'imperatore si alza per augurarmi il benvenuto. *Il capo dello Stato amico e alleato – dice – è sempre sicuro di ricevere un'accoglienza calorosa in Russia, ma oggi la nostra soddisfazione di poter salutare il presidente della Repubblica francese è raddoppiata dal piacere di ritrovare in voi una vecchia conoscenza con la quale sono stato compiaciuto di annodare, due anni fa, delle relazioni personali. Uniti da lunga data dalla mutua simpatia dei popoli e da comuni interessi, la Francia e la Russia sono da oltre un quarto di secolo strettamente legate per meglio perseguire lo stesso fine che consiste nel salvaguardare i loro interessi collaborando alla conservazione dell'equilibrio e della pace in Europa. Non dubito che, fedeli al loro ideale di pace e affidandosi alla loro provata alleanza, così come su comuni amicizie, i nostri due paesi continuino a gioire dei benefici della pace mantenendo la pienezza delle loro forze e rinserrando sempre di più i legami che li uniscono.»*

Rispondo con poche parole: «*Fedele alla tradizione che hanno seguito i miei onorevoli predecessori, ho voluto portare a Vostra Maestà e alla Russia la solenne testimonianza dei sentimenti che sono immutabili in tutti i cuori francesi. Quasi venticinque anni sono trascorsi da quando, in una chiara visione del loro destino, i nostri paesi hanno unito gli sforzi della loro diplomazia; e i felici risultati di questa continua associazione si fanno ogni giorno sentire nell'equilibrio del mondo. Fondata sulla comunanza di interessi, consacrata dalla volontà pacifica dei due governi, appoggiata sulle armate di terra e di mare che si conoscono, si stimano e sono abituate a fraternizzare, affermata da una lunga esperienza e completata da delle preziose amicizie, l'alleanza di cui l'illustre imperatore Alessandro III e il rimpianto presidente Carnot hanno preso la prima iniziativa, ha costantemente dato, da allora, la prova della sua azione benefica e della sua intramontabile solidità. Vostra Maestà può essere sicura che, domani come ieri, la Francia perseguirà, in una*

collaborazione stretta e quotidiana con la sua alleata, l'opera di pace e di civi-
lizzazione alla quale i due governi e le due nazioni non hanno cessato di lavo-
rare.»

La giornata termina senza che dall'Austria e dalla Serbia, Viviani ed io abbiamo delle novità. Tutto ciò che si può sapere da Vienna fa sembrare che, se il governo dualista non ha consegnato a Belgrado una nota comminatoria per chiedere conto alla Serbia dell'attentato di Sarajevo, non sarà sicuramente accaduto perché non vi è stato pressato dalla maggior parte della stampa viennese. Un vero panico si è impadronito della Borsa e i migliori titoli austriaci sono stati trascinati al ribasso.

Ma, soprattutto, Paléologue non ha ancora ricevuto comunicazione degli interessanti dispacci di Dumaine, in data 15 luglio 1914. Essi sono appena arrivati a Parigi e non li conosco neanche io che molto più tardi. Dumaine riferisce degli articoli infuocati della stampa, delle voci insensate che circolano, del panico dell'opinione pubblica. Segnala che *il penoso dibattito con il quale sono state rivelate le lacune e gli errori della nostra organizzazione militare* è messo a profitto contro la Francia. Si sviluppa nei giornali un tema che si presta a facili amplificazioni: l'impotenza militare della Francia è un avvertimento per la Russia; la Francia non conta più nella politica internazionale; la Russia è isolata; essa farà bene a non prendere troppo fortemente le difese della Serbia, se viene fatta a Belgrado un'azione più o meno comminatoria. Ma, di questa stessa azione, Dumaine non ha ancora sentito dire nulla e crede, per il momento, che il governo austro-ungarico si accontenterà, probabilmente, *di una vaga soddisfazione di amor proprio.*

Il Ballplatz si è ben guardato dal far sapere a Dumaine che quello stesso giorno, il 20 luglio, il conte Berchtold si è appena recato a Ischl dall'imperatore Francesco Giuseppe e gli ha presentato il progetto di ultimatum, che è stato esaminato dall'anziano sovrano. All'indomani 21, lo ha approvato senza modifiche. Del resto, senza attendere questa approvazione imperiale, il barone Macchio, direttore politico, invia, fin dal 20, un esemplare ufficiale dell'ultimatum al barone Giesl[51], ministro d'Austria a Belgrado, e gli ordina di non consegnare la nota al governo serbo prima di giovedì 23 luglio, tra le 16 e le 17, rinvio che, già lo sappiamo e lo vedremo presto meglio ancora, ha per scopo di impedire a me e a Viviani di conoscere la situazione prima della no-

---

[51] Wladimir Giesl von Gieslingen (1860-1936) fu colui che consegnò l'ultimatum alla Serbia. Militare di carriera e diplomatico.

stra partenza dalla Russia.

Nessuno a San Pietroburgo ha sentore di questi preparativi. Nessuno, ancor meno, sa che in questo stesso giorno Guglielmo II ha confermato alla flotta di rimanere concentrata sino al 25 e che nello stesso tempo ha consigliato al cancelliere Bethmann Hollweg di mettere segretamente al corrente il direttore delle compagnie di navigazione marittima delle possibili eventualità.

Nessuno tra noi, infine, conosce l'incidente significativo che è sopraggiunto, in questo stesso lunedì 20 luglio, a proposito del principe imperiale. Questi, infatti, ha inviato pubbliche felicitazioni all'autore di una brochure dal titolo *L'uomo del destino dell'Impero*, pubblicata di recente. Bethmann Hollweg ha dovuto scrivere al principe per raccomandargli una maggiore accortezza e all'imperatore per pregarlo di intervenire. «Ho motivo di temere – diceva a Guglielmo II, il 20 luglio – che sua Altezza imperiale, quando l'ultimatum austriaco sarà conosciuto, si abbandoni a manifestazioni che, dopo quello che è accaduto, saranno considerate dai nostri avversari come delle provocazioni volute alla guerra.»

Nessuno di questi segni premonitori è giunto a noi.

Martedì 21 luglio.

Accompagnandomi nei miei appartamenti il lunedì sera, l'imperatore mi aveva chiesto se potevo riceverlo l'indomani nella mattinata. È venuto a vedermi il martedì verso le dieci. Mi ha ancora ringraziato della mia visita e mi ha detto che l'imperatrice e lui sarebbero stati felici di rendermela nell'estate del 1915. Non ha messo, per quanto lo concerneva personalmente, alcuna riserva alla sua promessa. Per l'imperatrice, ha solo aggiunto che sperava che la sua salute, ora migliorata, le consentisse di fare il viaggio. Neanche per un istante la visione di una guerra ha attraversato i suoi occhi. Non ha fatto la minima allusione a un pericolo che né lui, né io, potevamo credere allora così vicino.

Si ritira dopo meno di un'ora di colloquio con me e ritorna alla sua villa.

Velocemente sistemo quell'abito nero la cui triste austerità faceva un tempo rimpiangere a Félix Faure[52], quando è venuto in Russia, di non poter mettere un abito ricamato in oro e di apparire alla Corte come

[52] Félix Faure (1841-1899) è stato presidente della Repubblica francese dal gennaio 1895 al febbraio 1899, quando morì improvvisamente.

l'ombra del suo ambasciatore. Salgo sulla vettura con Viviani e, seguiti dai nostri collaboratori, ci portiamo all'imbarcadero, dove è ormeggiato lo yacht imperiale che deve portarci a San Pietroburgo.

Nella sala da pranzo dello yacht facciamo un'ottima colazione, esclusivamente composta da piatti russi. Risaliamo la Neva, molto festeggiati dai residenti, operai e borghesi, e ritroviamo i cantieri dove lentamente si costruiscono le nuove corazzate. Giunti al pontile di sbarco, scendiamo in mezzo a una moltitudine di simpatici e rumorosi curiosi.

Lunghe le strade che percorriamo si è riunito molto pubblico. Nei giorni scorsi è comunque scoppiato un formidabile sciopero. Il granduca Nicola mi ha detto che credeva di vedervi la mano della Germania, che avrebbe desiderato far finire in un fiasco i festeggiamenti dell'alleanza franco-russa. Si tratta, probabilmente, di una pura ipotesi. In ogni caso, non vi è alcun insuccesso né delusione. Gli spettatori sono numerosi e indirizzano alla Francia dei frequenti *evviva*.

Passo in rivista la guardia d'onore, alla quale dovrei dire in russo: «Salute, miei bravi, salute, amici miei.» Per maggior sicurezza, parlo loro in francese e mi rispondono, come se avessero compreso, con degli urrà regolamentari.

Con sempre a fianco il generale Pantelief, che letteralmente è sempre più attaccato alla mia persona, monto su un calesse di gala, condotto da un cocchiere con un cappello dalla forma svasata alla sommità.

Cominciamo allora un piacevole pomeriggio, sotto un sole il cui calore è temperato da una leggera brezza, con il pellegrinaggio che ho già fatto, nel 1912, alla fortezza dove si erge la chiesa di San Pietro e Paolo, asilo sacro delle tombe imperiali. Per la seconda volta, seguendo un rito che non ho dimenticato, ma che oggi è circondato di maggiore solennità, mi avvicino al monumento in cui riposa Alessandro III. Vi depongo come omaggio una spada d'argento, con l'impugnatura a forma di croce greca e la lama ricoperta da un ramo d'alloro.

I miei compagni ed io ci rechiamo in seguito all'ambasciata di Francia, dove ricevo la nostra colonia di San Pietroburgo. Rivolgo le mie felicitazioni e i miei voti ai nostri compatrioti, all'Istituto francese, all'Associazione di beneficenza, alla Croce Rossa francese, a tutti gli altri amici anonimi che sono accorsi per vedermi. Il pensiero di una possibile guerra è lontano dal loro spirito tanto quanto dal mio.

Terminato questo ricevimento, non senza che io abbia avuto qualche difficoltà a dominare la mia emozione davanti a questi pionieri dell'ideale francese, lascio l'ambasciata per andare a quel Palazzo d'Inverno che ho visitato un po' velocemente due anni fa e che questa volta vedrò ancor più superficialmente, senza poter cedere alla tentazione di scappare un istante per la galleria che lo collega al museo dell'Ermitage.

Affiancato da Viviani, ricevo poi tutti gli ambasciatori accreditati presso lo zar. Il primo che mi è presentato, secondo il protocollo, è il decano del corpo diplomatico. È il conte de Pourtalès[53], ambasciatore di Germania, uomo alquanto gradevole che eccelle nel prodigare frasi evasive e complimenti ben formulati. Non parlo d'altro con lui che della sua famiglia e del suo prossimo viaggio a Castellane. Egli conta, in effetti, di venire in Francia questa estate e non dubito che non possa realizzare il suo progetto.

L'ambasciatore d'Inghilterra, sir George Buchanan, che ho già incontrato due anni fa, e che è un uomo freddo, ponderato, estremamente cortese, non mi nasconde le sue apprensioni. Teme nuove difficoltà nei Balcani e l'atteggiamento dell'Austria verso la Serbia gli sembra misterioso e inquietante. A seguito di un incontro con Spalaïkovitch, ministro di Serbia, sembra anche prevedere la consegna di una violenta nota austriaca a Belgrado. Crede – mi dice – ed è anche l'opinione di sir Edward Grey[54], che per evitare le difficoltà, sarebbe opportuno che si intentasse un dialogo diretto tra Vienna e San Pietroburgo. Obietto che in questo momento un tale dialogo tra queste due sole potenze forse non sarebbe senza pericoli e dico che vedrei meglio, probabilmente, che dei consigli di moderazione fossero amichevolmente dati all'Austria dalla Francia e dall'Inghilterra. Questa conversazione con sir Buchanan mi lascia un'impressione pessimista.

La conversazione che ho avuto in seguito con il conte Szapary, ambasciatore d'Austria, non è fatta proprio per rassicurami. Su un'allusione che faccio sull'attentato di Sarajevo, mi dà a intendere, volontariamente o no, che il suo governo non ha ancora detta la sua ultima parola, che l'Austria considera la responsabilità della Serbia nella morte dell'arciduca e che essa ha l'intenzione di fare nei confronti di Belgrado un'azione della quale non immagino il carattere, ma di cui presagisco la gravità. Faccio discretamente notare la mia sorpresa

---

[53] Frédéric de Pourtalès (1853-1928) sarà dopo pochi giorni il latore presso Sazonov, ministro dello zar, dell'ultimatum di Guglielmo II che porterà alla guerra.
[54] Sir Edward Grey, Visconte di Fallodon (1862-1933) è stato ministro degli Esteri britannico dal 1905 al 1916.

al mio interlocutore e gli chiedo se, contrariamente alle prime informazioni raccolte, l'indagine ha rivelato delle complicità del governo serbo. Si tira indietro e mi risponde con delle frasi imbarazzate. Ma questo stesso imbarazzo è inquietante. Se l'ambasciatore è esattamente informato, mi pare che l'Austria-Ungheria voglia estendere a tutta la Serbia la responsabilità di un crimine commesso su un territorio della monarchia dualista e che sta cercando di umiliare la sua piccola vicina. Se non dico niente, il conte Szapary potrà credere che un'iniziativa violenta avrà l'approvazione della Francia e il mio silenzio sarà un incoraggiamento. Nella speranza di scongiurare un atto irreparabile, pieno di conseguenze, faccio notare all'ambasciatore che la Serbia ha, in Russia, degli amici che con ogni probabilità si meraviglieranno di saperla bersaglio di rigorose misure, e questa sorpresa potrebbe essere condivisa da altri paesi dell'Europa, amici della Russia. Si rischierebbe così di vedere ricominciare una crisi balcanica e nascere delle complicazioni spiacevoli. Aggiungo, senza insistere in modo particolare che, per quanto ne so, non è usanza che un governo renda un altro governo responsabile di un crimine commesso sul suo territorio da cittadini del secondo, né, a maggior ragione, di un crimine commesso da propri cittadini, anche se hanno dei complici nell'altro stato. Dico all'ambasciatore, come il 5 luglio precedente al conte Szécsen, che spero che la Serbia dia tutte le agevolazioni all'Austria per perseguire e punire i colpevoli. Gli ricordo la cooperazione europea degli anni precedenti, ed egli si ritira lasciandomi, malgrado tutto, il timore che l'Austria si prepari a «qualche cosa».

Ricevute queste visite, una di seguito all'altra, in presenza di René Viviani, ci portiamo in una grande sala del Palazzo per incontrare il circolo diplomatico. Ambasciatori e capi missione sono disposti secondo l'ordine protocollare con tutto il loro personale. Quando passo davanti al ministro della Serbia, Spalaïkovitch, gli chiedo quali notizie ha da Belgrado: «Molto cattive», mi dice prontamente. Gli rispondo: «Spero che migliorino. La Francia, in ogni caso, farà ciò che dipenderà da lei per evitare dei conflitti.» Spalaïkovitch ha troppe legittime ragioni personali per non essere molto ottimista. Suo suocero abita, a quanto sembra, a Sarajevo e ha avuto la sua casa saccheggiata dagli austriaci dopo l'assassinio dell'arciduca Francesco Ferdinando.

In quel mentre, è arrivato all'ambasciata di Francia un telegramma da Parigi, che ci comunica una grave informazione che fortunatamente non è qui confermata; non solo la Germania non si opporrebbe a un'azione brutale, progettata dall'Austria, ma vi si assocerebbe. Viviani ed io abbiamo piuttosto l'impressione di un «bluff», destinato a preparare l'umiliazione della Serbia. Ma ciò che mette i nostri nervi a dura prova, è che noi non sappiamo nulla o quasi. Viviani, che ha ascoltato le conversazioni degli ambasciatori e dei ministri, è, peraltro, diventato abbastanza pessimista.

Dal Palazzo d'inverno ci rechiamo, attraversando dei quartieri popolari, all'ospedale francese di Vassily-Ostrov, che ho già visitato nel 1912. Nelle strade si accalca una folla pittoresca, con dei costumi di tutte le fogge e di tutti i colori; gli operai sono numerosi: gli urrà tumultuosi e familiari. All'ospedale ci ritroviamo in famiglia. I francesi sono là, tutti commossi di essere riuniti vicino a me in una casa che appartiene a loro. Io stesso mi sento profondamente commosso dalla loro accoglienza. All'uscita, i francesi si precipitano verso di me con indescrivibile entusiasmo, al quale è certo estranea ogni ispirazione di sciovinismo.

Ritorniamo all'ambasciata di Francia, dove offro una cena ai ministri russi, a qualche generale della marina e dell'armata, ai funzionari superiori del ministero degli Affari esteri. Alla mia destra ho il nuovo presidente del Consiglio, pallido successore di Kokovtzof, Goremykine[55]. Alla mia sinistra è seduto Sazonov, che ha appena discusso con Viviani e che mi sembra molto più preoccupato di ieri, ma che non nutre certamente alcun disegno bellicoso. Mi dice anche che se le cose peggiorassero, la Russia sarebbe in notevole difficoltà a mobilitare, perché i contadini erano occupati nei lavori agricoli. Ma, come noi, scarta, evidentemente, dalle sue previsioni questa terribile eventualità.

Un po' più lontano, sono il generale Sukhomlinov[56], ministro della Guerra, che non mi fa una migliore impressione che nel 1912, l'ammiraglio Gregorovitch e gli altri ministri. Prendo congedo da tutti quasi subito dopo la cena e andiamo alla duma principale.

Le strade, pavesate e illuminate, sono invase da cittadini di ogni classe. La prospettiva Nevskij si distingue per un'illuminazione ancora più abbagliante delle altre strade. Davanti al Palazzo della duma municipale, costruzione molto modesta e appena adeguata, delle onde umane irrompono sino al nostro corteo, che è fedelmente scortato dai cosacchi rossi. Entriamo in una grande sala, dove un centinaio di con-

[55] Ivan Logguinovitch Goremykine (1839-1917) fu presidente del Consiglio russo nel 1906 e dal 1914 al 1916.
56 Vladimir Aleksandrovič Sukhomlinov (1848-1929) nominato ministro della guerra nel 1909 fu destituito con accuse di inefficienza nel 1915.

vitati, russi e francesi, sono seduti a dei piccoli tavoli, che stanno ancora servendo. In fondo, su di una pedana, sono posti l'orchestra e dei cori. Coristi e strumentisti portano i vecchi costumi nazionali. Suonano e cantano qualche vecchia aria russa. Cantano anche la *Marsigliese* in francese e forse è la prima volta che le parole rivoluzionarie del nostro inno nazionale sono pronunciate pubblicamente in Russia.

Ma il tempo passa, lo yacht ci attende, bisogna partire. Fino al marciapiede siamo seguiti da applausi e da acclamazioni. Viviani ed io ci sediamo in fondo al battello. Il presidente del Consiglio è stanco di questa pesante giornata. Tutto ciò che è rappresentanza lo innervosisce e lo esaspera. Capisco fin troppo il suo odio per l'apparato; ma bisogna bene che mi pieghi alle esigenze di un cerimoniale implacabile. La notte è tersa e trasparente. Il cielo è così luminoso che le stelle si confondono nella luce della volta. Filiamo dolcemente sulle acque dormienti. Gli sguardi rivolti all'infinito, sogniamo in silenzio. Che cosa ci riserva l'Austria? Prepara veramente un colpo di forza contro la Serbia? Lo yacht accosta lungo l'imbarcadero di Peterhof. È l'una del mattino quando rientriamo al Palais.

Comunque, Sazonov, rientrato al suo ministero di Pont-aux-Chantres[57], e ora preoccupato delle voci che incominciano a correre, ha creduto doveroso telegrafare, nella notte, al suo rappresentante in Austria: «*Secondo le voci che corrono qui, l'Austria si prepara evidentemente a fare a Belgrado diverse richieste in relazione agli avvenimenti di Sarajevo. Vogliate far presente al ministro degli Affari esteri, in maniera amichevole, ma decisa, le pericolose conseguenze alle quali potrebbe portare una tale azione, se venisse ad essere incompatibile con la dignità della Serbia. Dalle mie conversazioni con il ministro francese degli Affari esteri, emerge anche che la Francia si preoccupa del cambiamento che può prodursi nelle relazioni austro-serbe, e che essa non è disposta a permettere un'umiliazione ingiustificabile della Serbia. L'ambasciatore di Francia a Vienna ha ricevuto istruzioni di consigliare al governo austro-ungarico l'uso della moderazione. Secondo le nostre informazioni, anche Londra condanna l'intenzione attribuita all'Austria di creare delle complicazioni internazionali a proposito di questo affare e il governo britannico ha egualmente incaricato il suo rappresentante a Vienna di esprimersi in questo senso. Non perdo la speranza che la ragione prevarrà a Vienna sulle tendenze belliche e che gli avvertimenti dati per tempo dalle grandi potenze serviranno a dissuadere l'Austria da misure irrevocabili. Prima di rivolgervi al conte Berchtold in merito a questo, vogliate*

[57] A San Pietroburgo sede del ministero degli Affari esteri.

conferire con i vostri colleghi francesi e inglesi, ma non dimenticate che, per evitare ogni aggravamento della questione, le azioni che farete, voi e loro, non devono sembrare né concordate né simultanee.»

Mercoledì 9/22 luglio

Verso le undici del mattino, lascio Peterhof in victoria[58], sempre accompagnato dall'aiutante di campo dell'imperatore, il generale Pantelief, che non fa il minimo sforzo per avere un'aria marziale e che è esattamente il tipo del generale di Corte. Mi conduce ad Alexandria, la villa che abita la famiglia imperiale.

Modesto cottage in mattoni, composto da due piccole costruzioni gemelle unite da un ponte coperto, Alexandria è circondata da un bel parco con grandi alberi, ricco di valli, che si estendono dalla riva di San Pietroburgo al mare e nel quale un tempo l'imperatrice Anna si divertiva a cacciare. Per una scala molto stretta, salgo al primo piano di apparenza borghese e, attraversando una sala da pranzo di dimensioni minuscole, entro in un grazioso salottino, tappezzato di cretonne fiorito. L'imperatrice è là, vestita con un abito bianco da casa. Vicino a lei le sue quattro figlie e suo figlio.

Le giovani granduchesse, anch'esse vestite di bianco, hanno un aspetto felice e in buona salute. Sono incantevoli per naturalezza e semplicità queste quattro sorelle, sedute vicino alla loro madre, in questa villa discreta, che non ha nulla di una Corte imperiale. Il granduca Alexis Nicolaievitch, che ha dieci anni, è un bambino pallido e timido, dalla figura slanciata. Sembra stare bene. La sua salute è tuttavia motivo di costante preoccupazione per i suoi familiari.

L'imperatrice mi prega di sedermi davanti a lei in una delle bergère del salotto. Mi spiega che nel momento in cui sono entrato nella villa, l'imperatore era occupato a ricevere una delegazione di romeni. Resto quindi solo, per qualche minuto, con la madre e i suoi figli. Niente di più familiare, di più tranquillo, di più intimo del quadro d'interni che mi è così consentito di contemplare. Ma è veramente questa stessa donna, questa principessa Alice d'Assia, questa imperatrice Alexandra Fëdorovna, sulla quale fanno correre, in Russia e altrove, tante strane voci, con la complicità insolente o segreta di qualcuno dei granduchi? Quello che mi dicono qui conferma quello che mi ha riferito a Parigi, il 25 febbraio scorso, il conte Gontaut-Biron. Un contadino russo, maritato, padre di famiglia, illetterato, si è introdotto nella fa-

---

[58] Tipo di carrozza.

miglia imperiale. Si chiama Gregorio Rasputin. È un avventuriero o un illuminato che, a quanto sembra, ha uno straordinario potere di proselitismo. Esercita su parecchie grandi dame dell'aristocrazia un'inspiegabile influenza. Alcune sono folli di lui. Cercano apertamente i suoi pii baci e le sue sante carezze. Conduce, alla luce del giorno, una vita di depravazione e di scandalo. Ma, nello stesso Santo Sinodo, egli ha tanti sostenitori quanti avversari e molti sono convinti che eserciti una missione celeste. Ha preso sull'imperatrice un ascendente prodigioso. Stolypin[59] aveva provato a estrometterlo. Rasputin aveva profetizzato: «Quest'uomo ha voluto nuocermi; è ben triste per lui; prevedo che sarà vittima del suo errore.» E Stolypin è stato assassinato. Il ministro, sembra, aveva comunicato all'imperatore una lettera in cui l'imperatrice diceva misticamente a Rasputin: «Non mi riposo che sul tuo cuore.» Kokovtzof, a sua volta, aveva provato a combattere questa influenza occulta. Nel farlo vi si è infranto. Paléologue, che mi ha dato tutti questi dettagli in un'ora di tempo libero, li ottiene da parte, mi ha detto, del granduca Nicola Michele e della granduchessa Wladimir. Aggiunge, peraltro, che non crede l'imperatrice colpevole di infedeltà. Ama suo marito e ne è amata. È una buona madre. Ha coscienza dei suoi doveri e cura della propria dignità. Ma, neuropatica, sofferente di un prolasso uterino, costantemente snervata da una malattia di cuore, ha trovato in quest'uomo intraprendente e rozzo una sorta di consolatore segreto e, dicono, ha con lui lunghi e misteriosi colloqui. Ora, quindici giorni fa, Rasputin ha ricevuto un colpo di pugnale, che gli è stato inferto da una donna nel corso di un viaggio da lui intrapreso. Hanno annunciato che la sua vita è in pericolo. Poi, alla vigilia del mio arrivo, si è fatto il silenzio. Il mugik è morto? Hanno voluto nascondere questa morte all'imperatrice? È vivo? E dove è attualmente nascosto? Secondo Paléologue, nessuno è informato. L'imperatrice sa, in ogni caso, che è stato gravemente ferito e che è stato soccorso morente; ella è calma, sorridente, impenetrabile e sembra vivere unicamente per suo marito e i suoi figli.

Le offro i regali che ho portato per la famiglia imperiale: tappezzerie di Gobelin, rappresentanti le quattro stagioni, secondo i disegni di

---

[59] Pëtr Arkad'evič Stolypin (1862-1911) fu ministro degli interni e primo ministro dal 1906 al 1911. Cercò di avviare un riforma agraria in grado di sedare i moti rivoluzionari socialisti, salvare l'impero russo dalla dissoluzione, e creare una nuova classe di piccoli proprietari fedeli allo zar. Non riuscì nel suo intento e si trovò isolato sia a destra sia a sinistra. Morì a seguito delle ferite riportate in un attentato per assassinarlo.

Chéret[60], nécessaire per l'automobile con oggetti in oro, servizi completi per l'ufficio per il granduca ereditario, orologi da polso ornati di diamanti rosa per la granduchessa. Le quattro giovani figlie sono rapite. Consegno allo zarevic, a nome del governo che me ne ha incaricato, il cordone della gran croce della Legion d'onore, accorciato alla sua taglia infantile.

Nicola II ritorna con me in vettura, senza alcun apparato, al palazzo di Peterhof, dove offre un pranzo agli ufficiali della divisione francese. Verso le tre, il mio generale russo mi porta alla stazione di Peterhof, dove l'imperatore arriva in compagnia dell'imperatrice e delle quattro granduchesse. Lo zarevic non viene, sia perché lo si giudica troppo giovane, sia perché il suo stato di salute non gli permette di sopportare eccessive fatiche. Si sono raccontate sul suo conto le cose più strane e più contraddittorie. La verità è semplicemente che è affetto da emofilia, malattia che provoca al minimo choc pericolose emorragie sottocutanee. È sua madre che gli ha trasmesso questa terribile malattia, della quale sono morti numerosi membri della famiglia Hesse. L'imperatrice sa che suo figlio soffre per lei e ne è così addolorata che quelli che la conoscono meglio spiegano con questo dolore intimo gli smarrimenti del suo misticismo.

Le quattro granduchesse indossano le stesse toilette, mantelli bianchi, vestiti rosa, cappelli di paglia guarniti di fiori. Non hanno ancora assistito alle riviste militari di Tsarskoié-Selo . Le ragazze rivaleggiano in buonumore con i genitori.

All'arrivo, monto su un calesse di gala, a fianco dell'imperatrice; le due granduchesse più giovani, Maria e Anastasia, prendono posto davanti a noi. L'imperatore ci accompagna a cavallo. Seguiamo al passo una strada molto lunga sui bordi della quale sono ordinati, in tenuta da campagna e senza armi, gli uomini di tutti i reggimenti che devono prendere parte alla rivista dell'indomani. Al passaggio, l'imperatore invia a ogni unità il saluto d'uso e i soldati rispondono con il grido tradizionale che, lanciato con un accento un po' rauco, si prolunga per tutta la linea.

Nel corso della nostra passeggiata, che dura pressoché un'ora e mezza, René Viviani aspetta in piedi, a terra, vicino alla tenda imperiale e, come me due anni prima, trova un po' lunga questa forzata attesa. Si lamenta di essere sofferente e Maurice Paléologue, che sembra

[60] Jules Chéret (1836-1932) è noto soprattutto per i suoi manifesti che hanno ispirato la pittura di altri artisti, tra cui Toulouse-Lautrec.

temere per il presidente del Consiglio una crisi di fegato, chiama al telefono il dottor Cresson, medico dell'ospedale francese di San Pietroburgo. Arriviamo infine alla tenda dell'imperatore, davanti alla quale sono poste due poltrone vuote. In una si siede l'imperatrice, nell'altra la granduchessa Wladimir. Nessun'altra sedia è prevista. Come Viviani e come tutti, l'imperatore ed io rimaniamo in piedi.

Allora, ricomincia la cerimonia militare che già conosco. Tutte riunite al centro delle truppe, le bande reggimentali suonano qualche pezzo russo e francese, mentre degli aerei volteggiano in cielo e, tra questi, un immenso biplano sul quale vi è Sikorskij[61] e che può portare dodici persone. Poi, tre razzi danno il segnale della preghiera o *zaria*. Scende il silenzio su tutto il campo. Lo zar, i soldati, tutte le persone presenti si scoprono il capo. Un sottufficiale sale su di un tumulo erboso e recita con voce forte il *Pater noster*. Le fanfare eseguono un inno religioso, mentre il sole tramonta e arrossa l'orizzonte.

Alle nove, l'imperatore mi conduce in automobile, con le sue due figlie maggiori, al teatro militare che mi è anch'esso familiare. Recitano il secondo atto di *Lakmé*[62] e *Le Spectre de la rose*[63]; rappresentano numerosi balletti, tutti con i migliori artisti russi di canto e di danza. Ma cosa succede a Vienna e a Belgrado? Durante l'intervallo, la granduchessa Nicolas e la granduchessa Pierre, le due sorelle montenegrine, non cessano di porsi la domanda, che pongono anche a me. Ma io non so nulla, e a ragione. L'Austria attende che abbia lasciato Cronstadt per smascherare le sue armi.

Dormiamo a Tsarskoié-Selo . Il villino che mi è stato riservato è più grande di quello del 1912. Ma è molto semplice, come gli altri; e il mio fedele Joseph, divenuto capocameriere all'Eliseo, trova questa sistemazione poco confortevole per il suo capo, che ha nuovamente accompagnato in Russia.

Steso su un lettino abbastanza scomodo, mi chiedo, prima di potermi addormentare, quello che si sta tramando in Austria. Non sospetto che ieri, 21 luglio, Tschirschky, ambasciatore di Germania, ha ricevuto da Ballplatz il testo dell'ultimatum e che questo pomeriggio lo stesso esplosivo documento sia arrivato a Berlino. Jagow, da quel momento,

---

[61] Igor Ivanovič Sikorskij (1889-1972) pioniere delle costruzioni aeronautiche, nel 1919 si trasferì negli Stati Uniti dove sviluppò il progetto dell'elicottero.

[62] *Lakmé* è un'opera in tre atti del compositore francese Léo Delibes.

[63] *Le Spectre de la rose* è un balletto in un atto di Michel Fokine, su musica di Carl Maria von Weber.

ha affermato che non l'aveva letto sino alla fine della giornata, quando l'ambasciatore d'Austria, conte Szogyéni, gliene aveva portata un'altra copia, che aveva trovato la redazione troppo rude e che l'ambasciatore gli aveva risposto: «È troppo tardi per fare dei cambiamenti.» Ma, nel suo rapporto a Vienna, redatto nello stesso momento, il conte Szogyéni dichiara, al contrario, che Jagow ha dato la sua piena approvazione al tenore della nota.

In ogni caso, né Jagow, né Bethmann Hollweg hanno telefonato a Vienna per consigliare l'attenuazione dell'ultimatum, e tuttavia essi avevano tutto il tempo di interporsi, poiché sapevano che la consegna sarebbe stata fatta a Belgrado solo dopo la mia partenza dalla Russia.

Giovedì 10/23 luglio

Tutti mi chiedono con interesse delle notizie su Viviani e la sua crisi di fegato. Si è felicemente rimesso dalla sua indisposizione e la sua ipocondria è scomparsa. Nello stesso equipaggio di ieri, passiamo in rivista le truppe in armi; poi l'imperatrice ed io, circondati dagli ufficiali della *France* e della *Jean Bart*, come le granduchesse, ci sistemiamo sul poggio che domina il campo delle manovre, mentre l'imperatore, il granduca Nicola e i loro seguiti rimangono a cavallo, non lontano da noi. Belle truppe, allineate meno correttamente delle nostre, all'aspetto meno coraggiose, ma, nell'insieme, di buon portamento. Ritorno in auto, solo con l'imperatore, che mi conduce al suo villino, dove gli antipasti, secondo l'usanza russa, sono serviti prima separatamente. Granduchi e granduchesse sono già là e mi invitano a degustare il caviale. In seguito, lo zar ed io ci spostiamo nella sala dove ha luogo il pranzo militare.

Lo zar mi fa presentare, dal loro comandante, il granduca Nicola, numerosi dei suoi generali. Poi, ripartiamo per Peterhof. Nessuno di noi sospetta minimamente che in questa stessa giornata, 23 luglio, il principe Lichnowsky, dopo aver parlato con sir Grey, ha vivamente, ma vanamente, insistito con Jagow affinché la Germania non solidarizzi affatto con l'Austria. «*A Londra* – telegrafava – *contano assolutamente che noi non ci assoceremo a delle richieste che hanno chiaramente come fine provocare una guerra, e che non appoggeremo una politica che sfrutta l'assassinio di Sarajevo come un pretesto per la realizzazione delle aspirazioni austriache nei Balcani e per l'annullamento della pace di Bucarest.*» Guglielmo II annota, ovviamente, in modo molto sprezzante questo telegramma, dove vede *quella maniera di pensare britannica*, della quale non vuol sentir parlare.

A maggior ragione, noi non sospettiamo anche che oggi, 23 luglio, il cancelliere dell'impero tedesco ha avvertito il conte Wedel[64], consigliere referendario a Wilhelmstrasse, ministro della camera imperiale, che la nota austriaca sta per essere consegnata e ha aggiunto: «*L'intervento di altre potenze ci trascinerebbe nel conflitto. Non c'è da supporre che questo avvenga immediatamente, vale a dire che l'Inghilterra si decida subito a intervenire. Soltanto, il viaggio del Presidente Poincaré, che lascia questa sera Cronstadt e visita Stoccolma il 25, Copenaghen il 27, Christiania il 29 e arriva a Dunkerque solo il 31, ritarderebbe ogni decisione. La flotta inglese, secondo le comunicazioni dello Stato Maggiore dell'Ammiragliato, si separa il 27 e rientra nei suoi porti. Un richiamo prematuro della nostra flotta potrebbe provocare delle inquietudini generali e sembrare sospetto in Inghilterra.*» Così, il calcolo emerge chiaramente: sperano che il Presidente della repubblica e il Presidente del Consiglio della Francia compiranno il loro viaggio senza abbreviarlo, che l'Austria avrà quindi il tempo di schiacciare la Serbia prima del loro ritorno e che l'Inghilterra tarderà a prendere posizione. Il cancelliere dell'impero stima che, in queste condizioni, sia meglio attendere ancora, prima di richiamare e concentrare la flotta, in modo tale da mettere a tacere l'Europa, fino a quando l'Austria ha terminato il suo lavoro.

Tutte queste lontane cospirazioni ci sfuggono del tutto. Viviani ed io ci rilassiamo, al palazzo Peterhof, delle fatiche mattutine. Nel frattempo scoppia un temporale spaventoso. Sono spaventato per la tenda che ho fatto alzare dietro la *France* e sotto la quale deve svolgersi questa sera la mia cena d'addio. Alle sei del pomeriggio, l'imperatore viene a cercarmi in automobile. La pioggia cessa, il cielo resta grigio e coperto, ma la serata si preannuncia abbastanza gradevole. Guadagniamo rapidamente l'imbarcadero e saliamo sullo yacht *Alexandria*, con l'imperatrice, le più grandi delle giovani granduchesse, la granduchessa Wladimir, le due «montenegrine», i granduchi e gli ufficiali della corte.

A bordo dello yacht, Viviani, rasserenato come il tempo, prepara con Sazonov delle istruzioni destinate ai nostri rappresentanti in Austria e che hanno come scopo precisare il senso dei passi amichevoli da fare nei confronti del gabinetto di Vienna. Si tratterebbe, come ha telegrafato Sazonov, di raccomandare, con discrezione e tatto, la moderazione all'Austria e di esprimerle, in due visite separate, la speran-

---

[64] Karl Leo Julius von Wedel (1842-1919) fu generale di cavalleria, uomo politico e diplomatico con missioni speciali a Vienna e a Bucarest.

za che essa non intraprenda alcuna azione capace di attentare all'indipendenza e all'onore della Serbia.

Arrivato nella rada di Cronstadt, lo yacht si ferma e getta l'ancora. Scendo per primo su una vedetta della *France*, che viene prendermi e mi riporta sulla corazzata. L'imperatore e le famiglie imperiale ci raggiungono poco dopo.

Piccole miserie dei ricevimenti ufficiali che non sono sorvegliati dall'occhio di una donna: non sono molto contento del pranzo. Abbiamo dovuto attendere la minestra dopo aver preso posto a tavola. I piatti si sono succeduti senza che avessi da ripromettermi di congratularmi con lo chef. I nostri ospiti non sembravano più soddisfatti. Le conversazioni proseguono come di consueto. Alla fine del pasto, porgo all'imperatore e alla Russia il seguente brindisi, dove qualche storico gallofobo, che evidentemente male intende, ha preteso, in questi ultimi anni, di interpretare presagi di guerra: «*Sire, non voglio allontanarmi da questi lidi senza ringraziare ancora Vostra Maestà della piacevole cordialità che Ella mi ha testimoniato durante il mio soggiorno, Il mio paese vedrà nei segni di attenzione che mi sono stati prodigati e nelle calorose accoglienze che ho ricevuto dal popolo russo una nuova garanzia dei sentimenti che Vostra Maestà ha sempre manifestato nei confronti della Francia e una clamorosa consacrazione dell'indissolubile alleanza che unisce le due nazioni. Su tutte le questioni che si pongono ogni giorno ai loro governi e che sollecitano l'attività concertata della loro diplomazia, l'accordo si è sempre realizzato e non cesserà di realizzarsi con ancor maggiore facilità poiché i due paesi hanno più volte sperimentato i vantaggi procurati a ciascuno di loro da questa regolare collaborazione e che hanno, l'uno e l'altro, lo stesso ideale di pace nella forza, l'onore e la dignità.*»

Ovviamente, avevo comunicato questo discorso a Viviani, prima di pronunciarlo, e non vi aveva trovato alcunché da ridire. Ma sembra, a credere oggi ad alcuni commentatori, che parlare di un ideale di pace nella forza, l'onore e la dignità fosse, nel 1914, un'aspettativa di guerra. Coloro che sostengono questa tesi paradossale avrebbero voluto sentirmi decantare la pace nella debolezza, il disonore e l'umiliazione?

Molto brevemente, l'imperatore mi risponde in questi termini: «*Ringraziandovi delle vostre amabili parole, tengo a dirvi una volta di più quanto abbiamo avuto il piacere nel vedervi qui tra noi. Rientrato in Francia, vorrete portare al vostro bel paese l'espressione della fedele amicizia e della cordiale simpatia della Russia intera. L'azione concertata delle nostre due diplomazie e la fratellanza che esiste tra le nostre due armate di terra e di mare faciliteranno il compito dei nostri due governi, chiamati a vegliare sugli interessi dei popoli alleati, ispirandosi all'ideale di pace che si propongono i nostri due paesi, coscienti della loro forza.»*

Dopo la colazione, l'imperatrice e le granduchesse rimangono sedute sul ponte, sfortunatamente tutto umido dei rovesci che ha subito. L'ammiraglio Le Bris conduce l'imperatore sulla passerella, dove l'accompagno. Paléologue, Sazonov, Izvol'skij preparano assieme il comunicato d'uso per la stampa. Mostrano in seguito, a Viviani e a me, una bozza che Paléologue aveva già preparato su carta durante la colazione e così concepita: «*I due governi hanno constatato la perfetta concordanza delle loro vedute e delle loro intenzioni per il mantenimento dell'equilibrio europeo, in particolare nella penisola balcanica.*» Viviani ed io troviamo che questa redazione, dove la parola pace non è pronunciata, ci impegnerebbe troppo a seguire nei Balcani la politica della Russia. Facciamo quindi modificare la bozza in modo tale da preservare l'avvenire nel sottolineare le nostre intenzioni pacifiche e, innanzitutto, nel salvaguardare la nostra libertà d'azione. Il testo che finalmente comunichiamo alla stampa è tanto breve quanto generale: «*La visita che il Presidente della Repubblica ha fatto a Sua Maestà l'Imperatore di Russia ha offerto ai due governi amici e alleati l'occasione di constatare la perfetta comunanza delle loro vedute sui diversi temi che il problema della pace generale e dell'equilibrio europeo pone davanti alle Potenze, in particolare in Oriente.*» È dopo aver dato quest'ultima testimonianza del nostro spirito di moderazione e della nostra volontà di pace che porgiamo i nostri saluti ai nostri ospiti. Ci scambiamo lunghe strette di mano, complimenti e auguri. L'imperatore mi ripete che è contento di venire in Francia l'anno prossimo; spera fermamente che l'imperatrice stia bene per accompagnarlo. Delle vedette portano la famiglia imperiale e gli altri nostri invitati sino allo yacht *Alexandria*. Numerose imbarcazioni, pavesate e illuminate, solcano la rada attorno a noi. Nel momento in cui l'*Alexandria* leva l'ancora, la *France* e la *Jean Bart,* anch'esse illuminate, salutano con ventuno colpi di cannone.

L'impressione che Nicola II lascia a Viviani e a me, nel momento in cui lasciamo la Russia, è dunque molto rassicurante. Era un alleato fedele. Era un sincero amico della pace.

Il momento in cui prendevo congedo da lui era quello in cui i governi di Vienna e di Berlino avevano atteso per agire. Avevano temuto fino a quel momento che la mia presenza vicino allo zar e quella di Viviani con Sazonov ci dessero l'opportunità di accordarci in modo diretto per spegnere le prime fiamme dell'incendio? Sta di fatto che l'Austria si era minuziosamente informata sull'orario del mio viaggio. I telegrammi inviati e ricevuti, nel luglio 1914, dal conte Szécsen sono stati più tardi decifrati dal nostro servizio crittografico. Mostrano con quale cura Ballplatz si era informato del mio itinerario.

«Affari esteri Vienna all'ambasciatore austro-ungarico Parigi. L'11 luglio 1914, ore 1, n° 142. Segreto. Solo per l'ambasciatore. In merito al documento segreto 8. L'accordo completo con la Germania è ottenuto per quanto concerne la situazione politica risultante dall'attentato di Sarajevo e tutte le sue eventuali conseguenze.»

« Affari esteri Vienna all'ambasciatore austro-ungarico Parigi. Il 12 luglio 1914. Ore 1,15, n° 143. Prego Vostra eccellenza di farmi conoscere la data della partenza del Presidente per la Russia e la durata probabile del suo soggiorno colà. Di darmi, inoltre, indicazioni sul programma del viaggio.»

«Ambasciata austro-ungarica Parigi ad Affari esteri Vienna. Il 13 luglio 1914, (senza indicazioni dell'ora), n° 105. Viaggio del Presidente. Ricevuto il telegramma di Vostra Eccellenza n° 143. In base a quello che ho potuto apprendere da fonte degna di fede, il Presidente lascerà la Francia il 16. Partirà da qui probabilmente il 15. Si imbarcherà sulla France *e sarà accompagnato da navi da guerra. Arrivo in Russia il 20. La durata del soggiorno in Russia forse di quattro giorni. Al ritorno, è possibile che il Presidente faccia una breve visita alle Corti di Svezia, di Danimarca e di Norvegia. Per quanto concerne il programma del viaggio, fino ad ora non è stato pubblicato nulla. Poiché non si sa se il Parlamento avrà terminato i suoi lavori il 14, può darsi che la partenza sia un po' ritardata.* Firmato: Szécsen.»

«Ambasciata austro-ungarica Parigi ad Affari esteri Vienna. Il 13 luglio 1914 (senza indicazione di ora), n°106. Viaggio del Presidente. Vedere mio telegramma n° 105 del 13. Il ministro degli Affari esteri dice che il Presidente sarà di ritorno al più tardi il 31. La partenza da Pietroburgo avverrà il 24 o il 25. Sulla data e i dettagli della visita alle tre Corti scandinave, il ministro non sembrava esattamente informato. I giornali non hanno fino ad ora comunicato nulla in merito. È possibile che sia stata data la consegna ai giornali di evitare ogni allusione al viaggio del Presidente e a quello dell'Imperatore tedesco in Norvegia. Firmato: Szécsen.»

«Ambasciata austro-ungarica Parigi ad Affari esteri Vienna. Il 16 luglio 1914, ore 11,40, n° 109. Viaggio di Poincaré. Ieri, nelle ultime ore, il Senato

e la Camera dei deputati si sono accordati per il voto sul budget. La partenza di Poincaré è definitivamente fissata. Il Presidente e il suo seguito partiranno questa notte per Dunkerque. Firmato: Szécsen.»

La Germania era d'accordo con l'Austria nell'avere per il mio viaggio quest'interesse eccezionale. Dal 21 luglio, lo Stato maggiore generale della Marina tedesca, accuratamente informato dal suo *attaché* navale e Pietroburgo, aveva fatto sapere a Jagow, segretario di Stato, che la mia partenza da Cronstadt era fissata per il 23, alle 10 di sera. Lo stesso giorno, Jagow aveva interrogato il conte de Pourtalès sull'esattezza di questa informazione e si era affrettato a informare il governo austro-ungherese, affinché l'ultimatum fosse ritardato: «*Ho chiesto al conte Pourtalès* – riferiva – *il programma della visita di Poincaré. Mi annuncia che il Presidente partirà da Cronstadt giovedì sera alle 11, vale a dire alle 9 e mezza per l'ora dell'Europa centrale. Se il passo è fatto a Belgrado domani pomeriggio alle 5, sarà conosciuto a Pietroburgo durante la visita di Poincaré.*» Al che Tschirschky, ambasciatore di Germania a Vienna, rispondeva il 23: «*Il governo imperiale e reale vi ringrazia calorosamente della vostra informazione. Il barone Giesl* (ministro d'Austria a Belgrado) *è stato invitato a ritardare la consegna di un'ora.*»

Questi documenti austriaci e tedeschi provano con chiarezza che la Germania era perfettamente informata tanto sulla data quanto sulla gravità dell'ultimatum e che si è accordata con l'Austria per procrastinarne la consegna. Con quale disegno? Prestando fede a un telegramma di Tschirschky, l'Austria avrebbe semplicemente voluto evitare che prima della mia partenza si celebrasse, in rada a Cronstadt, «nell'eccitazione dello champagne», una fraternizzazione che avrebbe potuto influenzare la condotta della Francia e della Russia. Pietosa spiegazione. La verità è che temevano che il governo francese e il governo russo, trovandosi in contatto nel momento in cui apprendevano dell'ultimatum, fossero in grado di concertare un intervento amicale in favore della pace. Preferivano che fossero separate, obbligate a comunicare da lontano; speravano che, durante i miei tre scali nei paesi scandinavi, l'Austria avrebbe avuto il tempo di dare alla Serbia una lezione magistrale.

Capitolo III

Vaghe notizie dell'ultimatum austriaco. Arrivo a Stoccolma.
Giornata di festa, giornata di ansia. Partenza per Copenaghen.
Le angosce dell'attraversata. 25 e 26 luglio. Isolati dalla terra.
Ciò che non sappiamo. Schœn al Quai d'Orsay.

L'andatura regolata a quindici nodi, la *France* fa rotta, nella notte, verso l'uscita del golfo di Finlandia. Dolcemente cullato da un rollio quasi impercettibile, mi addormento nella completa ignoranza dell'ultimatum austriaco. Siamo ancora lontani dal Baltico quando mi alzo. Dal mio appartamento a poppa, esco a prendere una boccata d'aria sul ponte.

Per occupare gli intervalli della traversata, leggo degli estratti della stampa parigina arrivata a Pietroburgo con la valigia e portati con noi alla partenza. Il rendiconto delle sedute riempie le colonne dei giornali. A poco a poco, ci giungono dei radiogrammi incompleti, ma poco rassicuranti nel loro disordine e nella loro oscurità. Apprendiamo che l'Austria ha inviato una nota comminatoria alla Serbia e che ha reclamato, in uno spazio di ventiquattr'ore, delle soddisfazioni di cui non conosciamo ancora i dettagli. Attendere alcune settimane per esporre delle esigenze e chiedere che siano assolte pressoché immediatamente, ci pare un modo di procedere brutale. È a spezzoni che la telegrafia senza fili ci rivela il contenuto della nota austriaca.

Il governo austro-ungarico si lamenta che la Serbia, dopo aver riconosciuto nel 1909 l'annessione della Bosnia-Erzegovina, ha persistito nel fare in questa provincia della propaganda contro la monarchia dualista. Esso pretende di avere la prova che degli ufficiali serbi si sono prestati all'organizzazione del complotto contro l'autorità imperiale. Afferma che le bombe lanciate a Sarajevo contro l'arciduca Francesco Ferdinando sono giunte agli autori dell'assassinio da un deposito militare serbo; chiede che un ufficiale e un sottufficiale siano immediatamente puniti, che il governo serbo sconfessi con una nota ufficiale l'azione rivoluzionaria dei suoi agenti e che consenta che all'inchiesta che sarà effettuata, sul territorio serbo, partecipino allo stesso tempo dei funzionari serbi e dei funzionari austro-ungarici. Viviani, de Margerie[65] ed io ci soffermiamo a discutere su questa grave iniziativa austriaca, per così tanto tempo ritardata e così bruscamente messa in atto. A tutti e tre pare che, nelle condizioni poste dall'Austria, vi sia una parte alquanto difficilmente accettabile dalla Serbia e che costituisce quasi una violazione del diritto delle genti[66]. Ma noi non vogliamo spingere la Serbia a una resistenza che potrebbe avere gravi complicazioni. Viviani telegrafa quindi a Pietroburgo e, attraverso Pietroburgo, a Parigi e a Londra, che egli è del parere: 1° che la Serbia offra immediatamente tutte le soddisfazioni compatibili con il suo onore e la sua indipendenza; 2° che chieda una dilazione di ventiquattro ore; 3° che noi appoggiavamo quest'ultima richiesta a Vienna; 4° che la Triplice Intesa chiede se non sia possibile sostituire un'inchiesta internazionale all'inchiesta austro-serba, che rischia di apparire umiliante per la Serbia.

Nella sera di venerdì 11/24 luglio, la brezza rinfresca. Cade qualche goccia di pioggia e anche, per qualche istante, una forte grandine. Rientriamo sottocoperta e ritardiamo i nostri orologi di un'ora. L'Europa sarà in grado di mettersi d'accordo?

Mentre Viviani ed io siamo in mare, l'agitazione inizia, senza che noi lo sappiamo, a impadronirsi del governo russo.

Di buon'ora, nella mattinata del 24, è arrivato da Belgrado a Pont-aux-Chantres un telegramma che annuncia che la Serbia ha ricevuto dall'Austria un ultimatum inaccettabile. Ritornando da Tsarskoié-Selo alle dieci del mattino, Sazonov ha appreso la notizia con un grande turbamento e ha chiamato l'ambasciatore d'Austria. Questi, rispondendo a questa chiamata, ha consegnato al ministro degli Affari esteri una copia della nota così lungamente covata, e Sazonov sembrava essere indignato dal tono assunto dall'Austria. Un Consiglio dei ministri è stato convocato per le tre del pomeriggio. Sazonov ha sottoposto ai suoi colleghi le seguenti proposte: 1° d'accordo con le altre Potenze, chiedere all'Austria di prolungare il periodo che ha fissato per il ricevimento della risposta serba, e questo in modo da lasciare alle Potenze il tempo di informarsi, come l'Austria stessa le ha invitate, sull'istruzione giudiziaria aperta in merito all'attentato; 2° raccomandare alla Serbia di non aprire ostilità con le truppe austro-ungariche,

[65] Pierre de Margerie (1861-1942) diplomatico, in quel momento ricopriva la carica di Direttore politico del Ministero degli Affari esteri francese.
[66] Per *diritto delle genti* si intende quello che oggi viene definito più propriamente *diritto internazionale*.

55

ma di ritirare le proprie forze e di chiedere alle potenze di placare il conflitto. Alla fine della giornata, il conte de Pourtalès è venuto, a sua volta, a vedere Sazonov. Si è sforzato di giustificare l'azione dell'Austria con la colpevolezza della Serbia e con la necessità di proteggere il principio monarchico. Sazonov ha risposto, secondo l'ambasciatore di Germania, in modo sovraeccitato, ma il conte Pourtalès, nondimeno, assicura nel suo rendiconto, che il ministro russo gli ha lasciato l'impressione di volere, prima di tutto, temporeggiare. In ogni caso, la decisione del Consiglio dei ministri è là per mostrare che all'indomani della nostra partenza, Sazonov aveva chiaramente il desiderio di impedire l'irreparabile e dava alla Serbia il consiglio di ritirare le sue truppe. È sufficiente dire che le sue conversazioni con Viviani e con me non avevano ispirato alcuna velleità di intransigenza. In effetti, Sazonov ha inviato nello stesso giorno a Belgrado il seguente telegramma: «*Essendo la situazione dei serbi senza speranza, sarebbe meglio per loro non opporre alcuna resistenza e indirizzare un appello alle grandi potenze.*»

La sola precauzione presa dalla Russia alla notizia del concentramento delle truppe austriache, era di autorizzare i ministri della Guerra e della Marina a prescrivere, se gli avvenimenti lo avessero richiesto, la mobilitazione di due flotte e dei quattro corpi d'armata di Odessa, di Kiev, di Mosca e di Kazan. Non si trattava ancora di una decisione esecutiva. Inoltre, fu ben specificato che queste misure non riguardavano che la possibilità di un conflitto ulteriore con l'Austria-Ungheria e non avevano alcun carattere di inimicizia nel confronti della Germania. Né a Viviani, né a me, Sazonov aveva, del resto, fatto presagire queste disposizioni militari che, per parziali che fossero, non erano certamente nelle sue intenzioni, quando noi avevamo lasciato la Russia.

Alle 5 e 40 del pomeriggio, sir Buchanan telegrafava a sir Edward Grey. Informato della consegna dell'ultimatum, era stato pregato da Sazonov di conferire, già dal mattino, con Paléologue e con lui. Il ministro degli Affari esteri e l'ambasciatore di Francia gli avevano detto confidenzialmente che a seguito della visita mia e di Viviani si era stabilito un accordo tra il governo russo e francese sui seguenti punti: 1° una perfetta identità di vedute sui diversi problemi che si ponevano davanti alla Potenze per quanto concerneva il mantenimento della pace generale e dell'equilibrio europeo, più particolarmente in Oriente (questo primo punto non aveva nulla di confidenziale: la formula era esattamente quella che Viviani aveva fatto pubblicare dopo il pranzo di Cronstadt); 2° decisione di agire a Vienna nella prospettiva di prevenire una domanda di spiegazioni o un'intimidazione che equivarrebbero a un intervento negli affari esteri della Serbia e che questa sarebbe autorizzata a considerare come un attacco contro la sua sovranità e la sua indipendenza (questo secondo punto non aveva più interesse poiché l'ultimatum era stato consegnato e, del resto, sir G. Buchanan sapeva, dal 23, che Sazonov e Viviani avevano incaricato gli ambasciatori russo e francese a Vienna di dare dei consigli amichevoli di moderazione. Egli l'aveva anche telegrafato a sir Grey, il 23). 3° affermazione solenne degli obblighi imposti dall'alleanza dei due paesi (questo terzo punto non era più nuovo degli altri due. Non era che la ripetizione sovrabbondante di quanto i governi russo e francese non avevano cessato di proclamare dall'inizio dell'alleanza). Non so quindi per quale ragione questo passaggio del telegramma di sir Buchanan è stato, dapprima, soppresso nel *Libro blu*. Da allora, è stato inserito nei *British documents* dal 1926, con il pieno assenso del governo francese e non ha mai avuto alcunché né di clandestino né di misterioso. La sola cosa strana è che è stato pubblicato prima in Germania che in Inghilterra, perché il *Foreign Office* l'ha trasmesso nel 1924, con l'assenso di Ramsay Mac Donald[67], a uno studioso tedesco, che sembra essere Stieve[68]. Alcuni circoli berlinesi hanno naturalmente concluso che presentava una particolare gravità.

Facendo a sir Buchanan la comunicazione della quale l'ambasciatore ha reso conto a sir Grey, Sazonov perseguiva la realizzazione di un desiderio che, da qualche tempo, tormentava il governo russo e che la conoscenza dell'ultimatum austriaco aveva naturalmente acutizzato. Sperava che l'Inghilterra si dichiarasse solidale con la Francia e la Russia e sperava che in questo modo la monarchia dualista potesse essere portata a mostrarsi meno intransigente. Non dimentichiamo, del resto, che nello stesso momento il Consiglio dei ministri russo raccomandava alla Serbia di ritirare le sue truppe e di non impegnarsi in battaglia.

Ma sir Buchanan aveva risposto che non gli era possibile impegnarsi per il suo governo. Aveva aggiunto che a suo parere il miglior partito da prendere era di guadagnare tempo e, per questo, di chiedere

---

[67] Ramsay Mac Donald (1866-1937) fu tra i fondatori del Partito Laburista e per tre volte ricoprì la carica di Primo ministro, la prima volta proprio tra il gennaio e il novembre del 1924.

[68] Friedrich Stieve (1884-1966) fu storico e diplomatico.

all'Austria il prolungamento del termine accordato alla Serbia. Paléologue aveva replicato che gli pareva ormai troppo tardi per riuscire in questa azione e che, a suo avviso, la sola possibilità di evitare la guerra era che la Triplice Intesa mostrasse la sua unione e la sua fermezza. Sir Buchanan aveva finito col dire: «Penso che sir Ed. Grey non si rifiuterebbe di far presente perentoriamente a Vienna e a Berlino il pericolo che rappresenterebbe per la pace europea un attacco dell'Austria contro la Serbia.» Ma confessava, allo stesso tempo, che temeva che l'opinione pubblica inglese non si rendesse esattamente conto della situazione.

Alle otto di sera, Paléologue, ritorna al ministero russo degli Affari esteri e incontra il conte de Pourtalès, che ne esce con il viso congestionato. L'ambasciatore di Francia raccomanda a Sazonov la calma e la moderazione: «Esaurite – gli dice – tutti i mezzi di accomodamento.» E aggiunge: «Posso certificare al mio governo che non avete ancora ordinato alcuna misura militare?» Sazonov risponde senza fare allusione alle decisione presa nel pomeriggio, in vista di autorizzare la mobilitazione delle due flotte e di quattro corpi d'armata: «Nessuna, ve lo confermo. Abbiamo solamente deciso di far rientrare in segreto gli ottanta milioni di rubli che abbiamo di depositi presso le banche tedesche.» Paléologue insiste e raccomanda a Sazonov un'estrema prudenza nelle comunicazioni che darà all'indomani in Consiglio sotto la presidenza dell'imperatore. «Non abbiate alcun timore. - conclude Sazonov – Voi conoscente del resto la saggezza dell'imperatore.»

Mentre Sazonov vanta, non senza ragione, la saggezza del suo sovrano, l'imperatore della Germania prosegue la sua crociera nelle acque della Norvegia e occupa le sue vacanze a leggere i telegrammi e i rapporti che gli sono inviati. In un dispaccio del principe Lichnowsky, datato del 22 luglio, trova questa frase di sir Ed. Grey: *È auspicabile che la Francia tenga conto della dignità della Serbia.* «*La dignità nazionale della Serbia* – scrive Guglielmo – *non esiste. La questione non riguarda Grey. È affare di S. M. Francesco Giuseppe. Gigantesca impudenza britannica.*»

Il 24, nuovo dispaccio di Lichnowsky. La nota austriaca è appena stata comunicata all'Inghilterra. Sir Ed. Grey ha detto all'ambasciatore di Germania che essa ha sorpassato tutto ciò che aveva visto fino ad allora e che uno Stato che accettasse simili richieste cesserebbe di essere annoverato tra gli Stati indipendenti. «*Questo sarebbe alquanto desiderabile. – annota Guglielmo II – Non è uno Stato nel senso europeo del termine. È una banda di briganti.*» Lichnowsky aggiunge: «*Grey mi ha detto* che sarebbe pronto a intervenire per far prolungare il termine e per rendere possibile la ricerca di una soluzione.» «Inutile.» Tronca Guglielmo. Grey suggerisce infine che nel caso di una pericolosa tensione, le quattro potenze non direttamente interessate, l'Inghilterra, la Germania, la Francia e l'Italia si sforzino di far ammettere una mediazione tra la Russia e l'Austria-Ungheria. «Inutile, - ripete Guglielmo – io non posso nulla, a meno che l'Austria non mi preghi insistentemente, il che è poco probabile. Nelle questioni d'onore e di interesse vitale, non si consultano gli altri.»

Sabato mattina, 12/25 luglio.
L'ordine è dato, dall'alba, di issare il gran pavese. Una flotta svedese ci viene incontro. Entriamo nei passaggi dell'arcipelago che forma, davanti a Stoccolma, una moltitudine di isole verdeggianti. Verso le nove del mattino, a Falsterbo, la *France* si ferma: il suo pescaggio le impedisce di andare oltre. Bisogna che salga sul *Lavoisier*, che è molto meno imponente e che è arrivato dall'Islanda espressamente per questo necessario trasbordo. Sei torpediniere svedesi ci vengono incontro.

Ecco Stoccolma che si erge davanti a noi su sette isolotti del lago Malare e che si bagna i piedi laggiù in un'acqua tranquilla. Gettiamo l'ancora a qualche distanza dalla banchina. Il re ci viene incontro in un'imbarcazione a remi che data, a quanto pare, a Gustavo Vasa[69], ma che è stata recentemente rimessa a nuovo e la cui fresca pittura bianca e blu smorza, sul mio petto, il gran cordone dell'ordine dei Serafini.

Gustavo V sale a bordo del *Lavoisier*, mi augura il benvenuto nel suo regno e si felicita amabilmente di ritrovarmi. Mi presenta suo fratello e i suoi figli e mi conduce con loro nella sua elegante scialuppa fino a Tolbod, l'imbarcadero riservato alle visite ufficiali. Il sindaco di Stoccolma mi viene incontro e mi indirizza, in un eccellente francese, un gentile discorso. Lo ringrazio con qualche parola. Il re mi invita a passare in rivista con lui la guardia d'onore; poi, tra due ali di soldati immobili, i landò di gala ci portano rapidamente al palazzo reale, che si trova in prossimità del lido.

Giornata di feste; giornata di attesa e di inquietudine. Successione di cerimonie gioiose; successione di telegrammi allarmanti. Il 24 luglio, alle 23 e 20, Abel Ferry[70], sottosegretario di Stato al ministero degli Affari esteri, ha inviato a Viviani un messaggio che troviamo al nostro

[69] Gustavo I Vasa (1496-1560) fu il primo re svedese dell'omonima dinastia.
[70] Abel Édouard Jules Ferry (1881-1918) deputato della sinistra radicale, morì al fronte.

arrivo e che è così concepito: «*L'ambasciatore di Germania, oggi pomeriggio (venerdì 24) ha compiuto presso Bienvenu-Martin*[71] *un passo teso ad appoggiare in modo categorico la nota austriaca. Ha letto a Bienvenu-Martin una nota tedesca che dichiara che il governo tedesco ritiene che l'attuale questione sia un affare che deve essere regolato tra l'Austria e la Serbia. Desidera ardentemente che il conflitto sia localizzato, poiché qualunque intervento di un'altra potenza, per i giochi delle alleanze, provocherebbe delle conseguenze incalcolabili. I dispacci da Londra e da Berlino sono pessimisti.* Firmato: Abel Ferry.»

Questo passo di Schœn pareva, a Viviani, a de Margerie e a me, estremamente grave. Effettivamente, la Germania prende immediatamente posizione contro quell'idea del concerto europeo che, nel 1912 e 1913, ci ha messo più volte al riparo da una guerra generale. Essa intende lasciare al «valoroso secondo», ogni libertà di rimostranza e di correzione contro il piccolo regno vicino.

Animato di uno spirito ben differente, Paul Cambon[72] ha, al contrario, suggerito a sir Ed. Grey una rapida presa di contatto con Berlino. Il segretario di Stato britannico, che trova del tutto esorbitante l'ultimatum austro-ungarico, ha volentieri acconsentito a pregare la Germania di agire presso l'Austria per ottenere il prolungamento del termine imposto alla Serbia. Paléologue telegrafa che, da parte sua, il governo russo ha fatto un passo nella stessa direzione. La Germania accetterà, perlomeno, di unirsi a questo sforzo? Niente sembra meno probabile. Ma, se si rifiuta, prenderà sul suo conto, davanti al mondo intero, le violenze dell'impero dualista. Perciò, Viviani risponde da Stoccolma a Paul Cambon che approva interamente la sua opinione e il suo linguaggio.

Da parte sua, Jules Cambon[73] telegrafa che Jagow gli ha detto: «Non conoscevo la nota austriaca prima che fosse consegnata, ma l'approvo e noi non abbiamo che da fare una cosa: localizzare il conflitto.» È la tesi che Schœn ha avuto mandato di sostenere. Chi tuttavia non vede che se si lascia il conflitto, pur localizzato, divenire sanguinoso, vi è da temere di tutto per il futuro?

[71] Jean-Baptiste Bienvenu-Martin (1847-1943) appartenente al Partito repubblicano, radicale di sinistra, ricoprì diversi incarichi governativi.
[72] Pierre-Paul Cambon (1843-1924) appartenente a una famiglia di diplomatici, dette un sostanziale contributo all'avvicinamento tra Inghilterra e Russia e alla creazione della Triplice Intesa.
[73] Jules Cambon (1845-1935), fratello di Pierre-Paul, fu diplomatico e uomo d'affari. Nel 1914 era segretario generale del Ministero degli Affari esteri.

Sappiamo, del resto, che dicendo che non aveva conosciuto la nota austriaca prima della consegna, Jagow falsava la verità. Nel suo libro sulle origini della guerra, ha riconosciuto che quel documento gli era stato comunicato al più tardi il 22 alle sette o alle otto di sera. Ammettendo anche che quest'ultima versione sia esatta, non possiamo non constatare che era ancora facile, in quel momento, telegrafare a Vienna, poiché le due cancellerie imperiali erano d'accordo per non effettuare la consegna a Belgrado prima del 23 alle sei di sera. Peraltro, da allora abbiamo avuto la confessione del sottosegretario di Stato Zimmermann. Egli scriveva l'11 agosto a von dem Bussche: «Caro Bussche, l'indicazione dell'*Evening News* è materialmente esatta, in quanto avevamo ricevuto effettivamente l'ultimatum circa dodici ore prima della sua consegna alla Serbia. Ma non ho conservato alcun ricordo di averne detta una parola a un diplomatico americano. Si può pubblicare una smentita.» (In altri termini, si può smentire un fatto vero, quando non è conosciuto.) E Zimmermann prosegue: «Ma quanto all'opportunità di questa smentita, stante il fatto che non sarà possibile nascondere indefinitamente che noi abbiamo conosciuto il documento, è un'altra questione.» Il fatto è quindi chiaro; è stabilito che, nella conversazione che noi apprendevamo a Stoccolma, Jagow aveva ingannato Jules Cambon.

Durante le ore che noi passiamo così in Svezia, nell'ignoranza di una grande parte della verità, le notizie si succedono, abbastanza confuse, talvolta anche abbastanza in contraddizione, a volte dal Quai d'Orsay, dove vegliano Bienvenu-Martin e Philippe Berthelot, a volte da San Pietroburgo, da dove Paléologue telegrafa a Viviani e a Thiébaut, a volte anche dalla stessa Stoccolma dove, con molta cortesia, il re e il governo svedese ci tengono al corrente di tutto ciò che sanno.

Temendo che la situazione si aggravi e preoccupato di assumere apertamente tutte le sue responsabilità, Viviani chiede a Pognon, direttore dell'agenzia Havas, che ci accompagna, di annunciare che il capo del governo, ministro degli Affari esteri, si è messo personalmente in comunicazione con tutte le stazioni diplomatiche e ha ripreso la direzione effettiva dei suoi servizi. Tuttavia, possiamo, l'uno e l'altro, pensare a un precipitoso ritorno? Dobbiamo rinunciare agli scali previsti in Danimarca e in Norvegia? È un interrogativo che incominciamo a porci e che ci imbarazza molto. Siamo attesi in quei due paesi. Tutto vi è preparato per riceverci. Se rientriamo direttamente a Dunkerque, possiamo spaventare l'opinione pubblica, non solo in Francia, ma in tutta l'Europa, e far supporre che verosimilmente temiamo delle generali complicazioni. Tutto ben soppesato, non disdiciamo le nostre fermate a Copenaghen e a Christiania. Cerchiamo inoltre di avere informazioni, dalla nostra legazione in Norvegia, su quello che sembra fare l'imperatore Guglielmo II, che è in crociera lungo le coste di quel paese. Ci rispondono dapprima: «È sempre là e non si muove.» Ma più tardi ci comunicano che è inopinatamente partito per una destinazione sconosciuta. Rientra probabilmente a Berlino per riprendere il timone. Mi viene in mente con inquietudine la cattiva impressione che il re dei belgi ha conservato, non è ancora un anno, delle sue ultime conversazioni con il Kaiser.

È dal re di Svezia che apprendiamo che alle sei di sera, vale a dire alla scadenza del termine fissato dall'ultimatum, il ministro d'Austria ha lasciato Belgrado.

Secondo Dumaine, il governo austro-ungarico avrebbe già mobilitato numerosi corpi d'armata; avrebbe inviato dei riservisti a Ragusa e avrebbe come obiettivo il monte Lovćen; mediterebbe dunque un conflitto non solamente con la Serbia, ma con il Montenegro.

Bienvenu-Martin, che ha ricevuto il messaggio che Viviani aveva inviato da Pietroburgo per raccomandare a Vienna, d'accordo con Sazonov, la moderazione nei confronti della Serbia, telegrafa, via Riga, al Presidente del Consiglio: «*Le vostre istruzioni sono state trasmesse d'urgenza a Vienna, ma risulta dalle informazioni di questa mattina che la nota austriaca è stata consegnata ieri sera alle sei a Belgrado. Questa nota, della quale non abbiamo ancora il testo ufficiale, appare molto aspra ... Essa dà alla Serbia fino a sabato sera alle sei per l'esecuzione. Trasmettendo le vostre istruzioni a Dumaine, l'ho pregato di accordarsi con i suoi colleghi inglese e russo per sapere se, in quale misura e in quale forma, gli ambasciatori della Triplice Intesa ritengono che la situazione di fatto permetta loro di agire senza nuove istruzioni dei loro governi.*»

Un po' più tardi, Bienvenu-Martin invia a Thiébaut, che ce lo comunica, un altro telegramma che conferma ciò che noi già sappiamo da San Pietroburgo sulla nota austriaca e che ne segnala tutta la gravità. In un messaggio radio dello stesso giorno, più conciso e inviato alla *France*, Bienvenu-Martin dice a Viviani che le esigenze contenute in questa nota «appaiono inaccettabili per la Serbia».

In un altro telegramma ancora, Berthelot ci informa che, secondo Dumaine, l'immediatezza e l'esagerazione delle richieste austriache ha sorpreso l'opinione pubblica viennese, ma che il partito militare sembra temere soprattutto che la Serbia ceda. Da parte sua, Jules Cambon nota che la stampa tedesca assume un tono minaccioso e sembra voler intimidire la Russia.

Le ore passano, oppresse da un presente e da un avvenire sconosciuto. I telegrammi arrivano alla legazione. Eccone ancora uno di Bienvenu-Martin. Il ministro ci relaziona con maggiori dettagli di Abel Ferry sulla visita di Schœn al Quai d'Orsay. L'ambasciatore di Germania ha letto una nota della quale non ha lasciato copia e della quale la prima parte riproduce, in forma leggermente differente, le argomentazioni dell'Austria: trasgressione della Serbia nel rispetto degli impegni presi nel 1909, appoggio pressoché ufficiale prestato a una propaganda anti austriaca intollerabile per la sicurezza della monarchia. La nota aggiunge che solo una soddisfazione immediata data alle legittime rivendicazioni dell'Austria potrebbe mettere fine a tale situazione; ma l'atteggiamento della Serbia è tale che vi è da temere che essa rifiuti queste soddisfazioni e assuma anche una condotta provocatoria. In questo caso l'Austria, dichiara la Germania, potrebbe essere portata a esercitare sulla Serbia una forte pressione con tutte le misure utili e, al bisogno, con misure militari. Il governo tedesco ritiene che l'affare debba essere regolato esclusivamente tra l'Austria-Ungheria e la Serbia e che le Potenze abbiano il più grande interesse a limitarlo alle due parti interessate; desidera ardentemente, dichiara, «che il conflitto sia localizzato, poiché ogni intervento di un'altra potenza, per il gioco delle alleanze, può provocare delle conseguenze incalcolabili». Sono le parole già riportate da Abel Ferry. L'ambasciatore di Germania, ci ha detto Bienvenu-Martin, ha particolarmente insistito su queste due frasi. Il ministro interinale ha fatto rimarcare a Schœn che «tanto sembra legittimo chiedere la punizione di tutti i complici dell'attentato, altrettanto sembra al contrario difficile esigere delle misure inaccettabili per la dignità e la sovranità della Serbia. Il governo serbo, anche se volesse sottomettersi a tali richieste, rischierebbe di essere travolto da una rivoluzione».

Bienvenu-Martin completa le sue numerose comunicazioni con una serie di riassunti telegrafici degli avvenimenti o degli incontri dei quali è venuto a conoscenza. Il conte Berchtold ha detto all'incaricato d'affari di Russia che il ministro d'Austria a Belgrado aveva ordine di lasciare la città, se non gli fosse stata data un'adesione pura e semplice, il sabato alle sei. Jagow ha continuato ad asserire a Jules Cambon che il governo tedesco aveva ignorato il tenore della nota sino alla consegna. Paul Cambon ha suggerito a sir Ed. Grey l'idea di sollecitare, d'accordo con la Germania, una mediazione delle quattro Potenze, non interessate, tra l'Austria e la Serbia. Il segretario di Stato britannico si è dimostrato disposto a parlare di questo progetto con l'ambasciatore di Germania. Sazonov ha detto a Paléologue che era dell'opinione di lasciare che l'Austria si mettesse completamente dalla parte del torto. Ha aggiunto: «Ritengo anche che, se il governo austro-ungarico passa all'azione, la Serbia dovrà lasciarsi invadere senza combattere e denunciare l'infamia dell'Austria al mondo civilizzato.»

Mentre a noi arrivano alla rinfusa queste frammentarie notizie, l'imperatore tedesco rientra velocemente in Germania. Fa di meglio. D'autorità ordina alla flotta tedesca di raggiungere il canale di Kiel. Il cancelliere Bethmann Hollweg gli telegrafa che la flotta britannica, recentemente riunita per le manovre navali, è sul punto di dividersi, che *sir Ed. Grey, almeno per il momento, non pensa a una partecipazione dell'Inghilterra a una guerra europea*, e che quindi è preferibile non ordinare un ritorno prematuro della flotta tedesca. Immediatamente, Guglielmo, preso da una nuova crisi di collera, annota il telegramma in termini oltraggiosi per il cancelliere. Sottolinea le parole «civili» con un tratto di disprezzo e scrive: «*La mobilitazione a Belgrado può trascinare la mobilitazione russa, che avrà come conseguenza quella dell'Austria. In questo caso, bisogna che io concentri le mie forze di terra e di mare. È questo che il cancelliere* civile *non ha ancora capito!*» Amabile regime dove il capriccio di un uomo, e di quale uomo (!), può aver ragione di tutti i consigli di prudenza!

Viviani ed io ignoriamo questo piccolo conflitto tra Bethmann Hollweg e Guglielmo II, ma, dopo aver letto e riletto tutti i telegrammi che ha ricevuto, il Presidente del Consiglio prega de Margerie di redigere e di spedire a Parigi una risposta d'insieme che mi comunica e che riporto:

«*Ho ricevuto i telegrammi. Nonostante il passo presso di voi dell'ambasciatore tedesco e che tende a impedire ogni intervento moderatore da parte delle potenze tra l'Austria e la Serbia, ritengo che dobbiamo esaminare, da questo momento, con la Russia e l'Inghilterra, i mezzi per prevenire un conflitto nel quale le altre potenze potrebbero trovarsi rapidamente impegnate. Se l'Austria insiste per partecipare sul territorio serbo a un'inchiesta sulle origini dell'attentato contro l'arciduca ereditario, non si potrebbe proporre, al momento opportuno, e cercando se la conferenza un tempo tenuta a Roma sugli anarchici possa fornire qualche punto di appoggio a questo ri-*

guardo, di allargare l'inchiesta e di farvi partecipare le altre potenze? Prego quindi direttamente Paul Cambon e Paléologue, di provvedere con urgenza con i governi britannico e russo a una combinazione che, salvaguardando la dignità della Serbia, possa, raccogliendo l'assenso delle altre potenze, non essere finalmente respinta da Vienna. La nota austriaca contiene, inoltre, delle richieste concernenti delle sanzioni individuali e delle garanzie per l'avvenire, penso che su questi punti la Serbia potrebbe dare, da questo momento, delle soddisfazioni, se la dimostrazione dei misfatti è addotta, considerando soprattutto il fatto che, da più di un mese, il governo serbo ha conservato il silenzio sulle complicità che l'attentato potrebbe mettere in luce. Approvo il tono del linguaggio che avete avuto con l'ambasciatore di Germania. Comunicando a Boppe[74] il rendiconto dei vostri incontri con Schœn, invitatelo a prenderne ispirazione per i suoi colloqui con il governo serbo. Da questo momento riprendo la direzione degli affari. Firmato: R. Viviani.»

Questo telegramma non ha che un torto, che non è imputabile né a Viviani né a de Margerie, ed è di essere partito troppo tardi per poter fermare l'Austria. Ma, dopo averlo firmato, Viviani appare realmente sollevato. Ha dominato i suoi nervi. Rilegge i brani che ha sotto gli occhi, riflette, esamina con notevole chiaroveggenza tutte le ipotesi che possono presentarsi. Egli è, come mi dice, «nell'acqua» e si ripromette di «nuotare» in mezzo agli scogli.

Ma è ignaro quanto me che, lo stesso giorno, Guglielmo II, apprendendo l'emozione causata a Belgrado dall'ultimatum austriaco, ha posto una nuova nota a margine del telegramma: «*Poiché questa cosiddetta potenza serba si dimostra traballante! Tutti gli Stati serbi hanno questa conformazione. Bisogna marciare decisi sui piedi di questa teppa.*» Cosa non avrebbero detto i tedeschi che hanno scritto sulle origini della guerra, se i sovietici avessero trovato nelle carte dello zar dei brani di questo stile?

Dal nostro sbarco a Stoccolma ho l'animo ossessionato dalla crescente minaccia del pericolo, ma nondimeno sono obbligato a sorridere ai nostri ospiti, che raddoppiano le premure nei nostri confronti.

Benché il re Gustavo V si sia rimesso appena da una malattia, si mostra infaticabile e si prodiga in gentilezze di ogni sorta. Ha subito, in primavera, una grave operazione allo stomaco e non ha ancora ritrovato tutte le sue forze. D'altra parte, in questi ultimi tempi, è stato prostrato da pensieri politici e privati. La regina Vittoria, nata principessa di Bade, appassionatamente tedesca, ha una salute alquanto de-

---

[74] Auguste Boppe (1862-1921) diplomatico.

licata. Ha perduto un occhio ed è minacciata dalla cecità completa. Attualmente, è in campagna, lontano da Stoccolma.

Il re mi fa molto gentilmente gli onori di palazzo. È una vasta costruzione dall'aspetto abbastanza banale. Gli appartamenti che mi sono riservati hanno tappezzerie fiamminghe e sono riccamente ammobiliati. Appena vi sono sistemato, il re mi offre, in un astuccio, due vasi di porfido di Dalarna, ai piedi dei quali ha fatto incidere sul cuoio una dedica e la data della mia visita. Da parte mia, ho portato per la regina Vittoria un vaso di Sèvres, che prego il re di porgerle al suo rientro dalla campagna.

Pranziamo al castello di Drottningholm, dove il re mi ha portato in yacht, su delle acque piatte, tra due rive coperte di alberi e di ridenti villette. La duchessa di Vestrogothie, sorella del re di Danimarca, fa gli onori. Come suo fratello, è piena di naturalezza e si dà un gran daffare con tutti gli ospiti.

Ritorno a Stoccolma con il re, in automobile, per delle strade campestri. Mi fa fare un giro della città, le cui strade mi sembrano deserte: gli abitanti sono nelle isole.

Alla sera cena di gala al Palazzo. Poi, in mezzo alle luminarie, il re e i principi ci conducono all'imbarcadero, dove ci separiamo da loro. Saliamo sull'imbarcazione di Gustavo Vasa che, nella rada addormentata, ci riporta al *Lavoisier*.

Con una prudente lentezza, il *Lavoisier* riprende la marcia tra le isole, da dove partono incessantemente, nella notte degli urrà squillanti. A mezzanotte, ritroviamo la *France* e la *Jean Bart*, fiabescamente illuminati, e rientriamo da noi accompagnati dal rombo dei cannoni. Dei colpi di cannone meno inoffensivi non stanno per essere tirati su Belgrado? E se lo sono, che cosa accadrà in Europa?. È quello che mi chiedo, il cuore stretto, sulla cuccetta dove cerco il sonno.

Domenica 26 luglio.
Eccoci nuovamente in mare, facendo rotta verso Copenaghen.

Niente di preciso da San Pietroburgo, niente di preciso da Parigi. Ripasso le vaghe notizie che ci ha portato il telegrafo senza fili, quelle che Thiébaut ha ricevuto da Stoccolma, tutte le informazioni contraddittorie che sono state date in buona fede, da qualche giorno dai diplomatici francesi, russi e inglesi. Come si percepisce che si sono ridotti alle supposizioni! Fino all'ultima ora, l'Austria è riuscita a nascondere il suo gioco.

A Londra, Paul Cambon si tiene in stretto contatto con sir Ed. Grey.

Il segretario di Stato britannico, da quando è venuto a conoscenza della nota austriaca, ha esclamato che mai una dichiarazione così «terribile» era stata indirizzata da un governo a un altro e che ne potevano nascere gravi conseguenze. Ha attirato l'attenzione del conte Mensdorf sulle responsabilità che l'Austria-Ungheria si era assunte. Ha chiamato l'ambasciatore di Germania nella speranza di realizzare il progetto che aveva concepito: ottenere il concorso del gabinetto di Berlino in vista di una mediazione delle quattro Potenze non interessate nell'affare serbo, Germania, Inghilterra, Francia, Italia. Questa mediazione, nel pensiero di sir Ed. Grey, doveva essere esercitata simultaneamente a Vienna e a San Pietroburgo. Paul Cambon ha spontaneamente fatto notare al ministro inglese che noi non conosciamo ancora le intenzioni di San Pietroburgo. Conseguentemente, un tentativo di mediazione tra l'Austria e la Russia non si giustificherebbe e rischierebbe di essere male accolto. Cambon giudica preferibile offrire all'Austria e alla Serbia una mediazione delle quattro potenze non interessate. Ma né la Germania, né l'Austria vogliono prestarsi a questo tentativo. Il nostro ambasciatore, peraltro, non nasconde le sue preoccupazioni. Teme che la Russia, esasperata dalle richieste dell'Austria, prenda militarmente partito per la Serbia, che ne nasca quindi un'iniziativa di aggressione contro l'Austria e che la Germania sia portata a sostenere il suo alleato. *Sarà la guerra generale*, conclude Cambon.

Viviani, de Margerie ed io non smettiamo di scambiarci le nostre impressioni. Non conosciamo, a dire il vero, che dei frammenti di quei telegrammi e di quelli che, a guerra avvenuta, pubblicherà il *Libro giallo*. Sovente ci arrivano indecifrabili o non sono captati che in modo imperfetto dalle antenne della *France*. Altri non ci sono inviati. Altri ancora, scambiati tra le cancellerie straniere, ci rimarranno sconosciuti per molto tempo.

Non abbiamo ancora potuto leggere, nel suo testo integrale, la nota austriaca, ma tutto ciò che ne sappiamo ci fa venire sulle labbra l'aggettivo di sir Ed. Grey: ci sembra terribile. Dall'inizio alla fine appare tutta la boria dell'Austria-Ungheria nei confronti delle nazionalità slave che sono state sottomesse all'impero. Anche se i fatti enunciati nell'allegato della nota fossero veri, anche se un reale complotto contro la vita dell'arciduca fosse stato preparato a Belgrado da Gavrilo Princip e da Nedeljko Čabrinović con il concorso del comandante serbo Voija Tankositch, anche se le sei bombe e le quattro pistole browning con le munizioni fossero state consegnate da questo ufficiale agli assassini e le bombe fossero giunte da un deposito d'armi dell'armata serba, la complicità di qualche singolo privato non implicherebbe la responsabilità del governo, né soprattutto quella del popolo serbo. Come si spiega quindi il tono della nota e le richieste che vi sono presentate: ingiunzione al governo serbo di pubblicare sul *Journal officiel* di Belgrado una solenne confessione dei colpevoli, dettata dalla stessa Austria, ingiunzione al vecchio re Pietro[75] di indirizzare un ordine del giorno all'armata, ingiunzione di sopprimere alcune pubblicazioni, di sciogliere le società, di revocare gli ufficiali e i funzionari i cui nomi sarebbero stati comunicati dal governo austriaco, ingiunzione di accettare la collaborazione di funzionari austriaci per seguire in Serbia l'inchiesta sull'attentato e per mettere fine a ogni azione sovversiva?

Viviani ed io ritorniamo sempre alla stessa domanda: cosa vuole l'Austria? Cosa vuole la Germania? Comprenderemmo meglio le loro intenzioni se non fossimo isolati in mezzo al mare e se avessimo tutti gli elementi in mano.

Jules Cambon, in realtà, vedeva molto giustamente quando in un dispaccio del 24 luglio, che dovevo conoscere dopo il mio ritorno a Parigi, scriveva: «*Sotto il pretesto di vendicare una morte, l'Austria vuol far rivivere tutte le sue vecchie rimostranze e riparare, se può, gli errori che ha commesso dopo l'annessione della Bosnia ... La Germania appoggia in modo stranamente energico l'atteggiamento dell'Austria. La debolezza dimostrata da qualche anno a questa parte dall'alleato austro-ungarico, indeboliva la fiducia che avevano in lei. La trovavano pesante da portarsi dietro. I pessimi processi, come l'affare di Zagabria e l'affare Friedjung, hanno reso la polizia odiosa coprendola di ridicolo. Non le chiedevano che di essere forte: sono soddisfatti che sia brutale. Un articolo comparso sul Lokal Anzeiger di questa sera segnala anche nella cancelleria tedesca uno stato d'animo del quale a Parigi noi non siamo naturalmente portati e tener abbastanza conto. Mi riferisco al sentimento di solidarietà monarchica. Sono convinto che questo punto di vista debba essere ampiamente considerato per giudicare l'atteggiamento dell'imperatore Guglielmo, la cui natura impressionabile ha dovuto renderlo sensibile all'assassinio di un principe che l'aveva ricevuto qualche giorno prima.*»

La solidarietà tedesca cerca, in effetti, ogni occasione per affermarsi. Alla camera bavarese, il ministro delle comunicazioni ha fatto allusione agli avvenimenti che si preparano in Oriente e l'intera assemblea, a

---

[75] Pietro I Karađorđević (1844-1921) fu re di Serbia dal 1903 e dal 1918 assunse il titolo di re dei Serbi, dei Croati e degli Sloveni.

eccezione dei socialisti, è esplosa in una manifestazione di simpatia nei confronti della monarchia austro-ungarica. Il nostro ministro a Monaco, Alizé, che informa Bienvenu-Martin di questo incidente (25 luglio), aggiunge che l'opinione pubblica *sarà unanime nell'approvare tutte le risoluzioni della cancelleria imperiale, anche le più estreme.* Il nostro console a Francoforte scrive anch'egli, il 25: «*La stampa approva senza riserve l'atteggiamento di Ballplatz e dichiara che la Germania sosterrà l'Austria, anche la* Gazette de Francfort, *giornale moderato e anche il foglio popolare* Volkszeitung, *come l'ardente* Frankfurter Nachrichten. *Solo il* Volkstimme *ha un linguaggio ragionevole. Si scaglia contro la nota austriaca, «vero attentato al diritto delle genti», e dichiara che «la stessa redazione di quel documento, destinato a ferire profondamente l'amor proprio dei serbi, è una prova manifesta dell'intenzione ben precisa dell'Austria di provocare quanto meno un conflitto.*»

Questo atteggiamento della Germania preoccupa molto Jules Cambon. Il 25 luglio, riferisce a Bienvenu-Martin che Jagow si è organizzato per ritardare sino alla fine del pomeriggio, vale a dire fino all'ora in cui l'ultimatum austriaco scadeva, l'appuntamento chiesto da Broniewski, incaricato d'affari di Russia, che aveva mandato di sollecitare un prolungamento della scadenza. Jagow ha dichiarato che considerava come tardivo ogni passo di quel genere: «Del resto – ha concluso – non si tratta di una guerra ma di un adempimento in un affare locale.»

Jules Cambon aggiunge: «*Risulta dalle informazioni che mi pervengono da numerose parti che evidentemente la Germania e l'Austria credono che la Russia e la Francia siano trattenute dalle esitazioni dell'Inghilterra. Da questo viene probabilmente la speranza di cui danno prova qui. Quale debba essere l'esito di tutto ciò, Vostra Eccellenza apprezzerà se, senza prendere delle misure pubbliche, le nostre autorità militari e marittime prenderanno le misure necessarie per non essere sorprese dagli avvenimenti.*» Jules Cambon scrive ancora: «*L'incaricato d'affari russo ha raccolto, come me, le voci che l'Austria, che dichiara di non volere alcuna annessione di territorio, occuperebbe parti della Serbia finché non otterrà completa soddisfazione: «Sappiamo – mi ha aggiunto – che cosa significa la parola occupazione.*»

Tutti questi telegrammi vengono scambiati mentre la *France* segue la sua rotta tra il mormorio delle onde e non giungono a noi dalle cancellerie europee che dei rumori confusi.

Ignoriamo il telegramma indirizzato il 25 luglio a Ballplatz dall'ambasciatore d'Austria a Berlino: «*Vedono qui* (a Wilhelmstrasse), *in tutti i ritardi dell'inizio delle operazioni militari un grande pericolo di in-*

gerenze delle Potenze. Ci consigliano di agire immediatamente e di mettere il mondo davanti al fatto compiuto. Condivido assolutamente questo punto di vista del ministero degli Affari esteri.»

Ignoriamo i telegrammi inviati dal 23 da Jagow e da Zimmermann a Schœn e decifrati più tardi dal Quai d'Orsay: «*Berlino, 23 luglio 1914, h. 6,23. Consideriamo il regolamento della controversia austro-serba come un affare da limitare tra i due interessati, e sul quale non ci è possibile porre alcun rifiuto e, per questa ragione, non abbiamo esercitato alcuna influenza sulla decisione del gabinetto di Vienna. Vostra Eccellenza potrà (o dovrà, parola dubbia), per la stessa ragione, mettere in esecuzione le istruzioni del dispaccio 18 spedito ieri sera da qui a Parigi unicamente dopo che il testo della nota austriaca al governo serbo sarà conosciuto dalla stampa. Altrimenti potrebbe formarsi a Parigi l'impressione che questa nota ci fosse conosciuta precedentemente. Jagow.»* Come si vede sempre lo stesso sistema di dissimulazione. «*Berlino, 24 luglio 1914, h. 10,35. Nei giornali di qui si spande (maniera di vedere)*[76]*, che noi abbiamo spinto l'Austria-Ungheria alla rigida nota alla Serbia e che abbiamo partecipato alla sua (redazione). Voci sparse da (parola indecifrabile). Vogliate contraddirle ... laggiù. Noi non abbiamo (esercitato) alcuna influenza sul (contenuto) della nota altrettanto quanto le altre Potenze ... prima di ... prendere posizione in qualsivoglia modo. Noi non possiamo, dopo che l'Austria-Ungheria si è di sua (iniziativa, risoluta) a parlare perentoriamente, consigliare ora a Vienna di (indietreggiare), è cosa (comprensibile). L'Austria-Ungheria ... dopo ... sarebbe (nel caso) di (ripensamento definitivo). Zimmermann.»*

Noi ignoriamo che la Germania gioca con tale ostinazione il ruolo di Ponzio Pilato, che essa ha conosciuto il progetto del passo nei confronti di Belgrado e l'imminenza del deposito della nota senza raccomandare la moderazione all'Austria; che dopo l'ultimatum ha ritenuto di lasciare l'Austria libera davanti alla Serbia; che sa l'effetto penoso prodotto a Pietroburgo dalle minacce di Vienna e dall'umiliazione inflitta alla Serbia, e che infine spera che, se le truppe non penetreranno nel territorio serbo, la Russia pazienterà.

Noi ignoriamo che, contrariamente alla promessa che aveva fatto a sir Ed. Goschen[77], Jagow ha volontariamente trascurato di trasmettere a Vienna la domanda di prolungamento della scadenza assegnata alla Serbia.

---

[76] N.d.A. Le parole tra parentesi sono state date come dubbiose dai nostri servizi di decifrazione.

[77] Edward Goschen (1847-1924) diplomatico, era in quel momento ambasciatore britannico a Berlino.

Noi ignoriamo che il principe reggente di Serbia, Alessandro, si è rivolto allo zar per chiedergli la sua protezione e che l'imperatore Nicola gli ha risposto con moderazione: «*Fino a quando ci sarà la minima speranza di evitare uno spargimento di sangue, tutti i miei sforzi saranno diretti verso questo fine. Se, malgrado il nostro più sincero desiderio, non arriveremo a nulla, Vostra Altezza reale può essere certa che la Russia non resterà indifferente alla sorte della Serbia.*»

Noi ignoriamo che la Serbia ha saggiamente ceduto, sui punti essenziali, all'ultimatum che Cambon e tanti altri esperti diplomatici giudicavano inaccettabili. La risposta serba è stata consegnata da Pašić[78] qualche minuto prima della scadenza del termine. Essa ha una forma moderata, che contrasta con quella della nota austriaca. La Serbia acconsente a pubblicare, a partire dal 26, sul *Journal officiel* di Belgrado la dichiarazione che le è stata richiesta. Promette anche di comunicarla all'armata con un ordine del giorno, di sciogliere la *Narodna* e tutte le altre società suscettibili di agire contro l'Austria-Ungheria, di arrestare e di punire i colpevoli, di modificare la legge sulla stampa, di licenziare dall'armata e dall'amministrazione civile tutti gli ufficiali, soldati e funzionari la cui responsabilità nella propaganda sarà accertata. Il governo serbo non respinge neanche interamente la partecipazione di agenti austro-ungarici all'inchiesta; esprime unicamente il desiderio di sapere come si eserciterà detta partecipazione e si limita a dire che non potrebbe accettare delle misure contrarie al diritto internazionale e alle relazioni di vicinato; propone di comunicare, «in casi concreti», i risultati dell'istruttoria ai funzionari austriaci. Conclude che, se il governo austro-ungarico non è soddisfatto di questa serie di concessioni, la Serbia è pronta a rimettersi alla decisione della Corte dell'Aya o a quella delle grandi Potenze che hanno preso parte all'elaborazione dell'atto del 31 marzo 1909[79]. Questa non è, probabilmente, una capitolazione pura e semplice e il diritto dell'Austria sarebbe quello di discutere le condizioni e le riserve che contiene la risposta serba. Ma Guglielmo II stesso, leggendo questa nota, non poteva impedirsi di pensare che l'Austria aveva soddisfazione su tutti i punti importanti,

---

[78] Nikola Pašić (1845-1926) fu il più significativo uomo politico della Serbia. Capo del Partito radicale venne eletto all'Assemblea nazione per la prima volta nel 1878 e ne divenne il presidente dal 1889 al 1892. In quel momento era capo del governo, posto che ricoprì sino a dicembre del 1918. Fu comunque il principale negoziatore serbo alla Conferenza di Pace di Parigi del 1919.

[79] Il 31 marzo 1909 la Serbia accettò ufficialmente l'annessione della Bosnia-Erzegovina da parte dell'Austria-Ungheria.

ed era anche il parere di Bethmann Hollweg. Che importa? L'Austria ha giurato a se stessa di essere intransigente. Il suo ministro, il barone Giesl, volta le spalle a Belgrado, mentre il governo serbo, decretando la mobilitazione, si ritira a Nisch, dove è convocata la Skupština nazionale[80], mentre anche l'Austria mobilita venti divisioni, vale a dire quattrocentomila uomini, che devono essere diretti sulla Serbia e marciare su Kragujevac.

Ignoriamo pressoché tutte queste notizie e questi documenti. Ignoriamo anche per la gran parte ciò che accade a Parigi. Il Telegrafo Senza Fili ci riporta il più delle volte frasi troncate e incomprensibili. Le nostre comunicazioni con la terra appaiono sistematicamente disturbate; lo sono, in effetti, come sapremo più tardi. Durante il nostro viaggio, il governo tedesco ha dato ordine di disturbarle. Testimone le note che sono state rilevate sul quaderno del servizio di posta del T.S.F a Metz: «*27 luglio 1914, h. 2. Il governatore ordina di disturbare le comunicazioni radiotelegrafiche francesi in un modo che non sia una violazione della pace. – h. 3. L'ingegnere delle comunicazioni T.S.F. dà l'ordine di disturbare le comunicazioni radiotelegrafiche franco-russe. – 28 luglio, h. 4. La Tour Eiffel ha capito la nostra intenzione di disturbare le sue comunicazioni e prova visibilmente a ingannarci trasmettendo con una grande energia a Dunkerque delle notizie per la nave* France, *che non risponde. Avuto riguardo per l'eventuale importanza per la Russia del contenuto dei dispacci, questa trasmissione è egualmente bloccata.*»

Così, non solamente si è attesa la nostra partenza dalla Russia per lanciare l'ultimatum; non solamente non si è voluto che il governo francese potesse accordarsi con i suoi alleati per avvicinare l'Austria e la Serbia, ma si è fatto, dopo, l'impossibile per impedire al presidente della Repubblica e al presidente del Consiglio di comunicare con il proprio paese.

Mentre, su un mare triste, pressoché deserto, indifferente agli umani conflitti, le nostre navi, separate dal mondo, seguono, in fila, una rotta monotona, che ci sembra interminabile, Bienvenu-Martin prova, il 26, a inviarci via T.S.F., a bordo della *France*, un resoconto sommario delle decisioni austriache. Temendo di non poterci raggiungere, telegrafa a Copenaghen, dove pensa che stiamo per fermarci e dove naturalmente non riceviamo il suo messaggio: «*Benché il governo serbo* – dice - *abbia ceduto su tutti i punti, salvo due piccole riserve, il ministro d'Austria-Ungheria ha rotto ogni relazione, confermando così la volontà del suo gover-*

---

[80] L'Assemblea nazionale.

no di procedere all'esecuzione della Serbia.»

Nel pomeriggio della stessa domenica 26, verso le cinque, Schœn si presenta al Quai d'Orsay e chiede di essere ricevuto da Bienvenu-Martin. «*L'Austria* – dice l'ambasciatore – *ha fatto sapere alla Russia che non persegue né un ingrandimento territoriale, né attenta all'integrità del regno serbo. La sua sola intenzione è assicurare la propria tranquillità e compiere un'azione di polizia. È dunque dalle decisioni della Russia che dipende che una guerra sia evitata. La Germania è solidale con la Francia nell'ardente desiderio che la pace possa essere mantenuta. Essa ha la ferma speranza che la Francia userà la sua influenza, in senso distensivo, presso il governo russo.*» Bienvenu-Martin si guarda dal respingere il suggerimento che gli viene fatto, ma saggiamente risponde: «*La contropartita naturale dei consigli di moderazione che la Francia potrebbe dare a Pietroburgo sarebbe una raccomandazione che la Germania dovrebbe indirizzare a Vienna per evitare delle operazioni militari volte all'occupazione della Serbia.*» «*No, no,* – osserva subito Schœn, che ha ricevuto a questo riguardo precise istruzioni – *un tale passo sarebbe inconciliabile con la posizione presa dalla Germania, per la quale la questione riguarda solamente l'Austria e la Serbia.*» «*La mediazione a Vienna e a Pietroburgo* – insiste Bienvenu-Martin – *potrebbe essere fatta dalle quattro potenze meno interessate al conflitto.*» «*No,* – ripete Schœn – *il solo punto dove bisogna agire è a Pietroburgo.*» «*In queste condizioni* – conclude Bienvenu-Martin – *non mi sento autorizzato a darvi una risposta favorevole, soprattutto in assenza del presidente del Consiglio. Glielo riferirò.*»

Schœn non vuole ritenere definitivo questo rifiuto e la sera stessa, alle sette, ritorna al ministero e si fa introdurre a colloquio con Berthelot, direttore aggiunto degli affari politici. Desidera, così dice, che sia comunicata alla stampa una nota del suo incontro con Bienvenu-Martin. Propone anche a Berthelot il seguente testo: «*L'ambasciatore di Germania e il ministro degli Affari esteri hanno avuto, nel pomeriggio, un nuovo incontro, nel corso del quale hanno esaminato, nello spirito più amichevole e con un sentimento di solidarietà pacifica, i mezzi che potrebbero essere impiegati per mantenere la pace generale.*» «*Di conseguenza* – risponde Berthelot – *voi ritenete che tutto è risolto e date l'assicurazione che l'Austria accetta la nota serba o meglio che si presterà, su questo punto, a delle conversazioni con le Potenze.*» «Ma no, assolutamente no.» Esclama Schœn. «*Se nulla si è modificato nell'atteggiamento negativo dell'Austria* – riprende Berthelot – *i termini della nota che voi proponete sono eccessivi; sono di natura tale da dare all'opinione pubblica francese una falsa sicurezza e a creare delle illusioni su una situazione che non cessa di essere pericolosa.*» Poiché l'ambasciatore replica, con un tono alquanto ottimista, contro la paura di un pericolo, Berthelot prosegue: «*Mi permettete di parlarvi a titolo personale?*» «*Volentieri*» «*Ebbene, badate, io non mi spiego la condotta del vostro paese, se non mira alla guerra. Voi avete detto e ripetuto che la Germania non aveva conosciuto la nota austriaca. E sia. Non possiamo che credervi sulla parola. Ma allora, come è accaduto che la Germania si sia posta, a occhi chiusi, a fianco dell'Austria in una simile avventura? Come mai l'Austria stessa ha preso una posizione intransigente, senza possibilità di ritrarsi, prima di aver soppesato con i suoi alleati tutte le conseguenze della sua decisione? Quali responsabilità il governo tedesco non si assumerebbe e quali sospetti non lascerebbe pesare su di lui, se rifiutasse di dare a Vienna, con le altre Potenze, un consiglio che sarebbe sufficiente a dissipare l'incubo che opprime l'Europa?*» Schœn ha ascoltato in silenzio, con un sorriso imbarazzato. Afferma di nuovo che la Germania ha ignorato il testo della nota austriaca, assicurazione che, non dubito, crede aderente alla verità, ma che era, lo abbiamo visto, contraria ai fatti. Afferma che la Germania non ha avuto comunicazione dell'ultimatum prima della altre Potenze, ma che approva che l'Austria voglia dare una necessaria lezione alla Serbia. Tuttavia, non dissimula che, se la risposta serba è tale come è comparsa sulla stampa, non si spiega come l'Austria non l'abbia accettata. Termina la conversazione con qualche proposito conciliante che è, senza alcun dubbio, l'espressione leale dei suoi sentimenti personali.

La giornata del 26 non è terminata che Bienvenu-Martin riceve dal nostro incaricato d'affari in Lussemburgo, d'Annoville, che sostituisce Mollard che è in congedo, l'avviso che, secondo le informazioni di Thionville, le quattro ultime classi tedesche congedate hanno ordine di tenersi, ad ogni ora, a disposizione del comando e che, senza essere completamente mobilitati, i riservisti sono già stati invitati a non lasciare il luogo del loro domicilio.

Capitolo IV

Parigi ci chiama. Decidiamo di non fermarci a Copenaghen.
Sempre in mare. Notizie confuse. Dichiarazione di guerra
dell'Austria alla Serbia e bombardamento di Belgrado. Sbarco a
Dunkerque. Rientro a Parigi. Riunione del Consiglio dei ministri. Visita di Schœn a Viviani.

Lunedì 27 luglio.

I telegrammi da Parigi arrivati questa notte, per quanto confusi,
esprimono chiaramente l'inquietudine e l'impazienza. Si vorrebbe che
fossimo già di ritorno. Bienvenu-Martin ci fa sapere che è la voce unanime dei ministri presenti. Abel Ferry, da parte sua, telegrafa che
l'opinione pubblica e la stampa cominciano a rimproverarci di proseguire il nostro viaggio in un momento così critico.

Per quanto penoso sia mancare alla parola data, mi sento obbligato a
rinunciare alle visite promesse. Non possiamo rimanere sordi
all'appello dei nostri compatrioti. Viviani ed io, di comune accordo,
prendiamo la decisione di rientrare direttamente in Francia. Presa
questa decisione, la comunichiamo via telegrafo al Quai d'Orsay e ai
ministri di Francia in Danimarca e Norvegia. Ai re dei due paesi, telegrafo che la gravità degli avvenimenti mi fa un imperioso dovere rientrare immediatamente a Parigi e presento loro delle scuse, non senza
qualche imbarazzo.

Prima delle sette del mattino, è dato ordine al *Lavoisier* e alle torpediniere di fare rotta su Copenaghen per fare rifornimento di carbone e
di raggiungere Dunkerque il più presto possibile. Un incrociatore tedesco, che sembra giungere da Kiel, attraversando la baia di Meclem-
burgo, ci incontra e ci saluta. Seguendo la regola internazionale, la
France tace, come tutte le navi che portano un capo di Stato, ma la *Jean
Bart* risponde immediatamente.

Qualche minuto dopo, compare una torpediniera tedesca che, alla
nostra vista, torna indietro e si allontana rapidamente. Sembra essere
venuta unicamente per constatare la nostra presenza. Le antenne della
France, peraltro, intercettano un radiomessaggio che l'incrociatore tedesco, incontrato precedentemente, ha inviato dopo averci salutato. Il
testo cifrato ci sfugge, ma si tratta, probabilmente, di un messaggio
che segnala il nostro passaggio al governo imperiale.

Viviani telegrafa a San Pietroburgo: «*A bordo della* France, *27 luglio 1914. Il presidente della Repubblica avendo giudicato, come me, che la situazione non gli permetteva di rimanere ulteriormente lontano da Parigi, non si ferma a Copenaghen e a Christiania. Rientriamo a tutta velocità e saremo in Francia dopodomani mattina, mercoledì. Vogliate dire a Sazonov che la Francia, apprezzando come la Russia la grande importanza che ha per i due paesi affermare la loro perfetta intesa nei confronti delle altre Potenze e a non tralasciare alcuno sforzo in vista della soluzione del conflitto, è pronta ad assecondare pienamente, nell'interesse della pace generale, l'azione del governo imperiale. Firmato: René Viviani.*»

La giornata del 27 luglio si trascina penosamente. Dapprima facciamo rotta a Nord e passiamo il Belt con tutte le precauzioni d'uso. È solo più tardi, quando abbiamo fatto rotta verso ovest, poi a sud, che possiamo filare a diciotto nodi, il massimo della velocità che possiamo raggiungere.

Ci giungono nuovi telegrammi, ma benché per rassicurare l'opinione pubblica francese, Viviani abbia fatto dire attraverso l'agenzia Havas che restavamo in contatto permanente con la terra, siamo sempre ben lontani dalla realtà. Ciò che sappiamo si riduce, in sostanza, a questo. Per il momento, l'Austria si è accontentata di richiamare il proprio ministro a Belgrado e a iniziare la sua mobilitazione. La Russia ha deciso, in principio, di mobilitare tredici corpi d'armata, se l'Austria attacca la Serbia, ma fino a questo momento questa decisione è rimasta teorica. La Serbia, del resto, secondo le notizie che ci giungono, sembra aver ceduto su tutti i punti dell'ultimatum, salvo due. Se l'Austria vuole spingere più lontano la sua vittoria, se occupa Belgrado, l'Europa la lascerà fare? Se la Russia interviene, che dirà l'Inghilterra? Che cosa dirà la Germania? Non poter essere esattamente informato su tutto, non avere sottomano i dati essenziali dei problemi da risolvere, fa soffrire Viviani nello spirito e nella carne. Passeggia agitato sul ponte della *France*, resta a lungo silenzioso, poi ritorna, a intervalli, a confidarmi affettuosamente le proprie angosce.

Mentre noi ci scambiamo le nostre impressioni, o consultiamo de Margerie, gli avvenimenti sul continente precipitano. Quando aveva ricevuto il principe Lichnowsky, nella giornata del 24, sir Ed. Grey, dopo aver detto che uno Stato che accettasse le condizioni della nota austriache cesserebbe di essere annoverato tra le nazioni indipendenti, aveva lanciato l'idea di una mediazione a quattro. L'Austria, beninteso, aveva scartato questo progetto e , il 27, il suo ambasciatore a Berlino telegrafava trionfalmente al conte Berchtold: «*Il segretario di Stato mi ha chiaramente dichiarato, in forma strettamente confidenziale, che prossimamente le proposte di mediazione dell'Inghilterra saranno portate all'attenzione di Vostra Eccellenza. Ma il governo tedesco ci dà l'assicurazione formale che non si assocerà ad alcuna di queste proposte, che inoltre si pronuncerà categoricamente contro la loro presa in considerazione e che non le trasmetterà che per tener conto della posizione inglese.*» Tener conto della posizione inglese, che è la stessa posizione francese, significa quindi, nel pensiero tedesco, fare in modo di farla fallire.

La Germania ha in vista un altro metodo. Manifestazioni di entusiasmo hanno avuto luogo a Monaco davanti alle legazioni della Prussia e dell'Austria. A Berlino la folla canta *Die Wacht am Rhein*[81] e Jules Cambon trova inquietante lo spirito che si sta diffondendo. Scrive a Parigi: «*Secondo le informazioni che mi provengono da fonti molto sicure, la Germania penserebbe, se la situazione attuale non si sviluppa pacificamente da qui a qualche giorno e se la Russia la minaccia, a sferrare un colpo... Bisogna che ci mettiamo nell'ordine di idee che tutte le nostre intenzioni pacifiche non fermeranno la Germania, finché ci saprà legati dalla nostra alleanza con la Russia. Non siamo quindi padroni di impedire l'aggressione che sarà diretta verso di noi, se la guerra deve scoppiare tra Pietroburgo e Berlino. Da ciò che so, gli ufficiali sono tutti richiamati ai loro posti e un certo numero di misure preparatorie sono in via d'esecuzione. Come ho già fatto, richiamo l'attenzione del governo sulla necessità di fare, anche noi, senza rumore, tutto ciò che può essere fatto prima della mobilitazione. Mi risulta, inoltre, che la Germania è ancora convinta che l'Inghilterra si asterrà. I suoi occhi non sono aperti. Senza chiedere una dichiarazione come quella di Lloyd George nel 1911, sembrerebbe utile che la Germania fosse chiaramente avvertita che l'aiuto effettivo dell'Inghilterra non ci mancherà.*» Ma di questo concorso, fino a ora, noi non siamo affatto sicuri e, a Berlino, si spande la voce con o senza convinzione, che l'Inghilterra rimarrà neutrale. De Fleuriau, nostro incaricato d'affari in Gran Bretagna, scrive il 27 al Quai d'Orsay: «*L'agenzia Wolff ha inviato la notte scorsa un telegramma da Berlino a Londra annunciando che, durante un incontro di sabato con l'ambasciatore di Russia, sir Ed. Grey avrebbe dichiarato che il governo britannico si disinteressa del conflitto austro-serbo e che il conte Benckendorff*[82] *appariva alquanto scoraggiato lasciando il* Foreign Office. *Questo tele-*

---

[81] *Die Wacht am Rhein* (*La guardia al Reno*) è una celebre canzone patriottica tedesca, considerata quasi un inno nazionale.
[82] Alexandre Philippe Constantin Louis von Benckendorff (1846-1917) in quel momento era ambasciatore della Russia a Londra.

gramma è stato bloccato dal capo dell'agenzia russa e fino a questo momento non è stato riportato dai giornali di Londra. L'ambasciatore di Russia l'ha messo sotto gli occhi di sir Ed. Grey al fine di mostrargli come l'ufficio stampa tedesco distorce l'atteggiamento dell'Inghilterra. È evidente che il partito della guerra a Berlino cerca con tutti i mezzi possibili di convincere l'opinione pubblica dell'intenzione che avrebbe l'Inghilterra di rimanere neutrale. La decisione concernente la flotta britannica, la cui smobilitazione è stata bloccata questa notte, smentisce fortunatamente queste false notizie.» È, in effetti, la prima misura precauzionale che prende il governo inglese. La settimana precedente, re Giorgio ha passato in rivista a Spithead tre squadre componenti la «Home fleet». La Home fleet aveva raggiunto in seguito la fonda a Portland e stava per essere smobilizzata. Nella notte tra il 26 e il 27, viene dato l'ordine di sospendere tale smobilitazione. Si è sperato che questa decisione raffreddasse un po' a Berlino l'ardore nazionalista.

Ma la Germania, che lascia l'Austria a briglia sciolta, e che non vuole fermarla sulla china fatale, cerca, nello stesso tempo, di separarci dalla Russia. Dopo aver ricevuto Schœn e aver cortesemente discusso la redazione del comunicato desiderato dall'ambasciatore, Philippe Berthelot aveva dato alla stampa una nota così concepita: «L'ambasciatore di Germania e il ministro degli Affari esteri hanno avuto un nuovo incontro nel corso del quale hanno cercato le modalità d'azione delle Potenze per il mantenimento della pace.» Ma Schœn, che conosceva il pensiero di Berlino, non si è accontentato di questa nota anodina, che non era di natura tale da offendere la Russia. Nella mattinata del 27, fa portare a Philippe Berthelot la seguente lettera personale:

«Kaiserliche Deutsche Botschaft
Parigi,78, rue de Lille.

Mio caro signor Berthelot, credo di esservi gradito dandovi un breve riassunto di ciò che ho avuto l'onore di dire ieri al Signor Ministro. Notate bene la frase sulla solidarietà dei pacifici sentimenti. Non è una frase banale, ma la sincera espressione della realtà.

Vogliate credere, caro signor Berthelot, ai miei sentimenti cordialmente devoti. Firmato: Schœn.»

Sul secondo foglio si trova il seguente riassunto:
«*Il gabinetto di Vienna ha fatto formalmente e ufficialmente dichiarare a quello di San Pietroburgo che non persegue alcuna acquisizione territoriale*

in Serbia e che non vuole portare alcun attentato all'integrità del regno. La sua unica intenzione è quella di assicurare la propria tranquillità. In questo momento, la decisione se una guerra europea deve scoppiare dipende unicamente dalla Russia. Il governo tedesco ha la piena fiducia che il governo francese, con il quale si sa solidale nell'ardente desiderio che la pace europea possa essere mantenuta, userà tutta la sua influenza in uno spirito distensivo presso il gabinetto di San Pietroburgo.»

La Germania si attiene quindi al suo piano. Non vuole agire nei confronti di Vienna. Chiede a noi di agire a San Pietroburgo. Il 27, alle ore 14, Schœn, non avendo ricevuta da Bienvenu-Martin risposta diversa da quella della vigilia, ritorna al Quai d'Orsay e si presenta ad Abel Ferry. Si dichiara pronto personalmente a insistere presso il suo governo affinché lo stesso passo sia fatto a Vienna e a San Pietroburgo. Ma sa perfettamente che la sua proposta non concorda con quella del suo governo e che non ha alcuna possibilità di essere accettata; lo sa così bene che non telegrafa niente di questa conversazione a Bethmann Hollweg; è solamente più tardi, nelle sue *Memorie*, che ne parlerà. Se il cancelliere escludeva ogni raccomandazione a Vienna, è perché aveva il suo scopo, quello che segnalava J. Cambon: rompere l'alleanza russa. Lo confessava egli stesso a Rœdern, segretario di Stato per l'Alsazia-Lorena: «*Se noi riuscissimo, non solo a che la Francia si mantenesse tranquilla, ma che anche invitasse Pietroburgo alla pace, questo fatto avrebbe per noi una ripercussione alquanto favorevole sull'alleanza franco-russa.*» Al di là di ogni ricostruzione di parte, non è quindi Bienvenu-Martin che ha fatto fallire, in questa circostanza, un tentativo di riconciliazione.

La Triplice Intesa, al contrario, si prodigava per moltiplicare i tentativi di accomodamento. Quando, all'indomani 27, Schœn, che, per quanto lo riguardava, lavorava sinceramente al mantenimento della pace, ritornava ancora una volta al Quai d'Orsay, rivedeva Bienvenu-Martin e sembrava, per la prima volta, approvare l'idea di ottenere allo stesso tempo dalla Serbia e dall'Austria l'impegno ad astenersi da ogni atto di ostilità. Bienvenu-Martin non aveva quindi esitazioni e chiamava immediatamente Paul Cambon, che era a Parigi e stava ripartendo per Londra, e lo pregava di riportare il risultato di quest'incontro a sir Ed. Grey.

Del resto, il segretario di Stato britannico aveva già sottoposto ai gabinetti di Berlino, di Roma e di Parigi una proposta che si ispirava con successo ai precedenti del 1912 e del 1913: gli ambasciatori di Francia, di Germania e d'Italia sarebbero stati incaricati di ricercare con lui un mezzo per dipanare la crisi, essendo inteso che, nel corso di questi colloqui, la Russia, l'Austria e la Serbia si sarebbero astenute da ogni operazione militare attiva.

Sforzi vani. La Germania si rifiutava di trattenere il gabinetto austriaco. Pareva che temesse per il proprio prestigio con la sola apparenza di un attacco al prestigio della monarchia alleata. Così continuava a scartare tutti i mezzi atti a distogliere l'Austria da una aggressione contro la Serbia. Jagow rispondeva il 27 all'ambasciatore d'Inghilterra e a Jules Cambon che non permetteva che gli ambasciatori d'Italia, di Francia e di Germania fossero incaricati di ricercare con sir Ed. Grey una soluzione delle difficoltà che si stavano verificando perché, diceva, sarebbe come istituire una vera conferenza per trattare degli affari dell'Austria e della Russia. Jules Cambon insisteva, ma Jagow si tirava indietro, ripetendo che la Germania aveva degli impegni nei confronti dell'Austria. La Germania voleva certo che si prevenisse un conflitto austro-russo, ma non poteva intervenire in un conflitto austro-serbo. Sorpreso da questa argomentazione, Jules Cambon replicava: «*L'uno è la conseguenza dell'altro e ciò che importa è impedire che intervenga uno stato di fatto nuovo di natura tale da portare un intervento della Russia.*» Poi, poiché il segretario di Stato insisteva nel dire che era obbligato a mantenere gli impegni della Germania nei confronti dell'Austria, Jules Cambon gli chiedeva: «*Siete dunque impegnati a seguirla ovunque, con gli occhi bendati? Non avete preso atto della risposta della Serbia all'Austria, che l'incaricato d'affari di Serbia vi ha consegnato questa mattina?*» «*Non ne ho ancora avuto il tempo.*» Rispondeva Jagow e persisteva nel suo rifiuto.

Martedì 28 luglio.
Eccoci al nostro ultimo giorno di navigazione. Siamo entrati all'alba nel mare del Nord e filiamo verso Dunkerque.

La temperatura si è sensibilmente abbassata; il cielo è grigio; in alcuni momenti cadono scrosci d'acqua. Su un mare un po' oleoso, la *France* beccheggia molto leggermente.

Radiogrammi più chiari. La proposta britannica vi è spiegata meglio. Si tratterebbe, per le quattro Potenze disinteressate, di intervenire non solamente a Vienna e a Pietroburgo, ma anche a Belgrado, per prevenire ogni azione militare. Di conseguenza, si chiederebbe all'Austria di soprassedere a ogni offensiva contro la Serbia: nello stesso tempo ci si indirizzerebbe a Pietroburgo per permettere alla Germania di rinunciare all'idea di circoscrivere il conflitto tra Vienna e Belgrado. Dopo aver conferito con de Margerie, Viviani telegrafa a Parigi che accetta la proposta inglese.

In quel mentre, Sazonov, che si era dichiarato «pronto ad accettare la proposta inglese o ogni altra proposta atta a una soluzione pacifica», ha egli stesso proposto all'ambasciatore austriaco, conte Szápáry[83], di intavolare, tra Pietroburgo e Vienna, delle negoziazioni dirette e ha chiesto a questo fine la «cooperazione» della Germania. Bisogna, ha affermato, «trovare un mezzo per dare alla Serbia una meritata lezione, nel rispetto dei suoi diritti di sovranità». Il conte Berchtold non la intende in questo modo. Rifiuta nettamente e dichiara all'ambasciatore di Russia che la guerra sta per essere dichiarata dall'Austria alla Serbia.

L'iniziativa di Sazonov era certamente ben intenzionata. «*Il ministro degli Affari esteri* – telegrafa Paléologue – *si impegna con perseveranza a far prevalere una soluzione pacifica.*» «*Fino all'ultimo istante* – dichiarava al nostro ambasciatore – *sarò disposto a negoziare.*» Paul Cambon, tuttavia, aveva timore che il tentativo russo fornisse all'Austria un pretesto per scartare la proposta britannica. Sir Ed. Grey aveva insistito presso il principe Lichnowsky e gli aveva detto: «*La Russia si è mostrata moderata dall'inizio della crisi, in particolare nei suoi consigli al governo serbo. Sarei molto imbarazzato nel farle delle raccomandazioni pacifiche. È a Vienna che conviene agire e per questo è indispensabile il concorso della Germania.*» Sir Ed. Grey, nello stesso tempo, aveva incaricato il suo ambasciatore a Berlino di chiedere l'adesione di Jagow al suo progetto di conferenza. Il ministro tedesco aveva risposto: «*Conviene attendere il risultato dei colloqui iniziati tra Pietroburgo e Vienna*»; e in presenza di questo stravolgimento, sir Ed. Grey aveva dovuto ordinare a sir Ed. Goschen di sospendere ogni sua azione. Ma, in realtà, non era l'intervento di Sazonov con l'Austria che aveva fatto fallire a Vienna e a Berlino la mozione britannica. Dal 27, il cancelliere Bethmann Hollweg aveva telegrafato al principe Lichnowsky: «*Noi non possiamo partecipare a una tale conferenza, perché non possiamo trascinare l'Austria davanti a un tribunale europeo, in occasione della sua controversia con la Serbia.*» E, ricevendo sir Ed. Goschen che aveva convocato, il cancelliere gli diceva: «*Non abbiamo potuto accettare una proposta che sembrava imporre l'autorità delle*

---

[83] Friedrich, conte Szápáry di Muraszombath e Széchyszige (1869-1935) di origini ungheresi e appartenente a una famiglia di politici, fu nominato ambasciatore d'Austria a San Pietroburgo nell'ottobre del 1913 e presentò la dichiarazione di guerra allo zar il 6 agosto 1914.

Potenze all'Austria.» Bethmann Hollweg assicurava l'ambasciatore del suo sincero desiderio di pace; gli parlava degli sforzi che egli stesso pretendeva di aver fatto a Vienna, ma aggiungeva che la Russia era la sola padrona di mantenere la pace o di scatenare la guerra. Sir Ed. Goschen gli rispondeva che non condivideva i suoi sentimenti e che, se la guerra fosse scoppiata, l'Austria avrebbe avuto la maggior parte della responsabilità; poiché era inammissibile che avesse rotto con la Serbia dopo la risposta di quest'ultima. Senza discutere su questo punto, il cancelliere concludeva: «*Noi spingiamo per quanto ci è possibile le conversazioni dirette tra l'Austria e la Russia.*»

La Germania pretendeva così di promuovere conversazioni dirette, mentre il suo alleato le respingeva sdegnosamente. Sempre più preoccupato da questo singolare atteggiamento, Jules Cambon si chiedeva se per fare accettare la proposta di sir Ed. Grey, non la si potesse modificare di nuovo nel senso di una doppia azione a Pietroburgo e a Vienna. Si intratteneva a questo proposito con i suoi colleghi d'Inghilterra e di Russia: «*Ho aggiunto* – scriveva a Parigi – *che in ragione di quella sorta di ripugnanza manifestata da Jagow davanti ad ogni genere di azione nei confronti di Vienna, sarebbe forse opportuno metterlo con le spalle al muro e che sir Ed. Grey potrebbe incaricare sir Ed. Goschen di chiedere al segretario di Stato quale forma, secondo lui, dovrebbe prendere l'azione diplomatica delle quattro Potenze ... Dobbiamo associarci a tutti gli sforzi in favore della pace, compatibili con i nostri impegni di fronte ai nostri alleati, ma, per lasciare le responsabilità dove sono, è fondamentale avere cura di chiedere alla Germania di precisare ciò che vuole.*»

Mentre la Francia si preoccupava così di cogliere tutti i rami d'ulivo che trovava alla portata della sua mano, il gabinetto di Vienna pensava nuovamente a invelenire le cose. Nel pomeriggio del 27, l'ambasciatore di Germania Tschirschky telegrafava a Jagow che la dichiarazione di guerra dell'Austria alla Serbia era imminente. Wilhelmstrasse riceveva questo telegramma alle ore 16,37 e nessuno pareva esserne turbato. Lo stesso giorno, il conte Berchtold aveva udienza dall'imperatore Francesco Giuseppe e otteneva l'autorizzazione a compiere, l'indomani mattina 28, l'atto irreparabile. La Germania avrebbe potuto intervenire. Non si era mossa. «*Perché tanta fretta?*» si domanda Pierre Renouvin[84] e aggiunge: «*Si tratta, in realtà, di mettere*

---

[84] Pierre Renouvin (1893-1974) storico francese, si è occupato della Prima Guerra Mondiale in due testi: *La crise européenne et la Première Guerre mondiale*, Parigi, 1934; *La Première Guerre mondiale*, Parigi, riedizione del 1998.

l'Europa davanti al fatto compiuto e principalmente di impedire ogni tentativo di intervento. Berchtold lo dice chiaramente all'imperatore: «*Credo che un nuovo tentativo delle Potenze dell'Intesa, tendente a una soluzione pacifica del conflitto, resti possibile, fintanto che, con la dichiarazione di guerra, non sarà creata una situazione chiara.*» Questa frase cinica, che è sufficiente, per ogni spirito imparziale, ad attribuire le responsabilità della guerra, compare in un rapporto all'imperatore, redatto da Hoyos e presentato da Berchtold alla stessa data del 27 luglio. Ma a dei documenti autentici come questo, Henry Elmer Barnes[85] ha la stupefacente pretesa di pronunciare «a revised verdict on guilt for world war», crede sufficiente opporre l'opinione, evidentemente decisiva, di Victor Margueritte[86], Fabre Luce[87], Armand Charpentier[88], Demartial[89] e *tutti quanti*[90].

È vero che, dal 27 al 29 luglio, si è verificato in Germania, come ha preteso qualche emulo di Barnes, un ripensamento nel senso della ragione e della pace? Pierre Renouvin, al quale la sua imparzialità scrupolosa è talvolta valsa l'inatteso onore di essere presentato dagli «innocentisti» d'oltre Reno e d'oltre Atlantico come un partigiano della loro tesi, ha definitivamente dimostrato che, a dispetto di qualche apparenza, l'atteggiamento della Germania non si è affatto modificato.

Il 27 luglio, in una nuova conversazione con il principe Lichnowsky, sir Ed. Grey, che aveva appena preso conoscenza della risposta serba, aveva rimarcato che essa dava soddisfazione alle esigenze austriache «nella misura che non avrebbe mai creduto possibile». Gli sembrava evidente, diceva, che tali concessioni della Serbia dovevano essere attribuite esclusivamente a una pressione da parte di Pietroburgo. Era quindi a quel punto l'Austria che doveva mostrarsi conciliante. Se iniziava delle operazioni militari, se occupava Belgrado, la Russia vi avrebbe visto una provocazione diretta e sarebbe stata la guerra, la più terribile guerra che l'Europa avesse mai conosciuto.

Lichnowsky si affretta a comunicare a Berlino le dichiarazione del

---

[85] Henry Elmer Barnes (1889-1968) storico americano non particolarmente accreditato e facente parte della schiera dei *negazionisti* dell'Olocausto.

[86] Victor Margueritte (1866-1942) scrittore che, da fervente pacifista, nella Seconda Guerra Mondiale fu un collaborazionista con i tedeschi.

[87] Alfred Fabre-Luce (1899-1983) giornalista e scrittore, pubblicò un saggio, dal titolo *La Victoire*, in cui accusava Poincaré di essere corresponsabile dello scoppio della guerra.

[88] Armand Charpentier (1864-1949), giornalista e scrittore fu membro del Partito radicale.

[89] George Demartial (1861-1945), storico e pacifista che scrisse alcune opere sulla Grande Guerra.

[90] In italiano nel testo originale.

segretario di Stato britannico e aggiunge: «*Per la prima volta, ho trovato il ministro scontento. Mi ha parlato con grande serietà ... Sono convinto che se, ora, si giungesse alla guerra, noi non potremmo più contare sulle simpatie inglesi e sull'appoggio inglese, perché vedrebbero nella condotta dell'Austria degli evidenti segni di cattiva volontà.*» Qualche ora più tardi, Lichnowsky insiste ancora in un nuovo telegramma. Questi avvertimenti dell'ambasciatore arrivano a Berlino nel momento in cui il gabinetto di Londra ha appena deciso di non smobilitare la grande flotta. Fanno riflettere per un istante il governo imperiale e, nella serata, alle ore 23,50, il cancelliere invia delle nuove istruzioni a Tschirschky, suo ambasciatore a Vienna: «*Se rifiutassimo ogni azione mediatrice, saremmo guardati dal mondo intero come responsabili della conflagrazione e indicati come i veri fautori della guerra. Questo renderebbe la nostra situazione impossibile nel paese, dove noi dobbiamo apparire come coloro che sono stati contrari alla guerra.*» In conclusione, il cancelliere chiede di conoscere l'opinione del conte Berchtold e subito si vanta con Lichnowsky di aver immediatamente intavolato un'azione mediatrice a Vienna, nel senso desiderato da sir. Ed. Grey.

Ma, coma ha rilevato Sazonov, «la principale occupazione di Bethmann Hollweg era allora non di salvare la pace, ma di presentare gli avvenimenti sotto una luce che potesse far credere che la Germania era stata contraria alla guerra».

Non è dunque che una copertura che cerca di procurarsi il cancelliere imperiale. All'ora in cui scrive, egli sa, dal telegramma di Tschirschky, pervenuto a Berlino alle 16,30, che il conte Berchtold sta spedendo la dichiarazione di guerra alla Serbia; egli sa che la proposta inglese è stata subordinata da sir Ed. Grey alla condizione essenziale che l'Austria si astenga da ogni operazione militare; e tuttavia non rinuncia alla sua idea ostinata di non intervenire tra l'Austria e la Serbia; e non fa un gesto, non dice una parola, per fermare il primo colpo di cannone.

E ancora, alla fine della giornata del 27, Jagow riceve a Wilhelmstrasse l'ambasciatore dell'Austria-Ungheria a Berlino, il conte Szogyéni, e ha con lui confidenzialmente un linguaggio che non è fatto per far rinsavire l'Austria. La Germania, dice in poche parole, è pronta a portare prossimamente a conoscenza dell'Austria delle proposte inglesi di conciliazione. Il governo di Berlino non le tiene in conto, le trasmette unicamente per aderire al desiderio dell'Inghilterra, e spera che non saranno accolte.

Quindi, l'Austria non si sbaglia. Essa conosce, non solamente dal telegramma di Szogyéni, ma dalle conversazioni di Tschirschky, le reali intenzioni del governo tedesco. Essa attende, per rispondere a Berlino, il pomeriggio del 28, e si limita allora a prendere atto dell'intervento e si riserva una decisione. Ma, da questo momento, dichiara che il suggerimento inglese è giunto troppo tardi. E, su una falsa notizia presa volutamente per vera, che annunciava una violazione della frontiera da parte dei serbi, il conte Berchtold aggiunge freddamente: «*La guerra è dichiarata, dopo l'apertura delle ostilità da parte della Serbia.*» Al che, attende all'indomani 29 per rispondere all'ambasciatore di Germania che gli dispiace non potere aderire alla proposta britannica e per dire crudamente all'ambasciatore d'Inghilterra che non potrebbe ammettere «alcuna discussione sulla base della nota serba», che la guerra tra l'Austria e la Serbia è «inevitabile», e che la questione sarà regolata «direttamente tra le due parti immediatamente interessate». Con un po' più di fretta e di insistenza, il cancelliere della Germania avrebbe potuto ottenere di meglio.

Ma, in mancanza di Bethmann Hollweg, qualche altro personaggio in Germania ha cercato di scongiurare la catastrofe? Qualcuno lo ha preteso ed è allo stesso Guglielmo II che si è voluto attribuire questa felice velleità. Nella serata del 27, la Wilhelmstrasse aveva inviato al gabinetto imperiale una copia completa della nota serba, unitamente al primo telegramma del principe Lichnowsky. Il 28, alle cinque del mattino, il gabinetto imperiale aveva egualmente ricevuto il secondo telegramma dell'ambasciatore a Londra. L'imperatore prende conoscenza di questi documenti all'inizio della mattinata e, improvvisamente, è illuminato da uno di quei lampi di ragione che attraversavano talvolta la sua mente megalomane. La risposta serba! «*È un brillante risultato per un termine di sole quarantotto ore! È più di quanto ci si potesse attendere. Un grande successo morale per Vienna; ma fa scomparire ogni ragione di guerra, e Giesl avrebbe dovuto restare tranquillo a Belgrado. Dopo questo, io non avrei mai ordinato la mobilitazione.*» E appena ha espresso questa opinione, che dovrebbe definitamente condannare agli occhi del mondo, chi ha appena annunciato la guerra e lo stesso governo tedesco, che non ha cercato di trattenere il suo alleato, scrive a Jagow: «*Sono convinto che, nell'insieme, i desideri della monarchia del Danubio siano appagati. Alcune riserve che la Serbia fa su certi punti possono, a mio parere, essere regolate con dei negoziati. Ma la più umile capitolazione è annunciata* urbi et orbi *e con questo ogni motivo di guerra scompare.*» Fino a là, è il buonsenso che parla, ma ecco la demenza: malgrado questa capitolazione, Guglielmo II vuole ancora che l'Austria abbia una soddisfazione d'onore ancora più eclatante; vuole anche che prenda delle garanzie: «*I serbi sono degli orientali e, di conseguenza, mentitori, falsi e maestri consumati nell'impiego dei mezzi dilatori. Affinché queste belle promesse divengano una verità e una realtà, bisogna esercitare una «dolce violenza»* (queste parole «douce violence» sono in francese nel testo). *Si potrebbe quindi occupare Belgrado come garanzia; dopodiché –* dice l'imperatore – *sono pronto a servire come mediatore della pace in Austria; rigetterei ogni proposta o protesta degli altri Stati in senso opposto… Lo farei alla mia maniera, e trattando con riguardo il sentimento nazionale dell'Austria e l'onore della sua armata, poiché il suo comandante supremo ha già fatto appello ad essa ed essa deve obbedire a questo appello. In queste condizioni, essa deve senza alcun dubbio avere una «soddisfazione d'onore»* (in francese nel testo) *appariscente; è la condizione* sine qua non *della mia mediazione.*» Io, io, io … *Ich, ich, ich,* vi è qualchecosa di più odioso di quest'io in ore in cui è minacciata la vita di tanti esseri umani?

L'io di Guglielmo II ci allontana, del resto, sensibilmente dalla proposta di sir Ed. Grey. Questi escludeva categoricamente ogni operazione militare. Il primo reclama l'occupazione di un territorio serbo. Non importa. Dopo aver ricevuto gli ordini un po' incoerenti del suo imperatore, Jagow va ad accordarsi con il cancelliere per tradurli in istruzioni che verranno inviate all'ambasciatore Tschirschky. Prima di aver redatto questo telegramma, Bethmann Hollweg riceve dal principe Lichnowsky delle informazioni impreviste. L'ambasciatore d'Austria a Londra, conte Mensdorf, ha confidenzialmente comunicato al suo collega tedesco le decisioni prese, il 19 luglio precedente, dal Consiglio dei ministri austro-ungherese. Il gabinetto di Vienna, che aveva precedentemente proclamato il suo disinteresse territoriale, che aveva annunciato all'Europa, che non intendeva annettere alcuna parte di territorio serbo, aveva, in realtà, l'intenzione di smembrare il territorio serbo e di darne dei pezzi agli stati balcanici vicini. Questa confessione del conte Mensdorf indigna Bethmann Hollweg, che non sapeva ancora nulla di questi bei progetti.

Sotto l'impressione di questa scoperta irritante, il cancelliere va forse a telegrafare a Vienna: «Fermatevi o noi non vi seguiremo più»? Assolutamente no. Le istruzioni che invia, solamente alla sera, all'ambasciatore a Vienna sono singolarmente più riservate. Malgrado gli avvertimenti che ha appena ricevuto da Londra, Bethmann Hollweg non chiede all'Austria di promettere l'integrità del territorio serbo, si limita a constatare che il governo austro-ungherese, a dispetto delle reiterate richieste, ha lasciato la Germania all'oscuro delle sue intenzioni, che la situazione sta diventando imbarazzante e che, se l'Austria persiste nella sua assoluta intransigenza, mentre la Germania è oggetto, da parte delle altre Potenze, di proposte di conferenza o di mediazione, l'impero dualista sarà alla fine costretto a portare, davanti agli stati esteri e alla stessa Germania, la responsabilità del conflitto. Da questo momento che consiglio dà all'Austria? Non è sufficiente dire: «Il territorio serbo non sarà dato ad alcuno», ma bisogna affermare semplicemente: «L'Austria non farà, per quanto la riguarda, alcuna annessione definitiva. Ma procederà a un'occupazione temporanea di Belgrado e di altri determinati punti del territorio serbo, per costringere il governo serbo alla completa esecuzione delle sue richieste.» L'Austria aveva mostrato all'Europa, nel 1908-1909, come sapeva trasformare in annessione un'occupazione autorizzata dalle Potenze. Accettando il trucco di Guglielmo II avrebbe avuto, quindi, piena soddisfazione. Ma le era facile comprendere che la Germania non aveva alcuna intenzione di trattenerla e voleva solamente poter dire all'Inghilterra che un passo era stato fatto. Bethmann Hollweg aveva, in effetti, avuto premura di indirizzare a Tschirschky questa raccomandazione: «*Dovrete accuratamente evitare di creare l'impressione che desideravamo trattenere l'Austria.*» E il cancelliere aveva ancor meglio precisato il suo pensiero principale in questa frase rivelatrice: «*È assolutamente necessario che, se il conflitto si estende alle Potenze che non sono direttamente interessate, sia la Russia che in ogni modo ne porti la responsabilità.*» Ecco, messo da lui stesso in piena luce, l'obiettivo del governo imperiale tedesco. Il conte Berchtold comprende al volo. Guadagna del tempo, attende la sera del 29 e finisce col dire a Tschirschky che è pronto a rinnovare, in nome dell'Austria, una dichiarazione di disinteresse territoriale; ma non parla della spartizione della Serbia e, per quanto concerne le misure militari, è evasivo, protestando che non è in grado di dare una risposta immediata. La mollezza e la compiacenza della cancelleria tedesca gli avevano resa facile la scappatoia. È per tagliare corto ai tentativi di mediazione che il conte Berchtold ha deciso di lanciare dal 28 luglio la dichiarazione di guerra alla Serbia.

Niente di tutto questo giunge alle antenne della *France*. La corazzata accelera la sua andatura quel tanto che permettono le sue macchine. Cade la notte. Il cuore diviso tra la gioia di ritrovare il suolo natale e la vaga apprensione di un domani misterioso, passo un'ultima notte in mare senza che il sonno rimanga per più di tre ore nella mia cabina ammiraglia.

Mercoledì 29 luglio

Alle otto del mattino arriviamo in rada a Dunkerque. Il tempo di fermarsi, di gettare l'ancora, di preparare il ritiro dei bagagli, e sbarchiamo. Una innumerevole moltitudine venuta dalla città e dai dintorni – borghesi, commercianti, operai, scaricatori, uomini, donne e bambini – si è precipitata sui moli e sui marciapiedi. È veramente la Francia che ci attende e che viene davanti a noi. Mi sento pallido dall'emozione e mi sforzo di non lasciar trasparire il mio turbamento. Le inquietudini che ci hanno assalito da quattro giorni, questa folla le deve aver provate centuplicate. Da lontano non eravamo in grado di misurare la profondità del sentimento popolare. Non abbiamo potuto leggere un giornale. Non abbiamo seguito i movimenti dell'animo francese. Se ben comprendo il senso di queste acclamazioni, esse significano: «Alla fine, eccovi. Perché non siete tornati più velocemente, nel momento in cui l'Europa è in ansia e la Francia può ben presto trovarsi in pericolo? Non vi tratteniamo a Dunkerque. Tornate velocemente al vostro posto. Abbiamo fiducia in voi per evitare la guerra. Ma, se scoppia, voi potete contare su di noi.»

Scambio qualche veloce parola con Terquem, sindaco di Dunkerque, con i senatori Trystram e Debierre, con i deputati Defossé e Cochin. Li ritrovo, qualche minuto dopo, nel mio vagone, dove mi sono affrettato a salire. Tutti mi dicono, e il prefetto me lo conferma, che in caso di disgrazia il governo è sicuro del concorso unanime del paese. Ciò che mi colpisce e che qui molte persone sembrano credere la guerra imminente. Uno dei miei interlocutori, e non dei minori, ai quale ho recentemente ricordato le sue parole, arriva persino a dirmi: «*Ne abbiamo abbastanza! Si ricomincia sempre! Meglio finirla una buona volta!*» Io lo calmo e gli rispondo: «*Non parlate così, per piacere. Bisogna fare ancora di tutto per evitare una guerra.*»

Da Dunkerque a Parigi, durante tutto il tragitto del treno, nelle città, nei villaggi, nei quartieri, ai passaggi a livello, ovunque, vediamo gli abitanti ammassati ai due lati del tragitto e sono sempre gli stessi saluti, gli stessi evviva, le stesse voci di pace, le stesse promesse di coraggio e di rassegnazione.

Due membri del governo, Renoult[91] e Abel Ferry, ci sono venuti incontro a Dunkerque e rientrano con noi a Parigi. Abel Ferry, sottosegretario di Stato agli Affari esteri, ci dice che dall'inizio della crisi,

---

[91] René Renoult (1867-1946) avvocato, ricoprì diverse cariche ministeriali. Nel luglio 1914 era ministro dei Lavori pubblici.

Bienvenu-Martin si è accordato con i suoi colleghi della Guerra, della Marina, dell'Interno e delle Finanze perché fossero immediatamente prese tutte le misure che un periodo di tensione può rendere necessarie. Di fatto, i soldati in licenza erano stati richiamati; le truppe che si trovavano nei campi di addestramento hanno raggiunto le loro guarnigioni; i prefetti sono allertati; tutti i funzionari hanno ricevuto l'ordine di restare ai loro posti; degli approvvigionamenti sono stati acquistati per Parigi. In breve, non è stata tralasciata alcuna disposizione che potrebbe, all'occorrenza, permettere una mobilitazione immediata.

Messimy, dopo la guerra, ha raccontato personalmente a Recouly[92] le principali misure che aveva giudicato opportuno prendere prima del nostro ritorno dalla Russia e le ragioni di elementare prudenza che le avevano ispirate: «*È nella notte dal 25 al 26 luglio* – dichiara Messimy – *che mi arrivano le prime notizie inquietanti. Il servizio informazioni del 20° corpo mi informa, in effetti, che, dall'altra parte della frontiera, certe guarnigioni sono consegnate; numerosi reggimenti hanno ricevuto istruzioni segrete, e infine tutti i tedeschi d'Alsazia annunciano la guerra inevitabile. Per tutta la mattina dell'indomani, domenica 26, dei telegrammi confermano questa cattiva impressione. I reggimenti tedeschi indossano la tenuta di guerra. I forti di Metz sono occupati; ovunque vengono installate linee telefoniche; ufficiali in automobile percorrono la frontiera, etc. L'insieme di queste informazioni non mi lascia alcun dubbio. Esse mi dettano il mio compito ... Poche persone, durante queste prime giornate, si rendono esattamente conto della gravità e anche dell'imminente pericolo. Il gioco della Germania non si è ancora svelato ... Solo alcuni uomini molto ben informati, degli specialisti, potevano discernere, attraverso le menzogne e le reticenze, l'implacabile volontà di guerra che vi era in essa.*» E Messimy enumera a Recouly le decisioni prese dal governo di Parigi in mia assenza, restrizioni di sicurezza sulle ferrovie, richiamo dei soldati in licenza, rimpatrio di una parte delle truppe algerine e marocchine, sorveglianza delle frontiere. Sono queste, invero, le misure che mi ha indicato, al mio arrivo, il ministro della Guerra. Egli mi attende alla *Gare du Nord*, con tutti i membri del gabinetto. Prima di uscire nella piazza, mi dice: «Signor Presidente, state per vedere Parigi; è splendida.»

È splendida, in effetti. A seguito di non so quale malinteso, è stata confusa l'ora del mio ritorno con quella del mio sbarco a Dunkerque. Era stato annunciato che sarei rientrato a Parigi verso le otto del mat-

[92] Raymond Recouly (1876-1950) giornalista.

tino. Dall'alba, una folla si era accalcata nelle vicinanze della stazione ed era rimasta là pazientemente fino all'arrivo del treno. I prefetti, i rappresentanti del consiglio municipale, senatori, deputati, Maurice Barrès[93] e una delegazione della Lega dei Patrioti, uomini di ogni età e di tutte le opinioni sono là, che mi aspettano. Alla mia uscita, sono accolto da una grandiosa manifestazione, che mi commuove sino al midollo. Molte persone hanno le lacrime agli occhi e io faccio fatica a reprimere le mie. Da migliaia di petti si alzano le grida ripetute di: «Viva la Francia! Viva la Repubblica! Viva il Presidente!»

Salgo su un landò, scortato da un plotone di corazzieri. Dalla stazione all'Eliseo è un'acclamazione continua. Place de l'Opera, la folla si pigia sui marciapiedi, sui terrapieni, sugli scalini del teatro, alle finestre e ai balconi. Mai ho provato qualcosa di più straziante. Mai mi sono sentito così sconvolto. Mai mi è stato così doloroso, moralmente e fisicamente, cercare di restare impassibile. La grandezza, la semplicità, l'entusiasmo, la gravità, tutto contribuisce a fare di questa accoglienza qualche cosa di imprevisto, di inimmaginabile e di infinitamente bello. Ecco la Francia unita. Ecco dimenticate le discussioni politiche. Ecco il cuore del paese che si rivela nella sua generosa realtà. La Corte d'assise ha pronunciato ieri l'assoluzione di madame Caillaux, dopo parecchi giorni di movimentato dibattito. E come è già lontano tutto ciò! Ora l'attenzione dell'opinione pubblica è altrove! Perché i francesi imparino ad amarsi, bisogna dunque che sentano su di loro la minaccia della disgrazia?

Ritrovo l'Eliseo deserto. Madame Poincaré, che è partita per la Mosa con mio fratello e mia cognata, termina laggiù i preparativi della nostra permanenza estiva. Ha portato con sé la nostra fedele siamese e la nostra piccola cagnetta bruxellese. Pensava che andassi a raggiungerla al mio ritorno e che avremmo passato insieme, sulla modesta collina del Clos, davanti alla nostra pacifica vallata, qualche ora di riposo. Da quando ha saputo che rientravo precipitosamente a Parigi, ha deciso di raggiungermi, ma non può arrivare che questa sera alle sette e, nella solitudine uggiosa del mio studio, mi sento assalito da idee nere.

Un Consiglio dei ministri si è riunito all'Eliseo, sotto la mia presidenza, dalle cinque alle sette, per prendere conoscenza degli ultimi telegrammi e deliberare sulla situazione. Tutti i membri del governo si

---

[93] Maurice Barrès (1862-1923) intellettuale, scrittore e politico fu figura di spicco del nazionalismo francese. Fu membro dell'*Académie française*.

felicitano per il mio viaggio; egualmente, sono tutti felici che Viviani ed io l'abbiamo interrotto. Li trovo fortemente solidali nella decisione di fare l'impossibile per evitare la guerra e anche in quella di non tralasciare alcun preparativo per la difesa. Thomson, Malvy[94], Augagneur[95], Messimy si pronunciano con un'energia particolare sulla necessità di prendere da questo momento tutte le necessarie precauzioni civili e militari. Su mia richiesta, tutti i ministri accettano di avere da questo momento un consiglio quotidiano.

Madame Poincaré rientra verso le sette. Dopo aver passato qualche momento con lei, mi sprofondo nella lettura dei telegrammi che sono arrivati o sono stati spediti dopo la mia partenza e che mi ha appena comunicato il Quai d'Orsay. Molte cose oscure incominciano a schiarirsi davanti a me. Noto, in particolare, queste informazioni di Dumaine: «*Tra i sospetti che ispira l'improvvisa e violenta risoluzione austriaca, il più inquietante è che la Germania l'avrebbe spinta all'aggressione contro la Serbia, al fine di potere essa stessa entrare in lotta con la Russia e la Francia nelle circostanze che ritiene più favorevoli a lei. Il personale dell'ambasciata d'Italia afferma che, al contrario, il gabinetto di Berlino si è sforzato di dissuadere quello di Vienna di arrivare alle armi, ma che la certezza di una imminente mobilitazione della monarchia ha determinato la decisione dell'imperatore e del conte Berchtold. Questi ha detto questa mattina al mio collega inglese che bisognava che la situazione fosse delle più gravi perché il suo vecchio sovrano ed egli stesso, così criticato per il suo attaccamento alle soluzioni pacifiche, avessero preso partito per la guerra. In appoggio a queste dichiarazioni, devo segnalare che il ministro della Serbia, credendo impossibile che l'impero aggredisse il suo paese, si basava sui risultati dell'inchiesta aperta in tutti i paesi sud-slavi.* «*Il suolo è minato* – diceva – *i dominatori austro-ungarici non potrebbero rimestare senza provocare un crollo. È anche spiacevole che venga ad essere così evidente per loro; poiché, nell'arco di tre anni, la gioventù ora nelle scuole (d'Austria e d'Ungheria) avrebbe assicurato l'affrancamento.*» *Sarebbe dunque per prevenire questa inevitabile insurrezione che la monarchia tenta un supremo ricorso alla forza, con la speranza che le conseguenze incalcolabili di questa entrata in campagna diventeranno per lei un diversivo che la salverà. (Vienna, 28 luglio).*»

---

[94] Louis Malvy (1875-1949) era ministro degli Interni, carica che ricoprì con numerosi mandati in diversi governi.

[95] Jean-Victor Augagneur (1855-1931) medico, professore alla facoltà di medicina di Lione e politico, in quel momento era ministro dell'Istruzione e delle Belle Arti. Ricoprì diversi incarichi ministeriali e fu anche governatore dell'Africa Equatoriale Francese. Nell'agosto 1914 fu nominato ministro della Marina.

Le informazioni raccolte da Dumaine mettono in luce le profonde crepe dell'edificio austro-ungarico. È forse, in effetti, per sfuggire al temuto crollo che l'Austria si affretta ad entrare in guerra. Eccola che dà l'ordine di bombardare Belgrado.

Mercoledì 29, alle undici e un quarto del mattino, mentre Viviani ed io eravamo ancora in treno, Izvol'skij[96] si è presentato alla direzione politica e ha comunicato il testo dei due telegrammi che il governo russo aveva appena inviato a Berlino e a Londra. Telegramma a Berlino: «*A seguito della dichiarazione di guerra da parte dell'Austria alla Serbia, dichiareremo domani* (vale a dire il 29 luglio) *la mobilitazione nelle circoscrizioni di Odessa, Kiev, Mosca e Kazan. Portando questo a conoscenza del governo tedesco, vogliate essere certi della mancanza da parte della Russia di ogni intenzione aggressiva contro la Germania. Il nostro ambasciatore a Vienna, per il momento, non è stato richiamato dalla sua sede.*»

Telegramma a Londra: «*A seguito della dichiarazione di guerra alla Serbia le conversazioni dirette di Sazonov con l'ambasciatore d'Austria non hanno più ragione di essere. È necessario che l'Inghilterra eserciti il più rapidamente possibile un'azione con lo scopo di mediazione e che le operazioni di guerra dell'Austria siano immediatamente fermate. In caso contrario la mediazione servirà unicamente come pretesto per trascinare più a lungo la questione e darà la possibilità all'Austria di schiacciare nel frattempo la Serbia.*»

Non è senza nuove preoccupazioni che prendo conoscenza della nota lasciata al Quai d'Orsay da Izvol'skij. D'altra parte, le informazioni giunte dalla Germania segnalano l'accelerazione delle misure militari. Farges, nostro console generale a Bale, telegrafa che un francese, arrivando dall'Alsazia, gli ha riportato i seguenti fatti: un certo numero di sindaci nei dintorni di Mulhouse avrebbe ricevuto dalle mani della polizia gli ordini di mobilitazione; il reggimento dei dragoni di Mulhouse sarebbe stato allertato al mattino alle quattro. Il nostro console a Düsseldorf, Néton, assicura che il gruppo di artiglieria montata di questa città è partito in direzione Colonia. Numerose truppe sono arrivate in tenuta da campagna nella regione di Francoforte. Dalla parte di Darmstadt, Cassel, Magonza le ferrovie e i ponti sono sorvegliati. I militari in congedo hanno ricevuto l'ordine telegrafico di raggiungere i rispettivi reggimenti. Per Mannheim passano due treni che trasportano truppe provenienti da Augusta. Mollard, ministro di Francia in

---

[96] Aleksandr Petrovič Izvol'skij (1856-1919) fu un brillante diplomatico, con una carriera che lo portò in Turchia, Bulgaria, Romania, Stati Uniti, Serbia, Giappone, Danimarca e Italia. Fu ministro degli Esteri della Russia dal 1906 al 1910, anno in cui dovette lasciare la carica governativa e fu nominato ambasciatore a Parigi, dove rimase sino alla morte.

Lussemburgo, segnala anch'egli dei movimenti militari in prossimità della frontiera. Conseguentemente, Messimy ha pregato, nella mattinata del 29, il ministero degli Affari esteri di avvertire i nostri ufficiali, in congedo fuori dalla Francia, che devono raggiungere i loro corpi di appartenenza.

Nonostante tanti sintomi allarmanti, Schœn è venuto ancora al Quai d'Orsay prima del ritorno di Viviani, e ha detto che niente era perduto, che l'Austria non avrebbe probabilmente affrettato le sue operazioni e che la Germania era dell'avviso di non rinunciare agli sforzi di conciliazione. Il barone Schœn ha promesso che il suo governo si sarebbe informato a Vienna delle intenzioni dell'Austria.

Da quando è ritornato al Quai d'Orsay, Viviani si è affrettato a studiare i documenti. Si è consultato con Bienvenu-Martin, Philippe Berthelot, Bourgeois[97], Ribot[98], Pichon[99] e ha redatto, indirizzato a Londra, un telegramma che ha comunicato al Consiglio dei ministri e nel quale insiste sulla necessità di riprendere immediatamente il progetto di mediazione.

Viviani ha egualmente ricevuto Schœn. L'ambasciatore gli ha parlato delle misure precauzionali che ha ordinato il governo francese nel corso della nostra assenza. Viviani non le ha negate. Ha solo fatto notare che neanche una è di quelle per le quali i nostri vicini potrebbero adombrarsi e che la nostra volontà di prestarci a ogni negoziato per il mantenimento della pace non poteva essere messa in dubbio. Schœn ha spontaneamente riconosciuto che la Francia era libera di agire come stava facendo, ma ha aggiunto che in Germania i preparativi non potevano essere segreti e che l'opinione pubblica francese non doveva impressionarsi se la Germania si decideva a delle misure pubbliche. In un telegramma decifrato successivamente dai nostri servizi crittografici, Schœn ha riportato questa conversazione a Berlino. Concludeva con queste parole, che sono da ricordare: «*Viviani non vuole abbandonare la speranza nel mantenimento della pace, che qui desiderano vivamente.*» Schœn, vivendo a Parigi, conosceva quindi la verità e non pensava a contestare lo spirito pacifista del governo e del paese.

---

[97] Léon Bourgeois (1851-1925) ebbe una lunga carriera politica iniziata come funzionario amministrativo nel 1876. Radicale, venne eletto al Parlamento nel 1888 e iniziò la sua carriera ministeriale nel corso della quale resse diversi dicasteri.

[98] Alexandre Ribot (1842-1923) avvocato e brillante giurista fu direttore del dipartimento degli Affari criminali e poi segretario generale del ministero della Giustizia. Dall'agosto 1914 al marzo 1917 fu ministro delle Finanze.

[99] Louis Pichon (1849-1916) ingegnere e uomo politico della *Gauche républicaine*.

Da parte mia, trascorro ancora molte ore a spogliare le tristi carte dove si riflette lo smarrimento dell'Europa. Questa lettura mi tiene sveglio a lungo nella notte. Essa mi prova, ahimè, che la situazione è più grave di quanto avessero potuto far supporre, durante il mio viaggio, i radiomessaggi captati dalla *France*. Molto tardi mi è comunicato un telegramma di Paul Cambon, che non è fatto per rassicurarmi: «*Nel suo incontro di oggi con il mio collega della Germania, sir Ed. Grey ha fatto osservare che l'apertura di Sazonov per un dialogo diretto tra la Russia e l'Austria non essendo stata accolta da Vienna, rende opportuno il ritorno alla sua proposta di un intervento amichevole delle quattro Potenze non direttamente interessate. Questo suggerimento è stato in principio accettato dal governo tedesco, ma ha fatto delle obiezioni all'idea di una conferenza o di una mediazione. Il segretario di Stato degli Affari esteri ha invitato il principe Lichnowsky a pregare il suo governo di proporre egli stesso una formula. Qualunque essa sia, se permetterà di mantenere la pace, sarà gradita dalla Francia e dall'Italia. L'ambasciatore di Germania ha dovuto trasmettere immediatamente a Berlino la richiesta di sir. Ed. Grey... Il mio collega della Germania ha interrogato sir Ed. Grey sulle intenzioni del governo britannico in caso di conflitto e il segretario di Stato agli Affari esteri ha risposto che, allo stato attuale, non poteva pronunciarsi. Ho posto la stessa domanda a sir Ed. Grey e riassumo la risposta: «La situazione attuale non ha alcuna analogia con quella che si è verificata in occasione della questione del Marocco. Là si trattava degli interessi della Francia con la quale noi avevamo degli impegni. Qui, si tratta della supremazia dell'Austria o della Russia sulle popolazioni slave dei Balcani. Che l'una o l'altra di queste Potenze ottenga la supremazia a noi poco importa e, se il conflitto rimane limitato tra l'Austria e la Serbia o la Russia, non abbiamo di che immischiarci. Non sarebbe lo stesso se la Germania entrasse in gioco per sostenere l'Austria contro la Russia e se eventualmente la Francia si trovasse trascinata nel conflitto. Allora, sarebbe una questione che interesserebbe l'equilibrio europeo, e l'Inghilterra dovrebbe esaminare se intervenire. A ogni evento noi prendiamo segretamente qualche disposizione militare. Peraltro, mi esprimerò in questo senso, quando il principe Lichnowsky mi porterà la risposta di Berlino alla mia domanda di oggi.» aggiungo che sir Ed. Grey non mi ha nascosto che ha trovato la situazione molto grave e che aveva poca speranza in una soluzione pacifica.*
Firmato: Paul Cambon.»

Così, anche Grey non ha più grande speranza in una conclusione favorevole e l'Inghilterra si sta ancora domandando se interverrà in una guerra generalizzata.

Leggo e rileggo questi telegrammi e più cerco di scoprire una luce in queste tenebre, più l'oscurità si fa profonda. Non è certo domani che mia moglie ed io potremo riprendere insieme il cammino discreto del nostro caro Sampigny. Non è certo domani che laggiù, nella luminosa casa della Mosa, dove eravamo così felici poco fa di trascorrere le vacanze con i nostri vecchi parenti, ritroveremo per qualche giorno la tranquillità campestre, davanti al piacevole bosco d'Ailly e al silenzioso forte che corona di inoffensive batterie la verde collina del campo dei Romani.

Probabilmente, sarei ancora più preoccupato dell'avvenire se potessi intuire il dramma che inizia a svolgersi al di là delle nostre frontiere. È in questa giornata che il generale Moltke ha consegnato a Bethmann Hollweg una memoria in cui espone, in anticipo, il fatale susseguirsi degli avvenimenti che si preparano: mobilitazione parziale russa, mobilitazione generale austriaca, mobilitazione tedesca, mobilitazione francese. È sempre in questa giornata che il cancelliere della Germania ha ricevuto dall'ambasciatore Szogyéni una nota impellente dello Stato maggiore austriaco. Vi è chiesto che non appena la Russia avrà mobilitato i quattro distretti vicini alla frontiera austro-ungherese, anche la Germania prenda «le più estese contromisure militari». È oggi che a Potsdam, nel pomeriggio, l'imperatore ha ricevuto il cancelliere, il ministro della Guerra Falkenhayn, il capo di Stato maggiore Moltke e in seguito le autorità navali. I militari hanno espresso l'opinione di poter proclamare immediatamente «il pericolo di guerra incombente», che equivale alla mobilitazione, ma il cancelliere ha ottenuto che ci si limitasse, per il momento, alla protezione militare delle ferrovie e a qualche altra disposizione preparatoria: richiamo dei militari in licenza, costruzioni di piazze d'armi nelle fortezze, in breve, decisioni simili a quelle che poteva comportare la «premobilitazione russa». È oggi ancora che Jagow fa inviare con un corriere speciale al ministro della Germania a Bruxelles, Below, il testo, redatto da Moltke stesso dopo il 26, dell'ultimatum che, in un giorno da fissarsi in un secondo tempo, dovrà essere consegnato al Belgio. È oggi che nella tarda serata, al suo ritorno da Potsdam, il cancelliere chiama sir Ed Goschen per strappargli una promessa di neutralità dell'Inghilterra. «*Noi assicuriamo il vostro governo* – gli dice – *che, se conserva la neutralità, la Germania, anche in caso di guerra vittoriosa, non cercherà in Europa, a spese della Francia, delle compensazioni territoriali.*» In altri termini, la Germania si accontenterà delle nostre colonie. È oggi che il telegramma in cui, di sua iniziativa, lo zar proponeva a Guglielmo II di sottomettere il problema austro-serbo alla conferenza dell'Aya, essendo arrivato a Potsdam alle ore 20,42, veniva annotato con un rifiuto sdegnoso dall'imperatore tedesco; ed è in questa stessa notte che Bethmann Hollweg ha telegrafato a Pourtalès: «*L'idea della conferenza dell'Aya sarà naturalmente scartata.*» È in questa notte che, poiché l'Austria non ha risposto alle proposte russe di intesa diretta, il cancelliere della Germania ha creduto prudente, per rassicurare l'Inghilterra, telegrafare a Vienna: «*La Russia si lamenta che le conversazioni non siano continuate, né con la mediazione di Schebeko, né con quella del conte Szapary. Noi dobbiamo, di conseguenza, per evitare una catastrofe generale o, in ogni caso, per mettere la Russia dalla parte del torto, desiderare insistentemente che le conversazioni comincino e proseguano.*» È in questa notte, infine, alle ore 21 e qualche minuto, che è arrivato a Berlino un telegramma in cui il principe Lichnowsky annuncia un nuovo ed estremo tentativo di sir Ed. Grey. Il segretario di Stato britannico insiste perché la Germania accetti una mediazione. Concede che l'Austria occupi Belgrado o altre città serbe, ma chiede che, quindi, faccia conoscere le sue intenzioni. Aggiunge, per far riflettere la Germania, che se questa fosse trascinata in un conflitto con la Francia, il governo britannico potrebbe vedersi, in alcune circostanze, costretto a delle immediate risoluzioni e che, in questo caso, non gli sarebbe possibile rimanere per lungo tempo al di fuori. Questo telegramma che, consegnato all'indomani a Guglielmo II, farà inveire Sua Maestà imperiale (l'Inghilterra si scopre nel momento in cui essa è del parere che noi siamo braccati … Questo vuol dire che dovremmo abbandonare l'Austria), spinge questa sera Bethmann Hollweg nuovamente a insistere nei confronti dell'Austria: «*Noi siamo pronti* – telegrafa – *a compiere i nostri obblighi di alleanza; ma dobbiamo rifiutarci di lasciarci trascinare da Vienna alla leggera, e senza che i nostri consigli siano ascoltati, in una conflagrazione universale.*» E telegrafa a Lichnowsky, per assicurare sir Ed. Grey; e, ancora, telegrafa a Pourtalès: «*Vi prego di dire a Sazonov che noi continuiamo la nostra mediazione, ma alla condizione che la Russia, nell'attesa, si astenga da ogni atto ostile contro l'Austria.*» Non protesta più contro la mobilitazione parziale annunciata dalla Russia; non chiede più che sia sospesa; si limita a porre la condizione che non sia intrapresa contro l'Austria alcuna azione offensiva. Ma l'Austria continua a destreggiarsi, a tergiversare, e il conte Berchtold dichiara che non è ancora in condizioni di dare una risposta immediata. L'Austria vuole, con ogni evidenza, prendere del tempo per finirla con la Serbia. Il governo tedesco le ha messo le redini sul collo; essa si è data alla fuga e come avrebbe dovuto prevederlo, non può più fermarla.

Capitolo V

Una comunicazione russa. Raccomandazioni pacifiche del governo francese. Misure militari in Russia e in Germania. Fallimenti successivi dei tentativi di pace. Estremi sforzi di Viviani. Esitazioni a San Pietroburgo. Visita di sir Francis Bertie. Guglielmo II e Nicola II. Nuove proposte di sir Ed. Grey. La Germania e l'Austria.

Giovedì 30 luglio.

Mi ero appena addormentato quando, prima delle due del mattino, Viviani è arrivato all'Eliseo. Mi portava un documento che Sévastopulo, incaricato d'affari della Russia, aveva appena consegnato a de Margerie. Era un telegramma di Sazonov a Izvol'skij, così concepito: *«L'ambasciatore mi ha ora informato della decisione presa dal suo governo di mobilitare le proprie forze armate, se la Russia non cessa i suoi preparativi militari. Questi preparativi sono stati da noi intrapresi unicamente a seguito della mobilitazione già effettuata di otto corpi d'armata in Austria e del manifesto rifiuto di questa ad acconsentire a un qualsivoglia regolamento pacifico della sua controversia con la Serbia. Non potendo aderire al desiderio della Germania, non ci resta che affrettare i nostri armamenti e prevedere l'imminenza della guerra. Vogliate informare di quanto sopra il governo francese ed esprimergli, nello stesso tempo, la nostra sincera riconoscenza per la dichiarazione che mi è stata ufficialmente fatta a suo nome dall'ambasciatore di Francia, che noi possiamo interamente contare sul concorso dell'alleanza della Francia. Nelle circostanze attuali, questa dichiarazione è per noi particolarmente preziosa. Sarebbe alquanto desiderabile che l'Inghilterra si unisse senza perdere tempo alla Francia e alla Russia, poiché è solamente così che riuscirebbe a evitare una pericolosa rottura dell'equilibrio europeo.»*

È opportuno sottolineare subito che, in questo telegramma, Sazonov non richiama, e per dei buoni motivi, alcuna promessa fatta a Peterhof o altrove dal presidente della Repubblica, né alcuna parola da me pronunciata in una conversazione con il ministro. È comunque ovvio che, se Viviani o io avessimo preso, nel corso del nostro viaggio, un qualunque impegno, Sazonov non avrebbe mancato di servirsene in un appello così pressante che indirizzava a Parigi. Questa semplice constatazione permette di fare giustizia dell'assurda leggenda che hanno provato a diffondere e alla quale si è recentemente tentato di dare corpo commentando con una leggerezza fantastica il dispaccio di sir Buchanan inviato all'indomani della mia partenza a sir Ed. Grey. Sazonov invoca e non può che invocare che una dichiarazione fatta da Paléologue, non a mio nome, ma a nome del governo francese. Quando è stata fatta questa dichiarazione? Quando Paléologue ha ricevuto da Viviani il telegramma partito dalla nostra corazzata il 27 luglio 1914 e contenente questa frase: «*Vogliate dire a Sazonov che la Francia, apprezzando come la Russia la grande importanza che i due paesi attribuiscono ad affermare la loro perfetta intesa nei confronti delle altre Potenze e a non trascurare alcuno sforzo in vista della soluzione del conflitto, è pronta ad assecondare interamente nell'interesse della pace generale l'azione del governo imperiale.*» Ma questa dichiarazione era indivisibile. Era stata fatta nell'interesse della pace generale, nell'ora in cui l'Austria non aveva ancora dichiarato la guerra alla Serbia e in cui noi non potevamo supporre che la Russia pensasse a mobilitare. Viviani, quindi, trovava che Sazonov interpretasse ora in modo un po' estensivo le dichiarazioni che aveva potuto fargli Paléologue. Teneva, così mi diceva, a mettere immediatamente le cose a posto. Aveva quindi preparato, per San Pietroburgo, un telegramma, che ho pienamente approvato, con il seguente testo: «*Come vi ho indicato nel mio telegramma del 27 di questo mese* (quello stesso che aveva determinato la dichiarazione di Paléologue), *il governo della Repubblica è deciso e non tralasciare alcuno sforzo in vista della soluzione del conflitto e ad assecondare l'azione del governo imperiale nell'interesse della pace generale. La Francia è, d'altra parte, risoluta ad adempiere a tutti gli obblighi dell'alleanza. Ma, nello stesso interesse della pace generale e considerando che un dialogo è avviato tra le Potenze non direttamente interessate, credo che sarebbe opportuno che, nell'ambito delle misure precauzionali e di difesa alle quali la Russia crede di dover procedere, essa non prenda immediatamente alcuna disposizione che possa offrire alla Germania un pretesto per una mobilitazione,*»

Questa raccomandazione non era solo saggia; era, nei termini stessi del trattato, conforme ai nostri diritti di potenza alleata; non trascurava i nostri doveri e non poteva avere come effetto di incrinare alla leggera un'alleanza che, da parecchi anni, aveva contribuito alla nostra sicurezza.

Viviani si è affrettato a inviare copia di questo telegramma a Paul Cambon e, su mio consiglio, ha aggiunto: «*Vi prego di comunicare d'urgenza ciò che precede a sir Ed. Grey e di ricordargli le lettere che avete scambiato con lui nel 1912 in merito all'esame al quale i due governi devono procedere in comune in caso di tensione europea.*»

Cifrati il prima possibile, questi due telegrammi sono partiti alle sette del mattino. Ma prima, nel corso della stessa notte, Viviani aveva fatto comunicare a Izvol'skij quello che era destinato a Paléologue. L'ambasciatore di Russia è andato, nella mattina del 30, a vedere il presidente del Consiglio al Quai d'Orsay. Gli ha detto che il suo *attaché* militare, il conte Ignatiev, aveva chiesto a Messimy come si poteva tradurre, in linguaggio tecnico, la raccomandazione del governo francese e che Messimy aveva consigliato la sospensione della mobilitazione e in particolare di fermare il trasporto in massa delle truppe. Viviani aveva risposto che questo parere era effettivamente conforme al pensiero del governo, e Izvol'skij ha promesso di comunicarlo a Sazonov.

Nel momento in cui la raccomandazione di Viviani arriva a San Pietroburgo, quale è, per quanto si possa giudicare, lo stato dello spirito del governo russo? Il 28 luglio, dopo la dichiarazione di guerra dell'Austria alla Serbia, lo zar Nicola II e inviato da Peterhof al Kaiser il telegramma che si conosce: «*Sono felice che tu sia rientrato in Germania. In questo momento così grave, ti prego insistentemente di venire in mio aiuto. Una guerra ignobile è stata dichiarata a un debole paese … Per prevenire la calamità che sarebbe una guerra europea, ti prego, in nome della nostra vecchia amicizia, di fare tutto ciò che sarà in tuo potere per impedire al tuo alleato di andare troppo lontano. Nicky.*» Guglielmo legge questo telegramma supplichevole. L'annota. Mette due punti esclamativi alle parole «guerra ignobile» e aggiunge: «*Confessione della propria debolezza e tentativo di attribuirmi la responsabilità della guerra. Il telegramma contiene una minaccia nascosta e un'ingiunzione simile a un ordine di fermare le braccia dell'alleato.*»

Da parte sua, Guglielmo aveva inviato a Nicola un telegramma che ha per oggetto l'apologia dell'azione austriaca: «*È con la più grande inquietudine che ho appreso l'impressione che ha prodotto nel tuo impero la marcia in avanti dell'Austria-Ungheria contro la Serbia. L'agitazione senza scrupoli che prosegue da anni in Serbia ha portato al mostruoso attentato del quale l'arciduca Francesco Ferdinando è stato vittima. Probabilmente, converrai con me che tutti e due, tu quanto me, abbiamo, come tutti i sovrani, un interesse comune a insistere perché coloro che sono responsabili di questo terribile assassinio ricevano il castigo che meritano. D'altra parte, non mi nascondo quanto sia difficile per te e il tuo governo resistere alle manifestazioni dell'opinione pubblica. Ricordando la cordiale amicizia che lega tutti e due strettamente da lungo tempo, uso tutta la mia influenza per far decidere all'Austria-Ungheria ad addivenire a un'intesa leale e soddisfacente con la Russia. Faccio conto che tu mi asseconderai nei miei sforzi che tendono a eli-*

minare tutte le difficoltà e potrebbero ancora nascere. Il tuo amico e cugino sincero e devoto. Willy.»

Si è molto discusso sulle date e le ore di questi due telegrammi. Non vi è concordanza tra il *Libro bianco*, i documenti tedeschi e le pubblicazioni sovietiche. Ciò che è certo, è che il telegramma dello zar, scritto interamente di suo pugno e conservato negli archivi sovietici, è datato 15 luglio (28 del nostro calendario). Ciò che è egualmente certo, è che Nicola II ha inviato al Kaiser una risposta, il 29 luglio, alle ore 20,30, che è stata a tradimento soppressa nel *Libro bianco* e che è di un'importanza capitale: «*Ti ringrazio* – diceva lo zar – *del tuo telegramma conciliante e amichevole, quando le comunicazioni ufficiali del tuo ambasciatore al mio ministero sono state alquanto differenti. Ti prego di chiarire la causa di questa differenza. Sarebbe meglio sottomettere il problema austro-serbo alla conferenza dell'Aya. Ho fiducia nella tua saggezza e nella tua amicizia. Firmato: Il tuo Nicky che ti vuole bene.*» In sintesi, l'Austria ha dichiarato guerra alla Serbia, Belgrado è bombardata, l'ambasciatore di Germania ha, a Pietroburgo, un linguaggio comminatorio. L'imperatore di Russia rimane tuttavia pronto ad accettare che l'affare austro-serbo sia sottoposto alla Corte dell'Aya. Cosa risponde la Germania? L'imperatore getta un punto esclamativo ironico in margine alle parole conferenza dell'Aya, e il cancelliere di Bethmann Hollweg telegrafa immediatamente al conte Pourtalès: «*Prego Vostra Eccellenza di spiegare, con una immediata discussione con Sazonov, la pretesa contraddizione tra il vostro linguaggio e il telegramma di Sua Maestà. L'idea della conferenza dell'Aya sarà naturalmente esclusa nel presente caso.*»

Fino alla dichiarazione di guerra dell'Austria alla Serbia, le decisioni di principio, prese dal Consiglio dei ministri russo, il 24 luglio, e al Consiglio della Corona, il 25, non avevano avuto esecuzione pratica. Si erano limitati, come abbiamo visto, a prevedere un certo numero di misure difensive, che non avevano niente di una mobilitazione anche parziale, ed è solamente il 28 che ci era stata annunciata, per il 29, la mobilitazione delle quattro circoscrizioni militari di Kiev, Odessa, Mosca e Kazan.

Secondo il generale Sergej Dobrorolsky, allora capo del servizio della mobilitazione allo Stato maggiore generale russo, una lunga discussione aveva avuto luogo lo stesso giorno, tra militari, in merito a questa risoluzione governativa. È anche ciò che riporta il generale Yuri Danilov[100], capo delle operazioni delle armate russe. Quest'ultimo, che

---

[100] Yuri Danilov (1866-1937) nel corso della guerra ricoprì diversi incarichi di comando.

era in licenza prima del 24 luglio, era stato richiamato di gran fretta a San Pietroburgo alla notizia dell'ultimatum austriaco. Era stato molto sorpreso che il Consiglio dei ministri e il Consiglio della Corona avessero potuto prevedere una mobilitazione parziale, che egli considerava come foriera, in seguito, di rendere praticamente impossibile una mobilitazione generale e aveva creduto suo dovere, a più riprese, di conferire sulla questione con il ministro della Guerra, generale Suchomlinov[101], con il capo di Stato maggiore, generale Yanushkevich[102], il capo del servizio di mobilitazione, generale Dobrorolsky e il capo dei trasporti militari, generale Rongine. In queste riunioni militari era stato unanimemente riconosciuto che la mobilitazione limitata a quattro distretti, quelli di Kiev, Odessa, Mosca e Kazan, presentava i più gravi inconvenienti tecnici. I piani di guerra non avevano previsto, nel caso di sopraggiunte complicazioni sul fronte occidentale della Russia, che una mobilitazione generale dell'armata al completo. Ogni mobilitazione parziale non poteva essere che un'improvvisazione e doveva, di conseguenza introdurre degli elementi di esitazione e di disordine in un'organizzazione della quale era necessario regolare il funzionamento con una precisione matematica.

Durante tutto il pomeriggio del 28, i generali esaminano nuovamente la possibilità di una mobilitazione parziale e continuano a valutarla negativamente, prova perentoria che nulla è ancora fatto. A ogni buon fine, lo Stato maggiore prepara, nella serata, due progetti d'ukase, uno per ordinare la mobilitazione parziale, l'altro per ordinare la mobilitazione generale. L'incertezza si prolunga e anche quando nei suoi telegrammi Sazonov annuncia la mobilitazione in quattro circoscrizioni per il 29, tutto è ancora in sospeso, poiché nessun ukase è firmato dallo zar. Inoltre, dopo la firma dell'ukase da parte dello zar, sarà necessaria, in sovrappiù, la controfirma del Senato sovrano e, infine, le firma dei ministri della Marina, della Guerra e degli Interni, sul telegramma di mobilitazione. Nessuna di queste formalità obbligatorie è compiuta quando Sazonov informa le cancellerie del provvedimento che pensa sia preso all'indomani.

Quella giornata del 29, che è stata così piena di angosce per il gover-

Dopo la rivoluzione emigrò in Francia a Parigi, dove morì.
[101] Vladimir Aleksandrovič Suchomlinov (1848-1926) fu fautore della mobilitazione generale. Nel luglio dell'anno successivo, ottenendo scarsi risultati, fu sollevato dall'incarico.
[102] Nikolai Nikolaevich Yanushkevich (1868-1918).

no francese e per me, è stata particolarmente critica in Russia. Nella mattinata, Sazonov riceve una prima volta l'ambasciatore di Germania. Il conte de Pourtalès aveva annunciato al barone Schilling che aveva una positiva comunicazione da fare al ministro. Dichiara, infatti, a Sazonov che il governo tedesco è disposto a consigliare all'Austria-Ungheria di imboccare la via delle concessioni e che egli spera che la sua influenza non si scontrerà con una mobilitazione generale. Il ministro risponde al conte Pourtalès che l'armata russa resterà eventualmente delle settimane intere senza varcare la frontiera e che sta per essere effettuata unicamente una mobilitazione nei distretti vicini all'Austria.

Sazonov riceve anche l'ambasciatore d'Austria, de Szapary, ed ha lo stesso linguaggio. Le truppe resteranno inoperose fino al giorno in cui saranno minacciati gli interessi balcanici della Russia. Né all'uno, né all'altro degli ambasciatori, il ministro parla di una mobilitazione generale, alla quale fino a questo momento non ha mai pensato.

Alle ore tre o alle sei, a seconda che si voglia seguire la versione di Schilling o di Pourtalès, l'ambasciatore di Germania ritorna al ministero di Pont-aux-Chantres e legge a Sazonov un telegramma del cancelliere che dichiara che «*se la Russia avesse continuato i suoi preparativi militari, anche senza procedere alla mobilitazione, la Germania si sarebbe trovata nell'obbligo di mobilitare, nel qual caso avrebbe dovuto prendere immediatamente l'offensiva.*» «*Ora* – risponde prontamente Sazonov – *non ho più dubbi sulle vere cause dell'intransigenza austriaca.*» Il conte Pourtalès si alza precipitosamente dalla sua sedia e, a sua volta, esclama: «*Protesto con tutte le mie forze, signor ministro, contro questa asserzione offensiva.*» «*La Germania ha sempre l'occasione per provare che io mi sbaglio.*» Risponde Sazonov. Il ministro e l'ambasciatore si separano freddamente.

Poco dopo l'uscita di Pourtalès, l'imperatore telefona a Sazonov e gli dice che ha ricevuto un telegramma del Kaiser che insiste con lui perché non lasci che gli avvenimenti si sviluppino verso una guerra. Sazonov informa l'imperatore Nicola II della sua conversazione con l'ambasciatore e gli segnala le contraddizioni tra le dichiarazioni di Guglielmo e quelle del suo rappresentante. Lo zar risponde che telegraferà immediatamente a Berlino per chiedere spiegazioni di queste differenze. Il ministro degli Affari esteri sollecita l'autorizzazione a discutere del problema della mobilitazione con il ministro della Guerra e il capo di Stato maggiore. Lo zar acconsente.

Il ministro civile, effettivamente, conferisce con le autorità militari e giunge anch'egli alla convinzione che una mobilitazione generale è preferibile a una mobilitazione parziale. La principale causa di questa nuova decisione, non abbiamo motivo di dubitarne, come afferma anche Renouvin, è l'atteggiamento minaccioso del conte Pourtalès. La deliberazione, infatti, si riassume in questa motivazione: «*Considerando che è poco verosimile che la guerra con la Germania possa essere evitata, è necessario prepararsi in tempo a tale eventualità; non bisogna compromettere la mobilitazione generale successiva con l'esecuzione, in questo momento, di una mobilitazione parziale.*» La conclusione alla quale è arrivata la riunione è comunicata per telefono all'imperatore, che dà il suo assenso.

Ma nella serata, nel momento in cui stanno per essere emessi gli ordini, ci ripensa. Lo zar, che voleva fermamente la pace, aveva appena scambiato dei telegrammi con il Kaiser e, il 29 alle 21,40 aveva ancora ricevuto da suo cugino Willy un messaggio così concepito: «*… Credo possibile e desiderabile un'intesa diretta tra il Tuo governo e Vienna e, così come Ti ho già telegrafato, il mio governo continua i suoi sforzi nella prospettiva di portarla avanti. Evidentemente, delle misure militari da parte della Russia, che saranno considerate dall'Austria come una minaccia, precipiterebbero il tutto in una catastrofe che noi due desideriamo evitare e comprometterebbero il mio ruolo di mediatore, che ho volentieri accettato sul Tuo appello alla mia amicizia e al mio aiuto.*»

Lo zar legge queste righe, intravede una possibilità di pace, non vuole disperare, telefona a Yanushkevich, che lo supplica di non annullare l'ordine di mobilitazione generale, ma invano. La parola d'onore di Guglielmo lo trascina e l'imperatore ordina di emanare all'indomani unicamente una mobilitazione parziale.

Il vicedirettore della cancelleria del ministero degli Affari esteri, Basily, era stato dapprima incaricato, all'inizio della serata, di annunciare a Maurice Paléologue l'ordine di mobilitazione generale preparato per il 30. Il nostro ambasciatore, sorpreso da questa decisione, avrebbe voluto prontamente informarci di questo. Ma Basily gli aveva fatto notare che un telegramma cifrato dell'ambasciata non sarebbe stato probabilmente impenetrabile da parte di Berlino. Il governo russo, l'abbiamo già visto, sapeva come stavano le cose circa la nostra crittografia. Basily aveva dunque insistito sul carattere segreto della comunicazione e aveva pregato Paléologue di fare cifrare, per maggiore sicurezza, al ministero russo degli Affari esteri il telegramma destinato a Viviani. Nel frattempo era intervenuto il contrordine dello zar e, dopo mezzanotte, Paléologue era stato informato che si trattava unicamente di una mobilitazione parziale e che l'ukase dell'indomani avrebbe riportato questa misura limitata.

Il 30, al ricevimento del telegramma inviato da Viviani alle sette del mattino, Paléologue va a trovare Sazonov e gli esprime il desiderio del governo francese di evitare ogni misura che potrebbe fornire alla Germania un pretesto di mobilitazione generale, ed ecco in quali termini riferisce al Quai d'Orsay della sua missione: «*Questa mattina, ho raccomandato a Sazonov di evitare ogni misura militare che potrebbe offrire alla Germania un pretesto alla mobilitazione generale. Mi ha risposto che, nel corso dell'ultima notte, lo Stato maggiore generale russo aveva precisamente fatto soprassedere a qualche segreta precauzione, la cui divulgazione avrebbe potuto allarmare lo Stato maggiore tedesco. Ieri, lo Stato maggiore generale russo ha convocato l'attaché militare all'ambasciata tedesca e gli ha dato la sua parola d'onore che la mobilitazione che ha ordinato riguarda esclusivamente l'Austria.* Firmato: Paléologue.»

Le formule impiegate da Sazonov e dal capo di Stato maggiore generale russo ci ragguagliano abbastanza male su ciò che è accaduto alla vigilia e, soprattutto la seconda, non è particolarmente felice. Ma sembra chiaramente che a San Pietroburgo l'opinione pubblica sia molto turbata. La mattina, i giornali russi hanno annunciato che l'armata austriaca ha bombardato Belgrado e Paléologue ha telegrafato al Quai d'Orsay: «*Il bombardamento di Belgrado provoca in tutta la Russia una profonda emozione. Gli sforzi moderatori del governo imperiale rischiano di esserne paralizzati.*» D'altra parte, in un telegramma partito da San Pietroburgo il 30 alle 13,15, e arrivato al ministero alle 15,40, Paléologue annuncia: «*In base alle informazioni ricevute dallo Stato maggiore generale russo, la mobilitazione dell'armata tedesca sarà ordinata domani.*»

Quaranta minuti prima dell'arrivo di questo inquietante messaggio, vale a dire alle 3 del pomeriggio, Izvol'skij aveva portato a de Margerie una nota così concepita:

«*Sazonov telegrafa questa mattina che l'ambasciatore di Germania, che esce da lui, è venuto a chiedergli se il governo imperiale non poteva accontentarsi della promessa dell'Austria di non attentare all'integrità della Serbia. Sazonov ha risposto che una simile dichiarazione era insufficiente. In risposta alla insistente domanda dell'ambasciatore di indicargli le condizioni alle quali la Russia acconsentirebbe ad arrestare il suo armamento, Sazonov ha dettato all'ambasciatore il testo qui allegato, in vista di trasmetterlo d'urgenza a Berlino. Sazonov ha informato l'ambasciatore di Russia a Berlino incaricandolo di avvisarlo senza ritardo dell'accoglienza che sarebbe stata riservata dal governo tedesco a questa nuova della disponibilità del governo russo di fare il possibile in vista di una soluzione pacifica della crisi; è inteso che la Russia non accetterebbe dei colloqui utili unicamente a far guadagnare tempo all'Austria e alla Germania. Parigi, il 30 luglio 1914.»*

Ecco il testo allegato:

«Se l'Austria, riconoscendo che la questione austro-serba ha assunto il carattere di una questione europea, si dichiara pronta a eliminare dal suo ultimatum i punti che attentano ai diritti sovrani della Serbia, la Russia si impegna a cessare i suoi preparativi militari.»

Bisogna convenire che questa proposta è un po' in ritardo e che dopo la dichiarazione di guerra dell'Austria e il bombardamento di Belgrado ha ben poche possibilità di essere accolta. Come mai Sazonov ha avuto l'idea di presentarla? È ciò che spiega Paléologue in due telegrammi che arrivano a Parigi, l'uno alle ore 16 e l'altro alle 17,25: *«Il mio collega della Germania è venuto questa notte a insistere nuovamente presso Sazonov affinché la Russia cessi i suoi preparativi militari, affermando che l'Austria non attenterebbe all'integrità territoriale della Serbia. «Non è assolutamente l'integrità territoriale della Serbia che noi dobbiamo salvaguardare.» Ha risposto Sazonov. «È ancora la sua indipendenza e la sua sovranità. Non possiamo ammettere che la Serbia divenga un vassallo dell'Austria. Se, per assurdo, lasciassimo sacrificare la Serbia, tutta la Russia si solleverebbe contro il governo.» Sazonov ha aggiunto: «L'ora è troppo grave perché non vi manifesti tutto il mio pensiero. Intervenendo a Pietroburgo, mentre si rifiuta di intervenire a Vienna, la Germania cerca solo di guadagnare del tempo, al fine di permettere all'Austria di schiacciare il piccolo regno serbo, prima che la Russia possa soccorrerlo. Ma l'imperatore Nicola ha un tale desiderio di scongiurare la guerra che vi faccio a suo nome un'ultima proposta.» E Sazonov ha consegnato al conte Pourtalès il testo annesso alla nota di Izvol'skij e riportato sopra. L'ambasciatore di Germania –* dice Paléologue *– ha promesso di appoggiare questa proposta presso il suo governo.* E il nostro **ambasciatore** aggiunge: *«Nel pensiero di Sazonov, l'accettazione dell'Austria avrebbe avuto per corollario logico l'apertura di una deliberazione delle Potenze a Londra.»* A questi telegrammi da Pietroburgo, il Quai d'Orsay risponde il 30, alle 20,40, con qualche riga redatta da Philippe Berthelot e firmata da Margerie sulle istruzioni a nome di Viviani: *« Vi devo segnalare che Izvol'skij mi ha, da parte sua, fatto conoscere la proposta russa, ma segnalandomi che è stata formulata a seguito di una insistente richiesta dell'ambasciatore tedesco a Pietroburgo per conoscere le condizioni alle quali il governo russo arresterebbe i suoi preparativi militari. Sia come sia, nel caso in cui, come possibile, le condizioni formulate da Sazonov, nel loro tenore attuale, non appariranno accettabili all'Austria, vi spetterà, tenendovi in stretto contatto con Sazonov e senza* *ostacolare il tentativo inglese, ricercare con lui una formula tale da sembrare poter fornire una base di colloquio e d'intesa.»*

In questo modo, il governo francese non intende tralasciare nulla di ciò che può salvare la pace e si aggrappa disperatamente a ogni appiglio di salvezza. Ma, alle 11 e mezza di sera, arriva ancora al Quai d'Orsay questa informazione di Paléologue: «*In un incontro che ha avuto questo pomeriggio con il conte Pourtalès, Sazonov ha dovuto convincersi che la Germania non vuole pronunciare a Vienna la parola decisiva che salverebbe la pace. L'imperatore Nicola ha la stessa impressione da uno scambio di telegrammi che ha personalmente avuto con l'imperatore Guglielmo. D'altra parte, lo Stato maggiore e l'ammiragliato russi hanno ricevuto delle inquietanti informazioni sui preparativi dell'armata e della marina tedesche. Di conseguenza, il governo russo ha deciso di procedere segretamente alle prime misure di mobilitazione generale. Informandomi di questa decisione, Sazonov ha aggiunto che il governo russo continuerà nondimeno i suoi sforzi di conciliazione. Mi ha ripetuto: Fino all'ultimo momento, io negozierò.»*

Che cosa è dunque successo dopo la mattinata del 30 a San Pietroburgo? L'imperatore aveva ricevuto alla 6,30 della sera un telegramma di Guglielmo partito da Berlino alle 3,30 così redatto: «*Se la Russia mobilita contro l'Austria-Ungheria, la missione di mediatore, che ho accettato su tua pressante preghiera, sarà compromessa, se non resa impossibile. Tutto il peso della decisione da prendere è sulle tue spalle, che dovranno sopportare la responsabilità della guerra o della pace.»*

Ma, prima dell'arrivo di questo telegramma, si era prodotta negli animi una nuova evoluzione. Tra le 9 e le 10 del mattino, Sazonov si era intrattenuto con il ministro dell'Agricoltura ed entrambi si erano preoccupati del fermo della mobilitazione generale, perché si rendevano conto che questa misura minacciava di mettere la Russia in una posizione estremamente difficile se i rapporti con la Germania fossero divenuti meno buoni. Alle ore 11, il ministro degli Affari esteri si incontra nuovamente con il ministro della Guerra e il capo di Stato maggiore generale. Le informazioni ricevute nel corso della notte hanno, a quanto sembra, rinforzato la loro comune opinione che è indispensabile prepararsi, senza perdere tempo, a una guerra con gli Imperi del Centro e, di conseguenza, vi è la necessità di riprendere la mobilitazione generale. Sukhomlinov e Yanushkevich si sforzano nuovamente, per telefono, di convincere l'imperatore che sarebbe meglio ritornare sulla sua prima decisione della vigilia e permettere infine questa mobilitazione generale. L'imperatore rifiuta decisamente e taglia di netto la conversazione. Come ultima risorsa, Yanushkevich gli chiede di ascoltare all'apparecchio almeno Sazonov. Dopo un silenzio che mostrava un'esitazione, l'imperatore accetta. Il ministro degli Affari esteri prega subito il sovrano di riceverlo a Peterhof nel pomeriggio e Nicola II gli accorda un'udienza alle ore tre. Sazonov è puntuale all'appuntamento e, in presenza del generale Tatichtchev, *attaché* militare russo a Berlino, che conta di ritornare al suo posto nella stessa serata, insiste lungamente con lo zar per dimostrargli l'urgenza di una mobilitazione generale. Gli fa notare che la mobilitazione tedesca, se non è ufficialmente decretata, nondimeno ha avuto inizio. Fa valere gli argomenti dei generali Sukhomlinov e Yanushkevich e molto faticosamente ottiene il consenso dell'imperatore. Verso le sei di sera, l'ukase che ordina la mobilitazione generale è trasmesso alle circoscrizioni militari.

Perché il governo russo non tenesse in considerazione le raccomandazioni della mattina fatte da Viviani, bisognava evidentemente che fosse sotto l'influenza di gravi apprensioni. A San Pietroburgo, erano certamente spaventati dai preparativi tedeschi e, poiché si sapeva la mobilitazione russa molto lenta, temevano di essere pericolosamente anticipati.

Inoltre, il *Lokal Anzeiger* aveva, verso le 13,30, lanciato a Berlino la notizia della mobilitazione generale tedesca e l'ambasciatore di Russia, Sverbeev[103], avvertito dal rappresentante di un'agenzia di stampa, aveva telegrafato a Sazonov, circa alle 14,30: «*Apprendo che il decreto della mobilitazione generale dell'armata e della flotta è stato promulgato.*» Informato poco dopo da Jagow stesso, che la notizia era falsa, Sverbeev aveva immediatamente fatto partire due telegrammi di rettifica, uno in chiaro e uno cifrato. Fino a che punto la pubblicazione del *Lokal Anzeiger* aveva influenzato la decisione russa? Dobbiamo pensare che lo Stato maggiore russo avesse, peraltro, già ricevuto tali indicazioni sulle disposizioni tedesche che aveva ritenuto, come abbiamo visto, suo dovere annunciare l'imminenza di una mobilitazione generale.

Vi è, del resto, da notare che, decretando la mobilitazione, la Russia resta, come dice Sazonov, pronta a negoziare, ed effettivamente negozia. Il ministro degli Affari esteri vede lungamente Pourtalès nella giornata del 30; e, alla domanda dell'ambasciatore, precisa per scritto le condizioni che è disposto ad accettare: l'Austria riconoscerà che il conflitto austro-serbo ha preso il carattere di una questione europea;

---

[103] Sergej Nikolaevič Sverbeev (1857-1922) diplomatico, prestò servizio a Copenaghen, Vienna e Monaco. Dopo la Rivoluzione d'ottobre si rifugiò a Berlino dove morì.

essa eliminerà dal suo ultimatum i punti che attentano ai diritti sovrani della Serbia. In cambio, la Russia si impegna a cessare tutti i preparativi militari e si asterrà, nell'attesa, da ogni atto ostile nei confronti dell'Austria, se non è provocata da questa potenza. La proposta di Sazonov merita, per lo meno, di essere esaminata. Quando l'ambasciatore Sverbeev la sottomette, verso le cinque del pomeriggio, a Jagow, il ministro la dichiara chiaramente inaccettabile per l'Austria. Lo stesso sir Ed. Grey non la trova soddisfacente e prega sir Buchanan di sostituirvi un'altra redazione: «*Se l'Austria, avendo occupato Belgrado e i territori serbi circostanti, si dichiara pronta, nell'interesse della pace europea, a cessare la sua avanzata, e a discutere come si può realizzare un definitivo regolamento della questione, spero che anche la Russia consentirà a una discussione e alla soppressione di ulteriori preparativi militari, a condizione che le altre Potenze facciano altrettanto.*» Malgrado l'insistenza della Germania, Grey non chiede dunque alla Russia la cessazione dei suoi preparativi; egli comprende, al contrario, che essa non li sospenderebbe se non quando l'Austria avesse arrestato la sua marcia in avanti. L'Austria avrebbe preso dei pegni, li avrebbe trattenuti e si sarebbe discusso. La Russia non aveva detto no, ma l'Austria si ostinava a non voler dire sì. Respinge con indignazione la formula *Halt in Belgrad* che aveva immaginato sir Ed. Grey, che Bethmann Hollweg aveva raccomandato, che Sazonov non aveva escluso, e che comunque rappresentava una vittoria della monarchia dualista. Né Berchtold, né Conrad de Hötzendorf, né Forgách[104], né Hoyos ammettono che si possano limitare le operazioni militari in corso. Berchtold e Conrad vedono l'imperatore Francesco Giuseppe nel pomeriggio. Decidono di escludere ogni tentativo di mediazione. Bethmann Hollweg, scontento di questa insensata resistenza, non resiste dall'inviare a Tschirschky un telegramma (n° 200), che contiene questo giudizio irrevocabile sulla condotta dell'Austria: «*Se l'Austria rifiuta ogni concessione … non è proprio possibile far ricadere sulla Russia la colpa della deflagrazione europea e che può scoppiare … Se l'Inghilterra riuscisse nei suoi sforzi, mentre Vienna rifiuta ogni cosa, Vienna afferma con questo che vuole assolutamente una guerra dove noi saremo implicati, mentre la Russia resta innocente. Ne risulterebbe, davanti alla nostra nazione, una situazione per noi insostenibile. Non possiamo che raccomandare con forza all'Austria di accettare il sugge-*

---

[104] Johann Graf Forgách von Ghymes und Gács (1870-1935) diplomatico, fu uno degli estensori dell'ultimatum alla Serbia. Amico sin dalla giovane età di Berchtold, svolse la sua carriera principalmente presso il ministero degli Affari esteri.

rimento di Grey, che salvaguarda sotto ogni profilo la sua posizione.»

Questo telegramma parte da Berlino il 30, alle nove di sera. Probabilmente, in questo momento, il cancelliere ignora che la Russia sta per emanare all'indomani la mobilitazione generale. Ma supponiamo che la Russia avesse ritardato questa decisione, o anche non l'avesse mai presa, resta egualmente che l'Austria dopo aver inviato, con il consenso della Germania, un ultimatum inaccettabile alla Serbia, dopo aver dichiarato la guerra, dopo aver bombardato Belgrado, dopo essere penetrata nel territorio serbo, ha rifiutato di fermarsi e che consapevolmente ha acceso una mina che non è più possibile spegnere.

Del resto, il governo tedesco non ha unicamente la sua responsabilità nei primi errori dell'Austria; ne ha anche una nell'attuale resistenza del suo alleato. Mentre Bethmann Hollweg predica la moderazione, Moltke e lo Stato maggiore spingono la mobilitazione generale austriaca e inoltre, nella serata, i militari hanno ragione della gracile saggezza del cancelliere «civile». Irretito da loro, rimpiange il telegramma 200 che ha appena spedito a Tschirschky e alle 23,30 prende la decisione di inviarne un altro: « *Vi prego di non dare seguito alla direttiva n° 200.*» Rinuncia quindi a trattenere l'Austria; una volta di più molla la presa; si comporta come se pretendesse di essere stato ragionevole.

È il momento in cui l'*attaché* militare bavarese a Berlino, Wenninger[105], ha informato il ministro della guerra bavarese che Moltke faceva uso di tutta la sua influenza affinché «la situazione straordinariamente favorevole» fosse «utilizzata per cominciare l'attacco».

Mentre i figli del kaiser indossavano le loro uniformi, noi, presidente e ministri francesi, non cessiamo, durante questa pesante giornata, di resistere a ogni livello all'avvicinarsi della guerra. Due doveri difficili da conciliare, ma egualmente sacri, incombono su di noi: fare l'impossibile per impedire un conflitto, fare l'impossibile affinché, se nonostante noi scoppia, ci trovi preparati. E abbiamo due altri doveri ancora, che rischiano talvolta di contraddirsi: non rompere un'alleanza, sulla quale la politica francese riposa da un quarto di secolo e la cui rottura ci lascerebbe nell'isolamento, alla mercé dei nostri rivali; fare tuttavia ciò che dipende da noi per portare il nostro alleato

---

[105] Karl Ritter von Wenninger (1861-1917) fu valente generale, grazie ai successi conseguiti, fu affidato il comando del XVIII° corpo d'armata che combatteva sul fronte dell'est in Romania. Trovò la morte in battaglia. Per la funzione di *attaché* militare a Berlino si intende quella di ufficiale di collegamento tra lo Stato maggiore tedesco e l'armata bavarese, incarico che Wenninger ricoprì dal novembre 1911 sino allo scoppio della guerra.

alla moderazione in affari in cui noi siamo molto meno interessati di lui. Tali sono le preoccupazioni che si fanno strada nei nostri consigli quotidiani, tali sono i complessi temi delle conversazioni che io ho alla mattina, al pomeriggio e alla sera, con i ministri che, avversari o amici della vigilia, mi testimoniano tutti un'eguale fiducia.

All'interno come all'esterno, si pongono i più spinosi problemi che un governo possa avere da risolvere. La situazione finanziaria diventa inquietante. Numerosi istituti di credito sono minacciati dal ritiro dei fondi. Le monete d'oro e d'argento vanno rarefacendosi. La Banca di Francia è obbligata a superare il suo massimo di emissione. Per mettere fine a queste difficoltà, il Consiglio che si riunisce nella mattinata del 30 prende in esame tutta una serie di provvedimenti eccezionali. Anche le Casse di risparmio incominciano a svuotarsi. Bisogna far valere la clausola di salvaguardia. Tuttavia, non vi è alcun panico nel paese. I francesi si costituiscono delle riserve, in previsione degli avvenimenti; ma da nessuna parte traspare sfiducia verso lo Stato o dubbi sull'avvenire. In provincia come a Parigi, la popolazione è ammirevole per calma e sangue freddo.

Alle ore undici, sir Francis Bertie fa consegnare al Quai d'Orsay una nota che ha la colpa di molte altre, in questa fase così piena di avvenimenti: appare in ritardo. Vi è detto che l'ambasciatore di Germania a Londra è stato incaricato dal cancelliere imperiale di informare sir Ed. Grey che il governo tedesco si sforza di interporsi tra Vienna e San Pietroburgo. Sir Ed. Grey ha risposto al principe Lichnowsky che un'intesa conclusa direttamente tra l'Austria e la Russia sarebbe la soluzione migliore possibile e che finché vi fosse una speranza di conseguire questo risultato il gabinetto britannico lascerebbe in sospeso ogni altra proposta. Ma, dopo questa conversazione, sir Ed. Grey ha appreso, così dice, che l'Austria si era sottratta alle aperture del governo russo. Da un'altra parte, la Germania sembra credere che il metodo di una conferenza o anche di conversazioni tra le quattro Potenze a Londra è *too formal a method*. Sir Ed. Grey ci informa che insiste nei confronti del governo tedesco per ciò che egli indica, a sua volta, come una procedura che permette a queste quattro Potenze di prevenire una guerra tra l'Austria e la Russia. La Francia e l'Italia, constata il segretario di Stato britannico, hanno totalmente aderito a questa maniera di procedere. La mediazione è, infatti, pronta ad essere messa in atto nella forma che desidererà la Germania, se solo questa è disposta a schiacciare il bottone (*press the button*) in favore della pace.

Ma visibilmente la Germania non vuole schiacciare il bottone. Altrimenti, le sarebbe stato facile impedire il bombardamento di Belgrado e accettare prima e senza reticenze la mediazione. Ancora all'ora attuale, se le quattro Potenze si riunissero a Londra, come chiede sir Ed. Grey, come l'Italia e noi accettiamo, sarebbero abbastanza forti, probabilmente, con il loro stesso incontro e con la loro unione, per agire contemporaneamente sull'Austria e sulla Russia. Perché la Germania si ostina a tirarsi fuori?

Eppure, Jules Cambon, nel frattempo, ci segnala una flebile luce. Ha trovato oggi Jagow molto turbato. L'ambasciatore ha chiesto al ministro se fosse vero che l'Austria aveva iniziato a far entrare le proprie truppe in Serbia. Jagow non ne sapeva niente. «*Notate* – gli ha detto Jules Cambon – *che se la notizia è vera, il prestigio dell'Austria non è più in gioco e che essa può ora accettare, senza il minimo discapito della sua dignità, la mediazione della quattro Potenze disinteressate.* » «*In effetti* – ha risposto Jagow – *è un'altra cosa.*» Jules Cambon ha riferito questo dialogo al suo collega d'Inghilterra, che ne è rimasto colpito e ne ha informato Londra. Ma aspettiamo il seguito.

Alle ore 2,05, Jules Cambon invia al Quai d'Orsay un telegramma che arriva alle 15,50: «*Secondo quanto il sottosegretario di Stato* (Zimmermann) *ha detto a uno dei miei colleghi, che me l'ha riportato, i telegrammi dell'imperatore di Germania e dell'imperatore di Russia, che si sono incrociati, erano molto cordiali, ma non hanno cambiato la situazione. Personalmente sono colpito di come la massa del pubblico, e in particolare ad Amburgo, sia scettica a riguardo dell'intervento dell'Inghilterra. Vi è in questo un pericolo. Il mio collega sir Ed. Goschen, al quale l'ho segnalato, crede che, se l'Inghilterra manifestasse apertamente le sue intenzioni, vi sarebbe da temere che la Russia si mostri intransigente e che la distensione sia più difficile. Gli ho risposto che, senza fare un pubblica manifestazione come quella di Lloyd George nel 1911, una dichiarazione sull'eventualità di un attacco contro la Francia potrebbe essere fatta verbalmente sia da sir Ed. Grey al principe Lichnowsky, sia dall'ambasciatore d'Inghilterra a Jagow. Temo, invero, che l'onda delle dichiarazioni di sir Ed. Goschen non sia di natura tale da soffocare qui delle illusioni e che sarebbe importante dissiparle. I giornali tedeschi annunciano questa mattina, secondo il* Times, *che l'Inghilterra prenderà precauzioni unicamente per la propria sicurezza. È possibile che questa dichiarazione* (parola non chiara) *inglese abbia per obiettivo non invelenire il dibattito, ma non sarebbe opportuno che il governo* (tedesco) *vi attribuisse una pericolosa fiducia. Tutto questo colpisce anche, da ciò che mi risulta, i russi che sono a Berlino.* Firmato: J. Cambon.»

Per una fortunata coincidenza, sir Francis Bertie mi ha chiesto udienza per questa sera. Mi porta un messaggio di felicitazioni di sir. Ed. Grey per il successo della mia visita a San Pietroburgo. «*Nel mezzo della scorsa notte – gli dico – il governo francese ha ricevuto la notizia che il governo tedesco aveva informato il governo russo che, se la Russia non avesse fermato la sua mobilitazione parziale, la Germania avrebbe mobilitato. Oggi pomeriggio un nuovo rapporto da San Pietroburgo ci ha informato che la comunicazione tedesca era stata modificata e che vi era stata introdotta questa domanda: «A quali condizioni la Russia consentirebbe una smobilitazione?» La Russia ha risposto: «Noi smobiliteremo se l'Austria ci dà l'assicurazione che rispetterà la sovranità della Serbia e se acconsente di sottomettere a una discussione internazionale alcune delle richieste della nota austriaca non accettate dalla Serbia». Io non credo che il governo austro-ungarico accetti le condizioni russe. Vedete, mio caro ambasciatore, sono convinto che la tutela della pace tra le Potenze sia nelle mani dell'Inghilterra. Se il governo di Sua Maestà annunciasse che, nell'eventualità di un conflitto tra la Germania e la Francia frutto dell'attuale controversia tra l'Austria e la Serbia, l'Inghilterra verrebbe in aiuto della Francia, non ci sarebbe alcuna guerra, poiché la Germania modificherebbe immediatamente il suo atteggiamento.*» Sir Francis Bertie che, nel suo telegramma a sir Ed. Grey, ha fedelmente riportato le mie dichiarazioni, ha tuttavia omesso di scrivere ciò che mi aveva detto: «*Personalmente, la penso come voi.*»

Altro telegramma di Jules Cambon, partito il 30 alle 2,30 e ricevuto alle 16: «*Segreto … Corre voce che la mobilitazione sarebbe stata decisa questa mattina in Consiglio e sarà probabilmente decretata domani. Ai corrispondenti dei giornali, alla Wilhelmstrasse, hanno dichiarato che non potevano né smentire, né confermare le voci di questa natura, ma che delle risoluzioni gravi erano state prese. Regna una grande emozione. So che a Metz si riempiono di truppe i forti. Firmato: J. Cambon.*»

Un'ora dopo, alle 3,30, Jules Cambon invia di nuovo un telegramma, che arriva cinque minuti dopo il precedente: «*Il segretario di Stato mi telefona che la notizia della mobilitazione tedesca è falsa. Mi prega di informarvi d'urgenza. Il governo imperiale fa sequestrare tutti i supplementi di giornali che l'annunciano. Firmato: J. Cambon.*» Così a Berlino, corre la voce che la mobilitazione è stata decisa in Consiglio al mattino e che sarà probabilmente pubblicata all'indomani. I giornalisti chiedono a *Wilhelmstrasse* conferma o smentita. Rifiutano di rispondere loro. Un giornale pubblica la notizia. Lo sequestrano e Jagow si prende la briga di telefonare a Jules Cambon, come all'ambasciatore di Russia, che è falso che a Germania stia mobilitando. Come nascondere che al ricevimento di questi telegrammi non ci sentiamo affatto rassicurati? Tutto procede, direbbe un matematico, «come se» la mobilitazione fosse stata decisa in Consiglio e come se il governo tedesco volesse ancora tenerla segreta, in modo tale da prevenire le altre Potenze; e, a dire il vero, se lo Stato maggiore generale russo, del quale i sovietici non hanno pubblicato gli archivi, ha avuto, il 29 e il 30, delle informazioni analoghe a quelle che noi ricevevamo dal nostro ambasciatore, si comprende come il governo russo, preoccupato della eccezionale lentezza della sua mobilitazione, non abbia più osato ritardare la sua decisione. La sequenza dei telegrammi di Jules Cambon non ci lascia, del resto, alcuna illusione sulle vere intenzioni della Germania.

«Berlino, 30 luglio 1914, ricevuto alle ore 18,20. Segreto. Ho modo di pensare che tutte le misure di mobilitazione che possano essere prese prima della emanazione ufficiale dell'ordine generale di mobilitazione siano state prese. Si cerca evidentemente di fare in modo che emaniamo prima noi la nostra mobilitazione. Spetta a noi sventare questo calcolo e non cedere all'impazienza che certo si produrrà nella stampa e nell'opinione pubblica a Parigi.» Così, a Berlino tutto è pronto, si prendono segretamente tutte le misure per preparare la mobilitazione, si sta per emanare il decreto e, per calcolo, provano a spingerci a precipitare le cose. Noi non cadiamo nel tranello.

Mentre la Germania si prepara, essa si guarda bene, del resto, di rispondere alle insistenze di sir Ed. Grey.

Inquieto per tutto ciò che vede e sente, Jules Cambon vuole andare a fondo. Ritorna da Jagow e gli chiede che cosa bisogna pensare della notizia della mobilitazione tedesca, lanciata dal giornale ufficiale *Lokal Anzeiger*. *«Mi ha risposto che era un atto di bassa lega e che si era approfittato di supplementi preparati per ogni eventualità per il giornale. Personalmente* – aggiunge Cambon – *vedo in tutto ciò una goffaggine significativa; essa indica che la mobilitazione generale è molto vicina.»* E prosegue: *«Nell'incontro che ho avuto oggi, ho anche chiesto a Jagow quale risposta avesse dato a sir Ed. Grey, che gli aveva chiesto di dare egli stesso la formula di intervento delle Potenze disinteressate o di agire direttamente. Mi ha risposto che, per guadagnare tempo, aveva preso quest'ultimo partito e che aveva chiesto all'Austria di dire su quale terreno si potrebbe discutere con lei. Questa risposta ha come conseguenza, con il pretesto di andare più velocemente, di eliminare l'Inghilterra, la Francia e l'Italia e di affidare a Tschirschky, i cui sentimenti pangermanisti sono conosciuti, il compito di condurre l'Austria a un atteggiamento conciliante. Infine, Jagow mi ha parlato della mobilitazione russa. Mi ha detto che questa mobilitazione comprometterebbe il successo di ogni intervento nei confronti dell'Austria e che tutto dipende da questo. Si è meravigliato che lo zar, dopo averla firmata, abbia telegrafato all'imperatore Guglielmo per chiedergli la sua mediazione[106]. Ho fatto rilevare al segretario di Stato che proprio lui mi aveva detto che la Germania non si considerava obbligata a mobilitare se non nel caso di una mobilitazione russa sulle sue frontiere (le frontiere tedesche) e che quello non era il caso. Mi ha risposto che era vero, ma che i capi dell'armata insistevano, poiché ogni ritardo è una perdita di forze per l'armata tedesca e che le parole che io ricordavo non costituivano da parte sua un impegno certo. Da questo incontro ho riportato l'impressione che le possibilità di pace siano ulteriormente diminuite.»*

È per noi difficile non avere la stessa impressione di J. Cambon. Tanto più che, sulle nostre frontiere, si accentuano le misure militari della Germania. Sulla linea da Colonia a Trèves, scendono dei treni carichi di materiale d'artiglieria. A Junkeralt, tredici locomotive sono sotto pressione il 30 mattina. Le automobili dei circondari di Metz, sino a Hayange, sono state requisite. I movimenti delle truppe continuano su Colonia, tutti i ponti sono occupati militarmente. Tutti gli ufficiali, sottoufficiali e soldati dell'armata bavarese raggiungono d'urgenza i loro corpi.

In presenza di tali informazioni concordanti, possiamo rimanere con gli occhi chiusi e le braccia conserte? Messimy, ministro della Guerra, non lo pensa. Al Consiglio del mattino, ci mette al corrente del desiderio che gli ha espresso il generale Joffre[107] che il dispositivo di copertura fosse messo in atto senza ulteriori ritardi. Questo significava decretare la mobilitazione delle 2ª, 6ª, 7ª, 20ª, 21ª regioni e di tutte le nostre divisioni di cavalleria. Si trattava di ordinare il trasporto alla frontiera dei reggimenti di Reims, di Châlons-sur-Marne, di Besançon, di Parigi e anche di alcune guarnigioni dell'ovest. Grave risoluzione da prendere. Il Consiglio dei ministri è unanime a non recedere davanti alle indispensabili precauzioni. Ma teme che la nostra iniziativa sia sfruttata contro di noi dalla Germania in Inghilterra e in Italia, e che ci faccia attribuire, anche contro l'evidenza, il ruolo di aggressore. Proviamo

---

[106] (N.d.A.) Si tratta della prima decisione russa relativa alla mobilitazione dei quattro distretti militari vicini all'Austria.

[107] Joseph Jacques Césaire Joffre (1852-1931) venne nominato capo di Stato maggiore nel luglio 1911. Consapevole dell'approssimarsi di un conflitto, riorganizza l'esercito e crea nuove infrastrutture, oltre a inserire i nuovi corpi dell'artiglieria pesante e dell'aviazione. La sua filosofia offensiva non ebbe i risultati sperati e si scontrò con le nuove tecnologie e armi, in primo luogo le mitragliatrici. Dopo la tragica battaglia di Verdun fu sostituito dal generale Robert Nivelle. Fu nominato maresciallo di Francia. Dopo il conflitto ricoprì incarichi onorifici e di rappresentanza.

quindi a conciliare le necessità della difesa con l'interesse diplomatico e ci soffermiamo sulla seguente decisione: schieramento delle truppe di copertura, con queste restrizioni: che saranno portate alle loro ubicazioni unicamente le unità che potranno andarvi a cavallo o a piedi, che le riserve non saranno convocate, che i tiri di cavalli saranno acquistati e non requisiti, che le truppe di copertura saranno mantenute a dieci chilometri dalla frontiera, per impedire ogni contatto tra le pattuglie francesi e tedesche.

Quest'ultima condizione è stata, in seguito, fortemente discussa. Per giustificarla, Messimy ha detto: «*Se domani avessi, in una circostanza analoga, da prendere un'analoga decisione, la prenderei subito, senza un minuto di esitazione. Mi onorerei sempre di averla presa. Vi rimando, per tutto ciò, all'ammirevole discorso che pronunciò in merito Viviani alla Camera dei deputati. Niente impressionò a tal punto l'opinione pubblica britannica (tutte le testimonianze lo confermano), niente provò meglio le nostre intenzioni pacifiche quanto questa decisione di mantenere le truppe leggermente lontane dalla frontiera.*»

Questa misura, è bene riconoscerlo, non fu priva di gravi inconvenienti militari. Essa prova, se non altro, che la Francia non aveva, alla fine del luglio 1914, alcuna intenzione aggressiva. Il generale Joffre, peraltro, si era adeguato senza difficoltà alle vedute del Consiglio. Aveva solamente chiesto, e il governo aveva accettato, che su un certo numero di punti determinati avessimo delle postazioni avanzate più vicine alla frontiera, in posizioni strettamente difensive.

Presa la decisione, Viviani ha telegrafato a Paul Cambon: «*Vi prego di portare a conoscenza di sir Ed. Grey le seguenti informazioni, che riguardano i preparativi militari francesi e tedeschi. L'Inghilterra vedrà che, se la Francia è risoluta, non è lei a prendere misure aggressive. Attirate l'attenzione di sir Ed. Grey sulla decisione presa dal Consiglio dei ministri di questa mattina. Benché la Germania abbia attuato i suoi dispositivi di copertura a qualche centinaio di metri dalla frontiera, su tutto il fronte dal Lussemburgo ai Vosgi, e porti le sue truppe sulle loro posizioni di combattimento, noi abbiamo tenuto le nostre truppe a dieci chilometri dalla frontiera, proibendo loro di avvicinarsi ulteriormente. Il nostro piano, concepito con un spirito offensivo, prevedrebbe tuttavia che le posizioni di combattimento delle nostre truppe di copertura siano il più vicino possibile alla frontiera. Così liberando una fascia di territorio senza difesa davanti all'improvvisa aggressione del nemico, il governo della Repubblica vuole provare che la Francia, come la Russia, non ha la responsabilità dell'attacco.*»

Nella sua *Risposta al Kaiser*, Viviani ha scritto: «*Così sono portato a par-*

lare dei preparativi della Francia. Abbiamo appena visto che essi seguono quelli della Germania, che non li hanno mai preceduti, che erano unicamente una legittima risposta. E, tuttavia, noi sapevamo di avere un'armata meno numerosa.» Viviani rivendica, come Messimy, l'onore di aver proposto al Consiglio, dopo essersi messo d'accordo con il generalissimo, l'arresto delle truppe a dieci chilometri dalla frontiera. Fedele guardiano della mia irresponsabilità costituzionale, ha avuto la delicatezza di non indicare nel suo libro che prima di fare al Consiglio, con Messimy, la sua proposta, era venuto a riferirmene nel mio studio. Ma io non sono tenuto agli stessi scrupoli e posso ben dire che dopo aver soppesato, con i due ministri e il generale Joffre, i vantaggi e gli inconvenienti delle misure prospettate, vi avevo dato il mio pieno consenso.

Nella serata e nella notte, arrivano da Vienna dei telegrammi di Dumaine che danno da pensare che le conversazioni dirette siano riprese, malgrado tutto, tra l'Austria e la Russia. Schebeko è stato incaricato da Sazonov di dire al conte Berchtold che i preparativi russi non avevano altro fine che rispondere a quelli dell'Austria e di indicare le intenzioni e il diritto dello zar di esporre il suo parere nel regolamento della questione serba. Al che il conte Berchtold ha risposto che le misure di mobilitazione prese in Galizia non implicano alcuna intenzione aggressiva e mirano unicamente a mantenere immutata la situazione. È stato deciso che, da una parte e dall'altra, si cercherà di convincere che queste misure non siano interpretate come segni di ostilità. Per il regolamento del conflitto austro-serbo, si decide che le conversazioni saranno riprese a Pietroburgo tra Sazonov e il conte Szapary. Sembra dunque che le cose tra l'Austria e la Russia inizino a sistemarsi, nel momento in cui rischiano di complicarsi quelle tra la Russia e la Germania. Ed è la Germania responsabile di questo paradosso. Difatti, Dumaine scrive: «*L'incontro con il conte Berchtold si era mantenuto in un tono molto amichevole e, senza che si potesse avere una sicura speranza, permetteva di credere che ogni possibilità di localizzare il conflitto non era andata persa. È allora che è giunta la notizia della mobilitazione della Germania*» E il nostro ambasciatore aggiunge: «*Il mio collega russo riconosce che la mobilitazione tedesca renderà sempre più difficile un accordo. È ancora possibile informare la cancelleria tedesca della responsabilità che si assume facendo morire quest'ultima possibilità di salvezza?*» Come mai questa notizia della mobilitazione tedesca ha potuto, se è falsa, spandersi così rapidamente a Vienna, nello stesso tempo che a Pietroburgo?

Davanti alle minacce dalle quali ci sentiamo a poco a poco circondati, Viviani telefona a Paul Cambon e insiste perché faccia in modo di essere informato, il più presto possibile, sulle intenzioni dell'Inghilterra. Paul Cambon si sforza di dimostrare al segretario di Stato che, da un giorno all'altro, può scatenarsi, malgrado noi, una guerra generale e che è urgente discutere tutte le ipotesi. Alle undici e mezza di sera, ci giunge un telegramma da Londra, partito alle 8,36. Paul Cambon ci dice che sir Ed. Grey ha compreso le sue osservazioni e che le presenterà domani al Consiglio dei ministri. Il segretario di Stato ha dato appuntamento all'ambasciatore dopo il Consiglio. Sir Ed. Grey, tuttavia, non sembra aver perso ogni speranza per una soluzione pacifica. Ha cercato un nuovo mezzo. Propone proprio a Pietroburgo di accettare l'occupazione di Belgrado da parte dell'Austria, a condizione che questa Potenza si impegni ad evacuare la città dal momento in cui avrà trovato un accordo. Paul Cambon non crede che la Russia dia il suo assenso a questa proposta. Essa giunge, in effetti, un po' tardi, dopo il bombardamento di Belgrado.

Ignari delle future decisioni dell'Inghilterra, lo siamo altrettanto per quelle che riguardano l'Italia. Obbligata dai nostri accordi del 1900-1902 a salvaguardare la neutralità se noi siamo attaccati, l'Italia rimane, d'altra parte, alleata dell'Austria e della Germania. L'articolo 7 del trattato della Triplice Alleanza stipula che le Potenze contraenti dovranno accordarsi tra loro prima di modificare lo stato delle cose nei Balcani e che, se l'Austria ottiene un accrescimento territoriale, l'Italia avrà diritto a un risarcimento. Abbiamo appreso dopo la guerra che l'interpretazione di questo articolo aveva dato luogo a vivaci discussioni. Il 24 luglio, l'ambasciatore di Germania a Roma, Flotow, telegrafava a Berlino che aveva avuto *un incontro abbastanza agitato* con il presidente del Consiglio, Salandra[108] e con il ministro degli Affari esteri, marchese di San Giuliano[109]. Quest'ultimo aveva dichiarato che *lo spirito della Triplice Alleanza, per un'azione aggressiva dell'Austria, così piena di conseguenze, avrebbe richiesto che l'Austria si fosse accordata, dapprima, con gli alleati. L'Italia, non essendo stata informata, non poteva considerarsi impegnata*. E il ministro italiano aveva espresso questo giudizio severo, ma, sembra, abbastanza giusto: «*Il testo della nota austriaca è redatto in maniera così aggressiva e maldestra che l'opinione pubblica dell'Europa e*

---

[108] Antonio Salandra (1853-1931) fu presidente del Consiglio dal marzo 1914 al giugno 1916.

[109] Antonino Paternò-Castello, sesto marchese di San Giuliano (1852-1914) ricoprì la carica di ministro degli Affari esteri dal 1910 al 1914. Precedentemente era stato ministro della Poste. Fu ambasciatore a Londra e a Parigi.

dell'Italia sarà contro l'Austria e questa sarà più forte di ogni governo.» «*Frottole*», scrive l'imperatore di Germania. «*L'Italia ha già voluto imbrogliare in Albania e l'Austria ha aggrottato le ciglia … Tutto questo non è che un ripetere le stesse cose e vedremo il corso degli avvenimenti.»*

Meno ottimista di Guglielmo II, il suo governo, un po' preoccupato dall'enigma italiano, ha provato ad avvicinare i gabinetti di Roma e di Vienna. Lo stesso imperatore, a dispetto del magnifico disdegno che aveva dapprima manifestato, ha finito per arrendersi all'opinione del suo Stato maggiore e, il 27, Jagow telegrafava all'ambasciatore di Germania in Austria: «*Sua Maestà l'imperatore considera come indispensabile che l'Austria si intenda con l'Italia sull'articolo 7 e sulla questione delle compensazioni. Sua Maestà ha ordinato di comunicare le sue istruzioni a Vostra Eccellenza pregandola di informarne il conte Berchtold.»* Dobbiamo rilevare che l'articolo 7 entrava in gioco unicamente se l'Austria si ingrandiva nei Balcani. Essa aveva quindi verosimilmente, nonostante le pubbliche dichiarazioni, l'intenzione di ingrandirsi, e la Germania, lo si vede, lo sapeva e non vi si opponeva. Guglielmo chiedeva unicamente che Vienna si intendesse con Roma per la spartizione delle spoglie, in modo tale che l'Italia, in una guerra generale, non abbandonasse la Triplice Alleanza. Ma l'Italia non si pronunciava, vegliava, osservava e il 30 luglio, alle 13,55, Barrère[110] ci telegrafava: «*L'atteggiamento dell'Italia, in caso di conflitto, è incerto, benché l'opinione pubblica sia anti austriaca. Considerevoli sforzi da parte degli austriaci e dei loro amici sono fatti in questo momento presso i principali giornali per reagire a questo spirito.»*

---

[110] Camille Barrère (1851-1940) fu ambasciatore francese a Roma dal 1897 al 1924.

Capitolo VI

Esitazioni nel gabinetto britannico. Una lettera al re d'Inghilterra. Preparativi militari della Germania. Notizie indirette da San Pietroburgo. Prima visita di Schœn a Viviani. L'ultimatum della Germania alla Francia e alla Russia. La mobilitazione francese. Seconda visita di Schœn. Estremi tentativi di pace

Venerdì 31 luglio.

Dal mio ritorno sono confinato all'Eliseo. Presiedo dei continui Consigli. Conferisco con i ministri che vengono nel mio studio. Leggo le informazioni che ricevono e che mi comunicano. Tutto ciò che so, lo so attraverso loro; tutto quello che penso, non è che a loro che lo posso dire. Nessuno mi telegrafa, nessuno mi scrive e io non scrivo ad alcuno. Non ho certo da lamentarmi di alcun membro del governo. Il loro capo è per me un amico sicuro e leale. Anche coloro che tra loro mi hanno combattuto alle Camere o al momento dell'elezione presidenziale sono oggi nei miei confronti di una correttezza irreprensibile e mi rendono giustizia. Mi è comunque impossibile essere informato su tutto. Conosco solo una breve sintesi delle conversazioni diplomatiche. Devo lasciare ai ministri responsabili ogni libertà di agire; altrimenti, tradisco lo spirito della Costituzione ed esporrei il paese all'anarchia di governo. Questa mezza paralisi morale ha per effetto invitabile aumentare, in fondo a me, l'irrequietezza delle emozioni e mi contraggo per dissimularle per la paura di aggiungerle a quelle del mio interlocutore. Non ho altri testimoni delle mie silenziose inquietudini che le piante e gli olmi del giardino, i fiori del roseto, i piccioni grigi che becchettano nei prati. Una volta o due al giorno percorro i viali a grandi passi, con madame Poincaré.

Questa notte sono arrivati dei nuovi telegrammi. Da Londra: «*Il principe Lichnowsky, ambasciatore di Germania, non ha portato risposta alla domanda che gli aveva fatto ieri sir Ed. Grey per ottenere dal governo tedesco una formula di intervento delle quattro Potenze nell'interesse della pace. Ma il mio collega tedesco ha domandato al segretario di Stato per gli Affari esteri sui preparativi militari dell'Inghilterra. Sir Ed. Grey gli ha risposto che non avevano alcun carattere offensivo, ma che, nell'attuale condizione degli affari sul continente, era naturale prendere qualche precauzione; che in Inghilterra come in Francia, si prevedevano delle misure difensive e non si pensava a preparare un'aggressione. Ho comunicato questa mattina a sir Ed. Grey, che era in riunione con il Primo ministro, il vostro telegramma che indica l'intenzione del governo tedesco di mobilitare se la Russia non mette fine ai suoi preparativi militari. Oggi pomeriggio ho visto il segretario di Stato agli Affari esteri. Mi ha ripetuto ciò che mi aveva detto ieri sull'indifferenza dell'opinione pubblica inglese per i conflitti austro-russi relativi agli slavi e ha aggiunto che non era ancora venuto il momento di considerare un intervento britannico. Bisogna notare che, da qualche giorno, forti influenze tedesche vengono esercitate sulla stampa e il Parlamento, dal mondo della City dove operano molti finanzieri di origine tedesca. Numerosi membri del gabinetto subiscono queste pressioni, ed è possibile che Asquith[111] non osi prendere, al momento attuale, un atteggiamento deciso. Ma egli è personalmente propenso a un intervento.* Firmato: Cambon.»

Queste esitazioni inglesi possono divenire funeste e mi sembrano ancora più temibili quando, nel pomeriggio, riceviamo questo telegramma da Jules Cambon:

«*Berlino, il 31 luglio, ore 1,30. Urgentissimo. L'atteggiamento dell'ambasciatore d'Inghilterra a Berlino corrisponde alle esitazioni che ha rivelato il linguaggio di sir. Ed. Grey e a quelle dell'ambasciatore d'Inghilterra a Roma. Questo atteggiamento è di natura tale dall'avere le più terribili conseguenze, poiché qui considerano con speranza di successo la lotta contro la Francia e la Russia, se queste sono sole. Non vi è che l'eventualità di un intervento dell'Inghilterra per scuotere l'imperatore.*»

Alle 12,30, Viviani aveva inviato a Paul Cambon il seguente telegramma: «*Parigi, 31 luglio. L'armata tedesca ha i suoi avamposti sulle nostre linee di frontiera. Ieri, venerdì* (sic, ma ieri era giovedì)*, per due volte, delle pattuglie tedesche sono penetrate nel nostro territorio. I nostri avamposti sono arretrati a dieci chilometri dalla frontiera. Le popolazioni così abbandonate all'attacco dell'armata avversaria protestano, ma il governo tiene a mostrare all'opinione pubblica e al governo inglese che l'aggressore non sarà in alcun caso la Francia.*»

Ma il governo inglese non si decide. Osserva con una serenità insulare ciò che accade sul continente. Nel suo Consiglio di questa mattina, ha pensato che, per il momento, non poteva garantirci la sua collaborazione; ha manifestato l'intenzione di intervenire per ottenere dalla Germania e dalla Francia l'impegno a rispettare la neutralità belga,

---

[111] Herbert Henry Asquith, I Conte di Oxford e Asquith (1852-1928) liberale, fu Primo ministro britannico dal 1908 al 1916.

ma ha concluso che, per prevedere un intervento, doveva «attendere che la situazione si sviluppasse». È ciò di cui ci informa Cambon.

Quando si rileggono tutti quei documenti, ci si chiede con stupore come Harry Elmer Barnes abbia potuto scrivere seriamente: «Prima del giugno 1914, era praticamente certo che la Gran Bretagna sarebbe entrata in guerra a fianco della Francia e della Russia contro la Germania.» È vero che Barnes è solito ad affermazioni temerarie.

In verità, sino all'ultima ora, il governo francese non ha saputo quale partito prendesse l'Inghilterra.

Probabilmente, dal 29, era stato spedito il *Warning telegram*, con il quale Winston Churchill, primo lord dell'Ammiragliato, aveva avvertito i comandanti di squadra di tenersi pronti alla guerra; il 30, la grande flotta era stata concentrata a Scapa Flow; e, nella stessa giornata, Churchill aveva scritto, in segreto, al comandante in capo delle forze navali nel Mediterraneo: «*La nostra prima preoccupazione deve essere aiutare la Francia a trasportare le sue truppe d'Africa.*» A dire il vero, anche nel pomeriggio del 29, Grey aveva dichiarato che, se la Germania e la Francia fossero arrivate alle armi, l'Inghilterra non avrebbe potuto rimanerne fuori per lungo tempo. Ma né sir Ed. Grey, né Winston Churchill si erano impegnati ufficialmente e, del resto, numerosi loro colleghi avevano tendenze opposte o, come Lloyd George, non erano favorevoli a una decisione troppo rapida.

In presenza di queste incertezze, e davanti all'insistenza posta da Paul e Jules Cambon a considerare l'assicurazione dell'intervento inglese come la sola capace di trattenere la Germania e di prevenire ancora una guerra generale, ho proposto al Consiglio dei ministri di scrivere io stesso una lettera personale al re Giorgio V. Il governo ha approvato la mia idea. Ecco in quali termini ho redatto il nostro appello: «*31 luglio 1914. Caro e grande amico, Nelle gravi circostanze che attraversa l'Europa, credo mio dovere comunicare direttamente a Vostra Maestà le informazioni che il governo della Repubblica ha ricevuto dalla Germania. I preparativi militari ai quali si dedica il governo imperiale, in particolare nelle immediate vicinanze della frontiera francese, prendono ogni giorno una nuova intensità e accelerazione. La Francia, decisa a fare sino alla fine ciò che sarà necessario per mantenere la pace, si è limitata sino a oggi alle più indispensabili misure precauzionali. Ma non sembra che la sua prudenza e la sua moderazione rallentino i provvedimenti della Germania. Siamo forse, malgrado la saggezza del governo della Repubblica e la calma dell'opinione pubblica, alla vigilia di terribili avvenimenti. Da tutte le informazioni che ci pervengono, ci risulta che, se la Germania avesse la certezza che il governo in-*

glese non interverrà in un conflitto nel quale sarebbe impegnata la Francia, la guerra sarebbe inevitabile e che, al contrario, se la Germania avesse la certezza che l'Entente cordiale si imporrà, all'occorrenza, fino ai campi di battaglia, ci sarebbero le maggiori possibilità che la pace non sia turbata.

Indubbiamente, i nostri accordi militari e navali lasciano completa libertà al governo di Vostra Maestà e, nelle lettere scritte nel 1912 tra sir Ed. Grey e Paul Cambon, l'Inghilterra e la Francia si sono semplicemente impegnate, l'una nei confronti dell'altra, a discutere tra loro in caso di tensione europea e a esaminare insieme se vi sia luogo per un'azione comune. Ma il carattere di intimità che il sentimento pubblico ha dato, nei due paesi, all'intesa tra l'Inghilterra e la Francia, la fiducia con la quale i nostri due governi non hanno mai cessato di lavorare per la pace, la simpatie che Vostra Maestà ha sempre testimoniato alla Francia, mi autorizzano a farLe conoscere, in tutta franchezza, le mie impressioni, che sono quelle del governo della Repubblica e della Francia intera.

È, credo, dal linguaggio e dalla condotta del governo inglese che dipendono d'ora innanzi le ultime possibilità di una soluzione pacifica.

Noi stessi, dall'inizio della crisi, abbiamo raccomandato ai nostri Alleati una moderazione dalla quale non si sono discostati. In accordo con il governo reale e conformemente al suggerimento di sir Ed. Grey, continueremo ad agire nella stessa direzione. Ma se tutti gli sforzi di conciliazione portano dalla stessa parte e se la Germania e l'Austria possono speculare sull'astensione dell'Inghilterra, le esigenze dell'Austria rimarranno inflessibili e un accordo diventerà impossibile tra la Russia ed essa. Ho la profonda convinzione che nel momento attuale più l'Inghilterra, la Francia e la Russia daranno una forte impressione di unità nella loro azione diplomatica, più sarà ancora possibile contare sulla conservazione della pace.

Vostra Maestà vorrà scusare la mia iniziativa, che non è ispirata che dal desiderio di vedere l'equilibrio europeo definitivamente rafforzato. Prego Vostra Maestà di credere ai miei più cordiali sentimenti. R. Poincaré.»

Alle 3,20 di sera, Viviani telegrafava a Paul Cambon: «*William Martin arriverà questa sera, alle 10,45; sarà latore di una lettera del presidente della Repubblica per il re d'Inghilterra. Vogliate fare in modo che questa lettera sia consegnata stasera stessa al suo destinatario.*»

Ma prima dell'arrivo di William Martin, Paul Cambon inviava ancora a Parigi una serie di telegrammi che non erano fatti per trarci interamente al di fuori dalle nostre perplessità.

«Londra, il 31 luglio, ore 13,04. *Ho fatto arrivare a sir Ed. Grey, al Consiglio dei ministri, che è riunito in questo momento, il telegramma di questa mattina del nostro ambasciatore a Berlino, che segnala i pericoli del tergiversare inglese. Sir A. Nicolson, che ho visto questa mattina, mi ha detto che l'opinione pubblica cominciava a turbarsi. Il rinvio del dibattito sull'Irlanda indica che il Parlamento si rende conto della gravità della situazione. Sir Ed. Grey mi ha dato appuntamento per questo pomeriggio.* Paul Cambon.»

«Londra, 31 luglio 1914, ore 21,44. *L'ambasciatore di Germania ha chiesto questa mattina a sir Ed. Grey se l'Inghilterra osserverebbe la neutralità in un conflitto che sembra imminente e Grey ha risposto «che l'Inghilterra non potrebbe rimanere neutrale in un conflitto generale e che, se la Francia vi era implicata, l'Inghilterra ne sarebbe stata trascinata». Questo mi è stato detto a titolo informativo.*

È dopo questo incontro che il Consiglio dei ministri ha deliberato sulla situazione. La maggioranza dei ministri ha pensato che l'attuale situazione non è tale per cui il governo britannico possa ottenere dal Parlamento l'autorizzazione di garantirci che interverrebbe e che conviene attendere che prenda nuovi sviluppi.

Ho chiesto che cosa intende con queste parole il governo britannico. Bisogna aspettare che il nostro territorio sia invaso, mentre in effetti tutte le disposizioni prese dalla Germania indicano una prossima aggressione? Il segretario di Stato mi ha parlato di un ultimatum o di analoghe comunicazioni, di natura tale da creare una nuova situazione. Ho pregato sir Grey di sottoporre a una nuova deliberazione del gabinetto le considerazioni che gli avevo esposto. Mi ha detto che lo farà appena sarà autorizzato da un cambiamento della situazione.»

«Londra 31 luglio 1914, ore 20,42 (seguito del precedente). *Questa notifica (cambiamento?) sembra risultare dalle nuove disposizioni prese sul nostro fronte e dalla mobilitazione tedesca che si annuncia. Ho chiesto al segretario di Stato degli Affari esteri di farmi una dichiarazione identica a quella che ha appena fatto al principe Lichnowsky. Mi ha risposto che non poteva darmi una garanzia senza l'autorizzazione del Parlamento; che con l'ambasciatore di Germania non si trattava di garanzia e che era necessario dissipare le illusioni che si stavano facendo a Berlino sulle disposizioni dell'Inghilterra.*

Il principe Lichnowsky ha ricevuto questo pomeriggio un telegramma da Berlino che lo informa della mobilitazione russa, del decreto dell'imperatore Guglielmo che stabilisce lo stato di guerra e di una comunicazione del governo tedesco al governo russo nella quale lo avvisa che se, in un termine di dodici ore, non sono fermate le sue misure militari, sarà decretata la mobilitazione tedesca.»

«Londra, 31 luglio 1914, ore 20,40. *Il gabinetto si riunirà nuovamente domani. Sir Ed. Grey, che è partigiano dell'intervento immediato, non mancherà, suppongo, di rinnovare le sue proposte. Nel Consiglio di questa mattina, si è discusso della neutralità belga e dei telegrammi sono stati inviati nel-*

la giornata agli ambasciatori a Berlino e a Parigi per pregarli di chiedere ai governi presso i quali sono accreditati delle assicurazioni in merito. Paul Cambon.»

Mentre l'Inghilterra, che uomini politici e scrittori tedeschi, addirittura americani o francesi, hanno con convinzione accusato di aver voluto la guerra, tardava così a prendere un partito definitivo, mentre Asquith e sir Ed. Grey si sfinivano in sforzi di conciliazione e si rifiutavano di disperare nella pace, l'onda germanica già dilagava sulle nostre frontiere sguarnite.

«Basilea, 31 luglio 1914. Console generale ad Affari esteri. *A partire da ieri sera, la frontiera alsaziana e basilese è chiusa. Le tramvie di Basilea non passano la dogana svizzera. Huningue è occupata da forze che si valutano in tre compagnie di fanteria e la stazione di San Luigi è controllata militarmente, come le linee alsaziane che vi arrivano.*»

Lussemburgo, 31 luglio 1914. Informazioni da fonte sicura. *Tutte le strade sono sorvegliate militarmente dalla parte lorenese. Tra Reutigen e Preisch* (parola incomprensibile) *vi sono funzionari lungo la strada. Stessa cosa a Uling, etc. Strada sbarrata da grossi fili di ferro da un albero all'altro. I funzionari sulla strada di Preisch hanno detto ai nostri osservatori che hanno la consegna di non lasciar passare automobili senza ispezione, temono attentati con la dinamite ai ponti. Ogni sentinella ha 75 cartucce. Il 135° fanteria di Thionville occupa la frontiera del Lussemburgo, etc.* Firmato: Mollard.»

Stato maggiore dell'armata, 2^e bureau, 31 luglio. *Nella regione di Metz, la copertura tra la frontiera del Lussemburgo e la Seille, verso Cheminot, sembra attualmente assicurata dalla 33^a divisione e la brigata bavarese, la 34^a divisione resta disponibile. L'armamento di Metz e Thionville prosegue. La testa di ponte d'Huningue è occupata. Movimenti di truppe segnalati a Sarrebruck. Il dispositivo di copertura sembra completarsi nei Vosgi. Il 30 luglio, truppe di Colmar sono state dirette nella serata sul Munster. La valle di Bruch è occupata. Si segnalano dei grossi movimenti di truppe in partenza via ferrovia da Strasburgo. Dalle 15,30 si segnala l'interruzione delle comunicazioni telefoniche internazionali.*»

Nel pomeriggio veniamo a sapere da dei telegrammi da Berlino, poi per un passo di Schœn nei confronti di Viviani, che la Russia avrebbe, da parte sua, decretato la mobilitazione generale. Noi non abbiamo in merito alcuna notizia diretta da San Pietroburgo. Nelle informazioni date ieri, sia da Paléologue, sia da Izvol'skij, non si citavano che delle misure preparatorie, nulla di una decisione definitiva e ufficiale. Nulla di nuovo ci è giunto dopo, né dalla nostra ambasciata di Russia, né dall'ambasciatore russo a Parigi, e per una combinazione straordinaria, non sarà che alle ore 20,30 della sera che arriverà a Parigi un telegramma laconico di Paléologue: «Pietroburgo, 31 luglio 1914, ore 10,45. *La mobilitazione generale dell'armata russa è ordinata.*»

Un telegramma analogo, inviato dal conte Pourtalès alla Wilhelmstrasse, e partito da San Pietroburgo alle ore 10,20, è arrivato a Berlino alle 11,40.

Il ritardo insolito che ha subito il messaggio di Paléologue, trasmesso via Bergen, è dunque inesplicabile e numerosi commentatori se ne sono ovviamente meravigliati. Ma la realtà è là, confermata dagli archivi del Quai d'Orsay e dalla testimonianza di Viviani.

Nel pomeriggio avevamo ricevuto da Jules Cambon le seguenti informazioni:

«Berlino, 31 luglio, ore 2,30, ricevuto ore 15,30 (n° 235). *Urgentissimo. In base a quanto mi riferiscono, l'ambasciatore di Germania a San Pietroburgo avrebbe telegrafato che la Russia ha appena deciso la mobilitazione totale in risposta alla mobilitazione totale austriaca. In queste condizioni, bisogna attendere la pubblicazione pressoché immediata dell'ordine generale di mobilitazione tedesca.*»

«In risposta alla mobilitazione generale austriaca», diceva Jules Cambon, e riteneva che tale fosse la versione dell'ambasciatore tedesco a San Pietroburgo, e a Parigi, ricevendo queste notizie incoerenti, noi abbiamo avuto fatalmente la stessa impressione. Essa non era per niente esatta e, in realtà, lo vedremo tra poco, le due decisioni erano state pressoché concomitanti.

«Berlino, 31 luglio 1914, 15,50, ricevuto alle 16,25 (n° 236). *Il segretario di Stato mi ha fatto chiamare. Mi ha detto che aveva il grande dispiacere di portare alla mia conoscenza che, in presenza della mobilitazione totale dell'armata russa, la Germania nell'interesse della sicurezza dell'Impero, si vedeva obbligata a prendere delle gravi misure precauzionali. Hanno deciso ciò che chiamano «minaccia di stato di guerra», che permette all'autorità di proclamare, se lo giudica utile, lo stato d'assedio, di sospendere alcuni servizi pubblici e di chiudere le frontiere. Nello stesso tempo chiedono a Pietroburgo di smobilitare, senza di che la Germania sarà obbligata a mobilitare da parte sua. Jagow mi ha informato che Schœn era incaricato di informare il governo francese delle risoluzioni del gabinetto di Berlino e di chiedergli quale atteggiamento credeva di poter adottare. Jagow si fa poche illusioni; mi è parso profondamente turbato; si è molto lamentato della precipitazione della Russia, che rende inutile la mediazione dell'impero di Germania che, secondo lui, l'imperatore di Russia aveva richiesto e che l'Austria* (parola incomprensibile) *di accettare. Da parte mia ho lamentato l'atteggiamento dell'Austria dall'inizio della crisi.* Firmato: Jules Cambon.»

«Berlino, 31 luglio 1914, ore 17,49, ricevuto alle 20,45 (n° 239). *L'ambasciatore di Russia, al quale Jagow ha fatto la stessa comunicazione che a me, mi ha detto che non aveva alcuna notizia da Pietroburgo che gli permettesse di credere alla mobilitazione totale della Russia. D'altra parte, Jagow avendogli detto che la mediazione di Guglielmo era in via di esaurimento, ha chiesto se l'imperatore di Russia ne era stato avvisato. Il segretario di Stato non gli ha risposto chiaramente su questo punto. L'ambasciatore di Russia non sa che pensare delle affermazioni che gli sono state fatte.* Jules Cambon.»

Davanti a tanta oscurità e tali contraddizioni, Viviani e io ci meravigliamo di non aver ancora ricevuto alcunché da San Pietroburgo in merito all'ukase che sarebbe stato preso questa mattina e ci chiediamo chi dica la verità tra l'ambasciatore tedesco in Russia e l'ambasciatore russo in Germania. Nel frattempo, cerchiamo di districare nelle parole di Jagow le vere intenzioni della Germania. Il ministro ha detto: «*Se la Russia non smobilizza, anche noi mobiliteremo.*» Non ha detto: «*Se la Russia non smobilizza, noi dichiareremo la guerra.*» Se Jagow si fosse limitato al primo disegno, nessuno avrebbe potuto biasimarlo. Avrebbe esercitato un diritto incontestabile, rispondendo a una mobilitazione generale con una mobilitazione generale, e come chiedeva Nicola II a Guglielmo II, i negoziati avrebbero potuto proseguire.

Disgraziatamente, non era ciò che volevano a Berlino. Il 31, alle sette di sera, il barone Schœn si presentava all'ufficio di Viviani. In quel momento, il presidente del Consiglio non aveva ancora ricevuto né da Paléologue, né da Izvol'skij la notizia ufficiale della mobilitazione russa. Conosceva solo i telegrammi 235 e 236 di Jules Cambon. Poiché alla vigilia aveva raccomandato al governo russo di non spingere sino alla mobilitazione generale le precauzioni militari, poteva ancora credere, malgrado le informazioni contrarie, che i suoi consigli fossero stati seguiti. Secondo quanto mi ha riferito Viviani, Schœn, adempiendo alla missione di cui era stato incaricato, lo ha informato della decisione russa e gli ha detto che a fronte di ciò la Germania aveva proclamato il *Kriegsgefahrzustand.* Come aveva spiegato Jules Cambon, questa grave misura dava al governo imperiale tutti i diritti dello stato d'assedio. Gli permetteva, inoltre, di chiudere le frontiere, ma non poneva forzatamente un termine alla trattative iniziate. Ancor meno di Jagow, del resto, il barone Schœn non ha annunciato l'intenzione della Germania di dichiarare guerra alla Russia, se questa non smobilitasse;

ha unicamente considerato questa guerra come una possibilità ulteriore e ha chiesto a Viviani che cosa farebbe la Francia in tale ipotesi: conserverebbe la neutralità? Viviani aveva previsto la domanda. Me ne aveva parlato. Tutti e due avevamo pensato che sarebbe stato prudente, se fosse stata posta, non rispondere immediatamente che la Francia avrebbe assolto i suoi doveri di alleata. Ogni minuto che non accentuava le divisioni internazionali poteva essere guadagnato per la pace. Viviani ha dunque eluso la domanda e detto semplicemente a Schœn: «*Lasciatemi sperare ancora che si eviteranno le decisioni estreme e permettetemi di prendere il tempo di riflettere.*» Schœn ha dichiarato che verrà domani, nel primo pomeriggio, per avere una risposta. Era un ultimatum cortese e appena mascherato. Improvvisamente, l'ambasciatore si è alzato e si è diretto verso il mobile dove aveva appoggiato il suo cappello e ha detto a Viviani: «*Se sono obbligato a lasciare Parigi, conto che voi vorrete facilitare la mia partenza.*» «Certamente, – ha risposto il presidente del Consiglio – *ma non si tratta di questo. Le Potenze discutono ancora e spero di avere il piacere di vedervi ancora sovente.*» Schœn ha educatamente mormorato un «*anch'io*», che non sembrava molto incoraggiante e ha ripreso: «*Signor Presidente, vogliate porgere i miei rispettosi omaggi al Presidente della Repubblica e darmi i miei passaporti.*» «*No, signor ambasciatore* – ha insistito Viviani - *non presenterò i vostri omaggi.*» E per addolcire subito ciò che poteva sembrare un po' forte in questa replica, ha ripetuto: «*Perché lasciarci? Pourtalès è rimasto al suo posto a San Pietroburgo, l'ambasciatore d'Austria è qui. Perché dare il segnale della partenza e prendere senza ordini questa responsabilità?*» Schœn non diceva niente e inclinava la testa. De Margerie, che assisteva all'incontro, ha aggiunto: «*Voi che avete dato prove di moderazione durante tutta la vostra carriera, voi non potete terminarla nel sangue.*» Schœn si è inchinato e, prima di andarsene, ha ripetuto che sarebbe ritornato all'indomani, 1° agosto, a cercare una risposta alla domanda che aveva posto.

In verità, il barone Schœn non aveva detto tutto a Viviani. Aveva trovato così brutale la missione che aveva ricevuto da Berlino che non l'aveva compiuta interamente, e non aveva riportato davanti al presidente del Consiglio la frase capitale delle istruzioni che gli erano state date: *La mobilitazione significa inevitabilmente la guerra.* Questo telegramma di Wilhelmstrasse, egualmente decifrato più tardi, era così concepito: «Ufficio degli Affari esteri Berlino ad Ambasciata tedesca Parigi. Berlino, 31 luglio 1914, ore 4,10. *La Russia, malgrado la nostra azione mediatrice ancora in corso, e benché noi non abbiamo preso alcuna mi-*

127

sura atta alla mobilitazione, ha deciso di mobilitare la sua armata e l'intera flotta, di conseguenza anche contro di noi. Noi abbiamo appena dichiarato lo stato di pericolo di guerra, al quale dovrà seguire la mobilitazione nel caso in cui la Russia non sospenderà entro dodici ore ogni misura di guerra contro di noi e l'Austria. Vogliate chiedere al governo francese se vuole, nel caso di una guerra russo-tedesca, rimanere neutrale. La risposa deve essere data entro diciotto ore. Telegrafate immediatamente l'ora in cui avete posto la domanda. Si impone la massima fretta.»

Il seguito era cifrato in una crittografia molto più complicata e la traduzione che ne è stata fatta dal nostro servizio di decrittazione è rimasta incompleta, ma è tale da essere indiscutibile e oggi confermata: «*Segreto. Se … il governo francese dichiara di rimanere neutrale, V.E. voglia (dichiarargli) che noi dobbiamo, come (garanzia) della neutralità, esigere la consegna delle fortezze di Toul e di Verdun, che noi occuperemo e restituiremo dopo (il termine) della guerra con la Russia. La risposa a questa richiesta (deve) pervenirci entro le quattro del (pomeriggio) di domani. Firmato: Bethmann Hollweg.»*

Tale sarebbe stata la ricompensa o il prezzo della nostra neutralità, se avessimo acconsentito a rompere con i nostri alleati! E, probabilmente, dopo questo esordio, avremmo conosciuto altre umiliazioni. Avremmo dovuto lasciare che la Germania occupasse le nostre due più importanti fortezze dell'Est e, quando essa avrebbe avuto ragione della Russia, le avrebbe tenute comodamente a suo piacimento. Ma, dopo la visita di Schœn, Viviani non poteva intuire ciò che l'ambasciatore non aveva osato dirgli.

Del resto, egli si rifiutava di credere che la Russia avesse decretato la mobilitazione generale e la sua sorpresa era ancora così grande che, subito dopo la visita di Schœn, faceva scrivere da de Margerie, e si affrettava a firmare, il seguente telegramma indirizzato a Paléologue: «*Il governo tedesco, pretendendo che il governo russo abbia ordinato la mobilitazione totale delle sue forze di terra e di mare, ha deciso a mezzogiorno di prendere tutte le disposizioni militari che comporta lo stato detto di minaccia di guerra. Nel comunicarmi questa decisione questa sera alle sette, il barone Schœn ha aggiunto che il governo tedesco esigeva, nello stesso tempo, la smobilitazione totale da parte della Russia. Se il governo russo non darà una risposta soddisfacente entro dodici ore, la Germania mobiliterà a sua volta. Ho risposto all'ambasciatore di Germania che non ero per niente informato circa una pretesa mobilitazione totale dell'armata e della flotta russe, che il governo tedesco invocava come ragione di nuove misure militari che assume a partire da oggi. Il barone Schœn, terminando, mi ha chiesto, a nome del suo governo, quale sarà, in caso di conflitto tra la Germania e la Russia, l'atteggiamento della Francia; non gli ho risposto. Mi ha detto che verrà, per ricevere la mia risposta, domani, sabato, all'una. Non ho alcuna intenzione di fargli in merito una dichiarazione e mi limiterò a dirgli che la Francia si ispirerà ai suoi interessi. Il governo della Repubblica, peraltro, non deve rendere conto delle sue intenzioni che al suo alleato. Vi prego di riportare immediatamente ciò che precede a Sazonov e di informarmi con urgenza sulla realtà di una pretesa mobilitazione generale in Russia. Come già vi ho esposto, non dubito che il governo imperiale, nell'interesse superiore della pace, eviti, da parte sua, tutto ciò che potrebbe aprire una crisi.* Firmato: René Viviani.»

Come indica il testo, questo telegramma è stato redatto e firmato dopo l'uscita di Schœn e prima che Viviani avesse preso conoscenza del telegramma di Paléologue. È stato inviato all'ufficio crittografico per essere cifrato, ed è partito dal Quai d'Orsay in due pezzi alle ore 21 e 21,30. Era un'ora e mezza che il telegramma di Paléologue era arrivato, ma era stato necessario decifrarlo e portarlo a Viviani, che era rientrato a casa sua, e poi, alla sera, era venuto al Consiglio dei ministri e, quindi, non aveva potuto fermare l'invio del suo dispaccio. Per inutili che fossero da quel momento le sue istruzioni, esse provavano, una volta di più, non solamente che la Francia era rimasta estranea alla mobilitazione generale della Russia, ma che essa si rammaricava di questa misura e la trovava precipitosa.

Quando Hans Delbrück[112], Max Graf Montgelas[113], Max Weber[114] e Albrecht Mendelssohn-Bartholdy[115] hanno preteso, nel 1919, nelle *Osservazioni della delegazione tedesca alla Conferenza della pace*, che il governo francese, avendo coscienza della gravità del provvedimento preso a San Pietroburgo, aveva tenuta segreta per il maggior tempo possibile la mobilitazione russa, hanno espresso una grave inesattezza.

A maggior ragione, Fabre-Luce ha tenuto in poco conto la verità quando ha scritto: «*Nel 1914, la decisione capitale relativa all'approvazione della mobilitazione generale russa fu presa, al di fuori del Consiglio dei ministri, in una riunione notturna alla quale parteciparono solamente con lui (Poincaré), Viviani e Messimy.*» Abbiamo appena visto, attraverso puntuali documenti, che non vi è mai stata a Parigi «un'approvazione della mobilitazione russa», che noi ne siamo venuti a conoscenza dopo e tardivamente, e che pochi minuti prima di conoscerla Viviani, in pie-

---

[112] Hans Delbrück (1848-1929) storico e politico tedesco.
[113] Max Graf von Montgelas (1860-1938) militare e politico tedesco.
[114] Karl Emil Maximilian Weber (1864-1920) storico, filoso, fondatore della sociologia.
[115] Albrecht Mendelssohn Bartholdy (1874-1936) politico tedesco.

no accordo con i suoi colleghi e con me, si dava pena di sconsigliarla. Del resto, il Consiglio dei ministri si è riunito la sera stessa all'Eliseo.

Avevamo avuto nella giornata dei Consigli successivi. Quando il governo aveva conosciuto la proclamazione dello stato di pericolo di guerra in Germania, si era nuovamente riunito ed era stata esaminata da Messimy una nota del generale Joffre che considerava come urgente la mobilitazione completa dei corpi dell'Est. «*È assolutamente necessario* – precisava il generalissimo – *che il governo sappia che a partire da questa sera ogni ritardo di ventiquattro ore della convocazione dei riservisti e dell'invio del telegramma di convocazione si tradurrà in un regresso del nostro dispositivo di concentrazione, vale a dire con l'abbandono iniziale del nostro territorio, ovvero di quindici o venti chilometri per ogni giorno di ritardo. Il comandante in capo non potrà accettare questa responsabilità.*» Il Consiglio dei ministri non ha creduto di poter rimanere sordo a quest'appello. Ha deciso, verso le cinque del pomeriggio, che per i cinque corpi di copertura si sarebbe provveduto ad assumere *le misure più ampie*.

Poco tempo dopo apprendevamo che l'Austria aveva proceduto alla mobilitazione generale: «Vienna, 31 luglio 1914, ore 5 di sera ricevuto alle 19,30. *L'attaché militare al ministro della Guerra. Come faceva prevedere il mio telegramma 122, l'ordine di mobilitazione generale è appena stato dato alle armate austro-ungheresi. Tutti gli uomini da diciannove a quarantadue anni sono richiamati. Sono venuto a conoscenza di quest'ordine al ministero della Guerra. Non ho potuto conoscere alcunché sulle intenzioni della Germania …*» Questo primo telegramma, arrivato un'ora prima di quello che ci annunciava la mobilitazione generale russa, è stato seguito da un secondo, che è arrivato esattamente alla stessa ora di quello di Paléologue: «Vienna, 31 luglio, ore 6 di sera, ricevuto alle 20,30. *La mobilitazione generale che comprende tutti gli uomini dai diciannove ai quarantadue anni è stata decretata dal governo austro-ungarico. Il mio collega russo pensa ancora che questa misura non sia in netta contraddizione con le dichiarazione del conte Berchtold. Suppone che al momento di questa interposizione di truppe alle sue frontiere l'Austria cerchi di ottenere una localizzazione forzata del conflitto, ma riconosce che, con questa forzatura, il gabinetto di Vienna rischia di provocare la crisi che ha preteso di evitare. L'opinione a Vienna è che una conflagrazione generale sia imminente…* »

Dumaine non parla con noi, neanche lui, della mobilitazione russa e, in effetti, essa non è annunciata a Vienna nel momento in cui si decide la mobilitazione generale austriaca. Il telegramma del conte Szapary non è ancora arrivato e non si sa nulla da Pietroburgo. Dal 30 alla sera, *prima di venire a conoscenza della mobilitazione russa*, il generale Moltke aveva insistito, da Berlino, in nome dello Stato maggiore generale tedesco, perché l'Austria mobilitasse immediatamente contro la Russia. «*Anche la Germania mobiliterà.* - aggiungeva - *Costringere l'Italia, con delle compensazioni a compiere il suo dovere di alleato.*» Il piano dei generali tedeschi era quindi sia militare sia politico e si opponeva, in caso di necessità, alla diplomazia del «civile» Bethmann Hollweg. Nella mattina del 31, Berchtold riunisce un Consiglio e dice ai suoi colleghi: « *Vi avevo convocati, perché ieri avevo avuto l'impressione che la Germania cedesse, ma noi abbiamo ora, dalla sua più alta autorità militare, una formale assicurazione.*» E propone la mobilitazione generale. L'ordine parte dalla cancelleria imperiale alle undici e mezza del mattino; è pubblicato a mezzogiorno, senza che nessuno a Vienna sia a conoscenza della mobilitazione russa.

Malgrado tutte queste prese d'armi, sir Ed. Grey e il governo francese non cessano di ricercare soluzioni pacifiche. Sir Francis Bertie consegna al Quai d'Orsay una nota che riporta che il segretario di Stato britannico si è felicitato e ha ringraziato Sazonov per aver ripreso le discussioni con l'Austria. Grey, inoltre, ha dichiarato al principe Lichnowsky che, se l'Austria non limitava la sua avanzata in territorio serbo, non vedeva come avrebbe potuto chiedere alla Russia di sospendere i propri preparativi militari.

In un'altra nota, portata da sir Francis al ministero verso mezzogiorno e mezzo, è segnalato un passo che il principe Lichnowsky ha fatto verso sir Ed. Grey. Il governo tedesco si dichiara pronto a intervenire presso il governo austro-ungarico, ma solamente dopo la presa di Belgrado e l'occupazione delle regioni vicine alla frontiera. Allora, chiederà a Vienna che l'armata austriaca non avanzi ulteriormente. Da parte loro, propone, le Potenze faranno in modo che la Serbia dia delle «soddisfazioni sufficienti». Che cosa significa esattamente questo pleonasmo? E perché lasciare che l'Austria dapprima si riempia le mani e occupi una parte della Serbia? La Germania non lo spiega. Ma sir Ed. Grey ha ragione di non recriminare. Prende le cose al punto in cui sono. Spera anche, dice, che se l'Austria arresta la sua avanzata, Sazonov acconsentirà a rimaneggiare la formula che la Russia ha proposto in merito alla sovranità serba. Immediatamente, Viviani, d'accordo con me, aderisce alla nuova idea di sir Ed. Grey e prega Paléologue di insistere presso Sazonov affinché il governo russo dia senza ritardo la sua adesione alla proposta britannica. Il telegramma, abbastanza lungo da cifrare, parte da Parigi alle ore diciassette, con il contenuto della nota inglese. Fino a questo momento, Viviani non ha ancora ricevuto da Pietroburgo alcuna comunicazione della mobilitazione generale, ma è anche l'ora in cui Schœn viene a interrogarci sulla nostra neutralità.

Come per giustificare i nostri sforzi e quelli di sir Ed. Grey, ecco che, nella serata, una nuova luce di speranza brilla nella direzione di San Pietroburgo: «Pietroburgo, 31 luglio 1914, ore 18,43. Ricevuto alle ore 22,50. *L'ambasciatore di Germania ha chiesto udienza all'imperatore. Ha lasciato intendere a Sazonov che l'Austria potrebbe ancora acconsentire a sottomettere alle Potenze la sua controversia con la Serbia. Lo zar ha immediatamente chiamato il conte Pourtalès a Peterhof.* Firmato: Paléologue.»

«Pietroburgo, 31 luglio 1914, ore 19,30, Ricevuto il 1° agosto alle ore 5,15 del mattino. *L'imperatore Guglielmo ha telegrafato questa mattina all'imperatore Nicola per garantirgli l'atteggiamento conciliante dell'Austria, se la Russia cessa i suoi preparativi militari. È allo scopo di confermare questo telegramma che l'ambasciatore di Germania ha chiesto udienza allo zar. Dopo aver ricevuto il conte Pourtalès, l'imperatore Nicola ha telegrafato all'imperatore Guglielmo per ringraziarlo del suo intervento «che apre la possibilità di una soluzione pacifica». Ha aggiunto che delle considerazioni di ordine tecnico non gli permettono di fermare la mobilitazione dell'armata russa; che, del resto, questa mobilitazione è stata unicamente motivata dalla mobilitazione preliminare dell'armata austro-ungarica e non implica, da parte della Russia, alcuna intenzione aggressiva; ha concluso, dando la sua parola, che l'armata russa non attaccherà l'Austria, fino a quando le conversazioni tra Pietroburgo e Vienna non saranno interrotte.* Paléologue.»

Pietroburgo, 31 luglio, ore 19,30. Ricevuto 1° agosto, ore 4 del mattino. *Conformemente al desiderio che gli è stato espresso dal mio collega d'Inghilterra, Sazonov accetta di modificare così la sua formula: «Se l'Austria acconsente ad arrestare la marcia delle sue truppe sul territorio serbo e se, riconoscendo che il conflitto austro-serbo ha assunto il carattere di una questione europea, ammette che le grandi Potenze esaminino la soddisfazione che la Serbia potrà accordare al governo austro-ungherese senza attentare ai suoi diritti di Stato sovrano e alla sua indipendenza, la Russia si impegna a conservare il suo atteggiamento attendista.»* Firmato: Paléologue.»

Così, ancora una volta, e malgrado la mobilitazione generale, la Russia si mostra pronta a negoziare. Alle 2,55 del pomeriggio, lo zar ha telegrafato a Guglielmo II: «*Per tutto il tempo che i negoziati con l'Austria per la questione della Serbia continueranno, le mie truppe non assumeranno alcuna azione provocatrice. Te ne do la mia solenne parola.*» Meno di un'ora dopo, Bethmann Hollweg, senza essere a conoscenza di queste assicurazioni di Nicola II, telegrafa a Pourtalès: «*Se, nel termine di dodici ore, la Russia non ferma tutte le sue misure di guerra contro di noi e contro l'Austria-Ungheria e non ci fa una precisa dichiarazione in questo senso, sarà proclamata la mobilitazione tedesca.*» Questo telegramma parte alle 15,30. Arriva a Pietroburgo dopo le undici di sera. Il conte Pourtalès si affretta a portare questo ultimatum a Sazonov, nel momento in cui suona la mezzanotte. La Russia è quindi avvertita che, il 1° agosto a mezzogiorno, sarà proclamata la mobilitazione tedesca, ma una mobilitazione, anche in Germania, non si effettua in un giorno, e la Russia può ancora credere che l'era dei negoziati non sia ancora chiusa.

In quella terribile giornata del 31, un elemento che aggravava ulteriormente le preoccupazioni del governo francese e dei suoi collaboratori, era il contraccolpo che potevano avere in Belgio e in Lussemburgo i movimenti militari della Germania.

Il Belgio non sapeva ancora ciò che doveva apprendere molto più tardi, che l'ultimatum che stava per ricevere era stato preparato dalla Germania dal 26 luglio, nel momento in cui Viviani ed io eravamo ancora in alto mare. Era stato redatto a quella data proprio dalla mano di Moltke, capo di Stato maggiore generale; era stato lievemente corretto da Stumm[116] e Zimmermann, rivisto dal cancelliere stesso e, dopo queste illustri collaborazioni, era stato inviato da Jagow in busta sigillata al ministro della Germania in Belgio, Below-Saleske[117], con la raccomandazione di non aprire il plico se non dopo aver ricevuto l'ordine per telegramma. Quest'ordine è stato dato a Below-Saleske il 2 agosto. Ma, dal 26 luglio, l'accusa menzognera di penetrazione sul territorio belga era stata rivolta, nell'ombra, contro il governo francese ed è anche il 26 luglio, vale a dire ben prima della lunga serie di mobilitazioni, che il governo imperiale aveva segretamente redatto questo cinico testo: «*La Germania non ha in vista alcun atto di ostilità contro il Belgio. Se il Belgio acconsente, nella guerra imminente, ad assumere un atteggiamento di benevola neutralità nei confronti della Germania, il governo tedesco, da parte sua, non solamente si impegna, per la conclusione della pace, a garantire il regno e i suoi possedimenti in tutta la loro estensione, ma è anche disposto ad accogliere nel modo più benevolo gli eventuali reclami del regno relativi a delle compensazioni territoriali a spese della Francia.*»

---

[116] Ferdinand Eduard von Stumm (1843-1925) diplomatico tedesco.
[117] Konrad Alexander Konrad Claus (Klaus) von Below-Saleske (1866-1939) ambasciatore tedesco in Belgio dal 1913.

Quando, il 2 agosto, la Wilhelmstrasse ha inviato a Below-Saleske l'atteso ordine di consegnare questo ultimatum, ha preso due precauzioni. Ha soppresso l'ultima frase, temendo probabilmente di urtare ancor di più la coscienza belga; e ha indirizzato al suo ministro questa ipocrita raccomandazione: «*Il governo di là* (del Belgio) *deve rimanere sotto l'impressione che tutte queste istruzioni vi sono pervenute solo oggi.*» Ma, malgrado queste sapienti dissimulazioni, l'ultimatum era là, dal 26, chiuso in un mobile della legazione tedesca. Il crimine, quindi, è stato commesso con la circostanza aggravante della premeditazione.

Senza poter presagire alcunché delle losche combinazioni, il Belgio, geloso della sua indipendenza, era sempre più inquieto per la sua neutralità; il 31, il nostro ministro a Bruxelles, Klobukowski[118], scriveva a Viviani: «*La notizia che annunciava che l'imperatore tedesco aveva decretato lo stato di minaccia di guerra ha prodotto qui un'emozione tanto più viva in quanto i telegrammi del mattino facevano presagire una lieve distensione. Davignon[119], che ho potuto vedere subito alle 2,30, si è mostrato molto impressionato. «E probabilmente – mi ha chiesto – il governo francese sta prendendo delle misure corrispondenti?» Il momento mi è sembrato opportuno per dirgli che, senza avere la missione di fargli una dichiarazione, credevo tuttavia di avere tutta l'autorità per dargli l'eventuale assicurazione che il governo della Repubblica non avrebbe violato per primo il territorio belga. Il ministro degli Affari esteri mi ha risposto che il governo reale, confidando nell'atteggiamento amichevole della Francia nei suoi confronti, aveva sempre pensato che così sarebbe stato e mi ha vivamente ringraziato. I ministri di Russia e di Inghilterra mi hanno testimoniato la loro soddisfazione per aver dato questa assicurazione al ministro belga degli Affari esteri.*»

La sera stessa, Klobukowski telegrafa che, per misura precauzionale, anche il governo belga ha deciso la mobilitazione.

Il Lussemburgo non è più rassicurato. Sono convinti che decretando il *Kriegsgefahrzustand* la Germania proceda già alla mobilitazione generale. I treni per Metz sono soppressi. Eyschen[120] si reca alla nostra legazione. Viene a pregare Mollard di chiedere al governo francese una dichiarazione ufficiale che assicuri che in caso di conflitto la Francia rispetterà la neutralità del Lussemburgo. «*Avete ricevuto una dichia-*

---

[118] Antony Wladislas Klobukowski (1855-1934) diplomatico francese di lunga carriera fu in sedi diplomatiche in Giappone, India, Bangkok, Perù e poi al Cairo e in Etiopia.

[119] Henri François Julien Claude Davignon (1854-1916) fu ministro degli Affari esteri del Belgio dal 1907 al 1916.

[120] Paul Eyschen (1841-1915) ministro di Stato e presidente del governo, ha dominato la politica lussemburghese per più di un quarto di secolo.

razione analoga dal governo tedesco?» Gli chiede Mollard. «*Vado a chieder-la al ministro di Germania.*» Eyschen si reca effettivamente alla legazio-ne di Germania e ritorna poco dopo a quella di Francia. Si è lamentato con von Buch delle sospettose misure prese dalla Germania contro un vicino neutrale: i ponti di Schengen e di Renich sulla Mosella chiusi con delle vetture; il ponte di Vormeldange sbarrato con delle corde. Il ministro di Germania ha promesso che la circolazione sarebbe stata ristabilita di giorno, ma interdetta alla notte. Per la neutralità ha rispo-sto: «*Questo va da sé, ma bisognerebbe che il governo francese prendesse lo stesso impegno.*»

Ci affrettiamo a promettere al Lussemburgo ciò che Klobukowski ha già promesso al Belgio. Il governo francese non pensa lontanamente a invadere dei territori vicini. Le sue armate rimangono, armi al piede, a dieci chilometri al di qua delle nostre frontiere.

Come ho già detto, il Consiglio dei ministri si riunisce, ancora una volta, nella serata. Prende conoscenza delle più importanti di tutte queste comunicazioni. Apprende in successione della mobilitazione austriaca e della mobilitazione russa. Viviani legge egualmente, con una visibile soddisfazione, i telegrammi di Barrère. Il marchese di San Giuliano ha confidato, con il vincolo del segreto, al nostro ambasciato-re che il governo italiano sarebbe portato a considerare l'attacco dell'Austria e della Serbia come un atto di aggressione di natura tale da liberare l'Italia dagli obblighi della Triplice Alleanza, stipulata in termini difensivi e perfettamente conciliabile con i nostri accordi del 1902. Il marchese di San Giuliano ha tuttavia aggiunto, con una finez-za degna di Tittoni[121], che questa astensione dell'Italia era naturalmen-te subordinata alla saggezza di cui avrebbero dato prova la Francia e la Russia.

Durane la seduta del Consiglio, il prefetto di polizia, Hennion, ci in-forma che Jean Jaurès è stato assassinato in un caffè. Da chi? Da un folle? O da un avversario politico accecato dal fanatismo? Non lo sap-piamo. Il grande oratore socialista si è, da circa otto giorni, riavvicina-to al governo e ha calorosamente sostenuto l'azione pacifista di Vivia-ni. È indubbio che il suo patriottismo e la sua generosità d'animo avrebbero fatto di lui, in caso di guerra, come Guesde e Sembat[122], il

---

[121] Tommaso Tittoni (1855-1931) politico e diplomatico, fu ministro degli Affari esteri del Regno d'Italia dal 1903 al 1905 e presidente del Senato dal 1919 al 1929.
[122] Jules Guesde (1845-1922) e Marcel Sembat (1862-1922) furono due esponenti politici socialisti di rilievo.

collaboratore prezioso di un gabinetto di difesa nazionale. Quale crimine abominevole e stupido! Faccio portare un biglietto a madame J. Jaurès per esprimerle la mia indignazione e la mia tristezza. Telegrafo anche all'ammiraglio Jaurès, fratello della vittima, per testimoniargli la mia vicinanza. Come conseguenza di questo assassinio, il prefetto teme gravi disordini. Chiede immediatamente che due reggimenti di cavalleria, che sono sul punto di partire per l'Est, non si allontanino subito. Bisogna che ci rassegniamo a dargli soddisfazione. L'identità dell'assassino è chiarita durante la notte. Si chiama Raoul Villain; è figlio di un cancelliere di Reims; sua madre è stata rinchiusa in un manicomio e sembra che anche lui sia squilibrato. I deputati socialisti, dolorosamente rattristati per la perdita, fanno il possibile per mantenere la calma. Danno al governo l'assicurazione che non vi saranno disordini. Maurice Barrès scrive pubblicamente una bellissima lettera di condoglianze a madame Jaurès. È, ahimè, nel sangue e, forse domani per e dal sangue che si sigilla l'unità nazionale. Contrariamente alle pessimistiche previsioni di Hennion, a Parigi non si verifica il minimo disordine. La città è dignitosa e silenziosa.

Sabato 1° agosto

Ci sembra che il governo britannico sia molto lento a decidere. Se avesse parlato prima e più forte, se avesse proclamato, sin dall'inizio, che non avrebbe lasciato attacare le Francia, la Germania non sarebbe stata forse più veloce e più ferma nell'interporsi all'Austria? È una domanda alla quale né Viviani, né i suoi colleghi, né io abbiamo la pretesa di rispondere. Ma dopo quello che per tante volte ci hanno telegrafato Paul e Jules Cambon, non potevamo fare a meno di porcela, pur sommessamente. Sir Ed. Grey ha fatto tutto ciò che ha potuto sin qui senza rompere l'unità del suo gabinetto e ha finito con l'avere ieri con il principe Lichnowsky un linguaggio molto più netto. È quanto ci riporta Paul Cambon in un dispaccio che, datato 31 luglio, ci arriva il 1° agosto e ci conferma il telegramma di ieri: «*All'inizio del nostro incontro di ieri (venerdì 31), sir Ed. Grey mi ha detto che il principe Lichnowsky gli aveva chiesto se l'Inghilterra sarebbe rimasta neutrale nel conflitto che si va preparando. Il segretario di Stato agli Affari esteri gli ha risposto che, se il conflitto fosse divenuto generale, l'Inghilterra non avrebbe potuto restare neutrale e che, in particolare, se vi fosse stata implicata la Francia, l'Inghilterra sarebbe stata trascinata in esso. Ho allora interrogato sir Ed. Grey sulle deliberazioni del Consiglio che aveva avuto luogo questa mattina (31 luglio). Mi ha risposto che il gabinetto aveva pensato che, per il momento, il governo britannico non poteva garantirci il suo intervento; che aveva intenzioni di impegnarsi per ottenere dalla Germania e dalla Francia l'impegno a rispettare la neutralità belga, ma che, per prevedere un intervento, conveniva aspettare che la situazione si sviluppasse. L'opinione pubblica in Inghilterra e lo spirito attuale del Parlamento non permettono al governo di prendere, al presente, un impegno formale. Va considerato che il prossimo conflitto andrà a gettare lo scompiglio nelle finanze europee, che l'Inghilterra è alla vigilia di una crisi commerciale e finanziaria senza precedenti e che la neutralità dell'Inghilterra può essere il solo modo di impedire la completa rovina del credito europeo. Il gabinetto non può impegnare il Parlamento senza averlo consultato. La questione della neutralità belga può essere un fattore importante ed è probabilmente su questo punto che il Parlamento interrogherà prima di tutto il gabinetto. Infine, si vuole attendere qualche fatto nuovo, visto che il dissidio tra la Russia, l'Austria e la Germania è relativo a una questione che non ha alcun interesse per la Gran Bretagna. Ho chiesto a sir Ed. Grey se, per intervenire, il governo britannico attendesse l'invasione del suolo francese e ho fatto osservare che allora l'intervento sarebbe troppo tardivo. Mi ha risposto facendo allusione alla possibilità di una consegna alla Francia di un ultimatum o di analoga comunicazione comminatoria. Sarebbe questo uno dei fatti che potevano autorizzare il governo a proporre alle Camere un intervento. Ho replicato che le misure già prese dalla Germania sulle nostre frontiere rivelavano delle intenzioni molto prossime di aggressione, che se l'Inghilterra restava indifferente, ripeteva il suo errore del 1870, quando non aveva scorto i pericoli della costituzione di una formidabile Germania al centro dell'Europa. Ho aggiunto che oggi l'errore sarebbe più grave, poiché l'Inghilterra, se rimanesse sola in presenza di una Germania vincitrice, si troverebbe in uno stato di dipendenza. Ho detto anche che in Francia si faceva conto degli aiuti dell'Inghilterra e che, se ci fossero venuti meno, i fautori di un'intesa con la Germania al di fuori dell'Inghilterra avrebbero potuto sostenere che il loro punto di vista era giustificato. Terminando, ho pregato sir. Ed. Grey di esporre nuovamente al gabinetto queste considerazioni e di insistere perché ci siano date senza ritardo delle garanzie.»*

Alle undici, nel corso del Consiglio dei ministri, Viviani è richiamato al Quai d'Orsay. È Schœn che, senza attendere l'ora che ha indicato ieri, viene a chiedere la risposta alla domanda che gli ha posto: «*Cosa farebbe la Francia se scoppiasse la guerra tra la Germania e la Russia?*» Viviani, come d'accordo con me, e come aveva annunciato al Consiglio risponde: «*La Francia si ispirerà ai suoi interessi.*» L'ambasciatore resta un istante silenzioso e riprende: «*Vi confesso che la mia domanda è un po' ingenua. Voi avete un trattato d'alleanza?*» «*Proprio così.*» Al che, malgrado quanto ha detto ieri, Schœn non chiede più i suoi passaporti e sembra quasi soddisfatto.

La conversazione continua, molto cortese da una parte e dall'altra. Viviani stesso spiega il carattere indeciso della sua dichiarazione con il fatto che, da ieri, trova la situazione migliorata. L'Austria-Ungheria ha dichiarato che non è sua intenzione attentare all'integrità territoriale della Serbia. Sir Ed. Grey rinnova i suoi passi per l'apertura di negoziati a quattro e la sospensione dei preparativi militari. «*A cosa mira l'ultimatum della Germania?*», chiede Viviani. «*Può rovinare tutto. La Russia e l'Austria forse si stanno accordando. Sono otto giorni che cerchiamo questo risultato.*» Schœn si scusa di non avere ragguagli sullo stato dei colloqui intrapresi; assicura che ama molto la Francia e farà tutto ciò che dipende da lui in favore della pace. Viviani lo ringrazia e ritorna all'Eliseo, con la fronte meno preoccupata. Annuncia ai ministri riuniti che l'ambasciatore non ha più parlato della sua partenza e che forse tutto è sul punto di sistemarsi. Vorrei sperarlo, ma ho la sensazione che Schœn non sia venuto ieri sera e questa mattina per accontentarsi ora di una risposta dilatoria.

Messimy, ministro della Guerra, ha ricevuto, alle otto del mattino, una nuova nota del generale Joffre. In base alle informazioni in possesso del generalissimo, la Germania, sotto la copertura del *Kriegsgefahrzustand,* è padrona di procedere, di fatto, a una mobilitazione integrale, alla quale non viene meno. «*Vi ripeto ciò che vi ho detto ieri: se il governo tarda* – insiste il generale Joffre – *a dare l'ordine di mobilitazione generale, mi è impossibile continuare ad assumermi la schiacciante responsabilità della quale la sua fiducia mi ha investito.*» Molto colpito da questo reiterato appello, Messimy mi ha portato il generale alle nove e mi ha chiesto di autorizzarlo a presentare al Consiglio delle osservazioni tecniche. Ascoltato dai ministri, Joffre appare loro come la tranquilla figura di un uomo calmo e deciso, che teme solo che la Francia, sopravanzata dalla mobilitazione tedesca, la più rapida di tutte, si trovi presto in uno stato di irrimediabile inferiorità. Il Consiglio, che ieri ha rimandato a questa mattina l'esame della questione, crede di non poter più rinviare l'ordine di mobilitazione. Il ministro della Guerra è autorizzato a emanarlo, nel pomeriggio alle quattro.

Il Consiglio è appena terminato, quando è arrivato un telegramma di Maurice Paléologue, partito da San Pietroburgo al 1,25 del mattino e arrivato a Parigi alle 12,50, che ci porta la prova sovrabbondante dell'impossibilità di rinviare la mobilitazione: «*L'ambasciatore di Germania ha testé dichiarato al governo russo che la mobilitazione generale tedesca sarà ordinata domani mattina 1° agosto.*» Questa decisione era dunque presa da ieri a Berlino, quando noi, al contrario, avevamo ritardato la nostra. Ma il telegramma di Paléologue è incompleto e la Germania non si è accontenta a San Pietroburgo di annunciare per questa mattina la propria mobilitazione generale. Izvol'skij informa Viviani che in realtà il conte Pourtalès è andato, a mezzanotte, a dichiarare a Sazonov l'ordine del suo governo che se, entro dodici ore, cioè il sabato 1° agosto, a mezzogiorno, la Russia non iniziava la sua smobilitazione, non solamente dalla parte della Germania, ma anche dell'Austria, il governo di Berlino si sarebbe sentito obbligato a dichiarare anch'esso la propria mobilitazione. In altri termini, alla Russia viene intimato di smobilitare. Davanti a questa ingiunzione, Sazonov ha chiesto all'ambasciatore di Germania: «*Il vostro passo significa la guerra?*» «*No* – ha risposto Pourtalès – *ma ci siamo molto vicini.*»

Verso le cinque e mezza del pomeriggio, Viviani riceve di nuovo la visita di Schœn.

L'ambasciatore viene unicamente a leggere un telegramma (n° 184) di Bethmann Hollweg, partito da Berlino alle ore 1,05 e così concepito: «*Vostra Eccellenza è autorizzata, se del caso, ad accordare al governo francese per rispondere alla nostra eventuale proposta, un termine supplementare di due ore, fino alle ore tre, ora francese.*» L'eventuale proposta non era solo quella che aveva come tema la neutralità, ma anche quella che riguardava l'occupazione di Toul e di Verdun. Le tre sono passate. Schœn corre quindi al Quai d'Orsay e, dopo aver visto Viviani, relaziona in questi termini Wilhelmstrasse di questa nuova conversazione: «*Parigi, 1° agosto 1914, ore 7 di sera. Il telegramma 184 non mi è arrivato che dopo le ore tre. In un nuovo incontro con il presidente del Consiglio, alle 5,30, questi, a dispetto della mia richiesta, mantiene la formula di oggi pomeriggio in merito all'atteggiamento della Francia in caso di guerra russo-tedesca. Il presidente del Consiglio mi ha dichiarato che la mobilitazione che è appena ordinata (primo giorno domenica) non significa affatto delle intenzioni aggressive, il che sarebbe egualmente confermato nella proclamazione. C'era sempre posto per il proseguimento dei negoziati sulla base della proposta di sir Ed. Grey, alla quale la Francia, dà il suo assenso e che sostiene calorosamente. Hanno preso cura, da parte francese, di evitare gli incidenti di frontiera con l'evacuazione di una zona di dieci chilometri. Non possono rinunciare alla speranza di salvaguardare la pace. Schœn.*»

Chiunque abbia conosciuto Viviani non metterà per un solo istante in dubbio la sincerità delle sue dichiarazioni. Come tutti noi, sino all'ultimo momento, rifiutava di credere a una rottura definitiva. Era questa speranza ostinata di un miracolo salvifico che aveva determinato il Consiglio dei ministri a mantenere il ripiegamento delle truppe a dieci chilometri dalla frontiera, malgrado l'annuncio della mobilitazione per l'indomani. Inoltre, poiché Messimy temeva che i militari vedessero tra le due disposizioni qualche disaccordo e che la cavalleria in particolare non si credesse libera di oltrepassare la linea fissata, ha inviato ancora, nella serata del 1° agosto alle 22,30 un'istruzione precisa; mi ha anche chiesto, e gli ho dato l'autorizzazione a citarvi il mio nome. Questo è il telegramma di Messimy allo Stato maggiore generale: «*Il ministro della Guerra insiste ancora, da parte del Presidente della Repubblica, e per serie ragioni diplomatiche, sulla necessità di non oltrepassare la linea di demarcazione indicata dal telegramma del 30 luglio e richiamata nel telegramma di oggi. Questa indicazione si applica alla cavalleria come alle altre armi. Nessuna pattuglia, nessuna ricognizione, nessuna postazione, nessun elemento deve trovarsi a est di detta linea. Chiunque la oltrepassi sarà passibile di tribunale di guerra e non è che in caso di attacco ben chiaro che sarà permesso di trasgredire quest'ordine, che sarà comunicato a tutte le truppe.*»

Il Consiglio, quindi, pensava essenzialmente a che nessuno potesse trarre delle conseguenze pericolose dalle misure militari che la necessità aveva imposto di prendere, né a snaturarne il carattere agli occhi del mondo. Ha anche ritenuto giusto fornire una pubblica spiegazione al paese del grave atto che aveva compiuto. Viviani ha preparato in fretta e furia, sullo stesso tavolo del Consiglio, un manifesto destinato a essere affisso in tutti i comuni della Francia. Ci ha letto il suo testo e mi ha chiesto se acconsentissi a firmarlo insieme a tutti i ministri. Ho accettato dopo aver proposto al Consiglio delle leggere modifiche di pura forma, che sono state accettate senza la minima obiezione.

Ho gelosamente conservato, come un commovente ricordo di quelle orribili giornate, il manoscritto di René Viviani. È stato buttato giù con una scrittura febbrile su due fogli di carta da lettere, intestati alla Presidenza della Repubblica. Contiene tutte le frasi essenziali del manifesto che è stato affisso e, in particolare, questa: «*Da qualche giorno, lo stato dell'Europa si è considerevolmente aggravato e, a dispetto degli sforzi della diplomazia, l'orizzonte si è oscurato.*» Viviani aveva dapprima scritto: *della diplomazia*. Ha successivamente corretto *della* in *nostra* diplomazia, per ritornare alla versione originaria per non contrariare alcuna nazione. Il testo del manoscritto continua: «*In questa ora, la maggior parte delle nazioni ha mobilitato le proprie forze, anche paesi protetti dalla neutralità.*» Sulla mia affermazione che la Svizzera non aveva mobilitato, il Consiglio ha rimaneggiato questo passaggio come segue: « *In questa ora, la maggior parte delle nazioni ha mobilitato le proprie forze, anche paesi protetti dalla neutralità hanno creduto opportuno prendere questa misura a titolo di precauzione.*» Viene di seguito un passaggio che nel pensiero di Viviani riguarda la Germania: «*Paesi la cui legislazione costituzionale o militare non assomiglia alla nostra hanno, senza aver preso un decreto di mobilitazione, cominciato e proseguito dei preparativi che equivalgono, in realtà, alla mobilitazione stessa e ne sono l'esecuzione anticipata. La Francia che ha sempre ribadito le sue volontà pacifiche, che ha, in giorni tragici, dato all'Europa dei consigli di moderazione e un vivo esempio di saggezza, che ha moltiplicato i suoi sforzi per mantenere la pace nel mondo, si è anch'essa preparata a ogni eventualità, e ha preso, da ora, le prime misure indispensabili alla salvaguardia del proprio territorio. Ma la nostra legislazione non permette di rendere questi preparativi completi se non interviene un decreto di mobilitazione. Preoccupato della sua responsabilità, sentendo che mancherebbe a un sacro dovere se lasciasse le cose in questo stato, il governo ha così emanato il decreto che la situazione impone.*» Tutte queste frasi, che sono quelle del manifesto definitivo, sono, all'incirca, di pugno di Viviani ed esprimono, come tutte le altre del resto, il pensiero unanime del gabinetto.

Il manoscritto contiene anche la famosa dichiarazione: «*La mobilitazione non è la guerra,*» che è stata così di sovente schernita, in questi ultimi anni, da disincantati esegeti. Viviani aveva scritto: «*La mobilitazione non è la guerra. Nelle attuali circostanze appare come il migliore mezzo per assicurare la pace nella dignità e nell'onore.*» Questo linguaggio è evidentemente il solo che possa salvaguardare le ultime possibilità di distensione. Il governo sarebbe imperdonabile se non le considerasse per la Francia e per l'Europa.

Così terminiamo: «*Forte del suo desiderio di arrivare a una soluzione pacifica della crisi, il governo, al riparo di tutte le necessarie precauzioni, continuerà i suoi sforzi diplomatici e spera ancora di riuscire.*

Fa affidamento sul sangue freddo di questa nobile nazione perché non si lasci andare a un'emozione ingiustificata. Conta sul patriottismo di tutti i francesi e sa che non ve n'è uno solo che non sia pronto a compiere il proprio dovere.

In quest'ora, non vi sono più partiti. Vi è la Francia eterna, la Francia pacifica e risoluta. Vi è la patria del diritto e della giustizia, interamente unita nella calma, la vigilanza e la dignità.»

Lo stesso gabinetto ha, quindi, nella preparazione di questo manifesto, dato l'esempio dell'unione che raccomanda al paese. All'uscita dal Consiglio, quando Malvy legge questo teso ai numerosi giornalisti accorsi nei saloni di piazza Beauvau, sono tutti profondamente scossi e alzano insieme un unico grido «Viva la Francia!».

Affinché l'atto del governo non sia male interpretato in Inghilterra, René Viviani prega immediatamente Paul Cambon di ricordare a sir Ed. Grey che il decreto di mobilitazione è una misura essenziale di tutela nazionale, che la Francia non ha cessato di dare alla Russia, in accordo con il governo britannico, dei consigli di moderazione, che questi consigli sono stati ascoltati, che dall'inizio Sazonov ha esercitato una pressione sulla Serbia perché facesse tutte la concessioni compatibili con la sua sovranità, che il ministro russo dando un'ulteriore testimonianza del suo spirito di conciliazione, ha avviato con l'Austria un negoziato diretto. Inoltre, ha acconsentito a lasciare che le Potenze meno interessate ricercassero i mezzi per rasserenare il conflitto e ha, secondo il desiderio espresso da sir Buchanan, accettato di modificare la prima formula presentata dalla Russia; sembrava quindi facile stabilire un accordo tra i punti di vista dell'Austria, dell'Inghilterra e della Russia; che nel corso dei negoziati è intervenuta la mobilitazione in Austria e in Russia, che la Germania, dopo aver proclamato il *Kriegsgefahrzustand,* ha annunciato a Pietroburgo la propria mobilitazione. Infine, che noi ci siamo quindi trovati nell'obbligo di prendere analoga precauzione delle altre potenze, ma che siamo ancora decisi a tutto pur di provare a evitare una guerra.

Nondimeno, continuano le esitazioni del gabinetto inglese e le divisioni che le causano. Paul Cambon ci telegrafa alla fine del pomeriggio del 1° agosto: «Londra, 1° agosto 1914, ore 6,24. Ricevuto a Parigi alle 22,05. *Segreto. Sir Ed. Grey mi ha detto che, nel Consiglio di questa mattina, il gabinetto aveva nuovamente esaminato la situazione, ma si era separato senza prendere alcuna decisione. Gli ho comunicato i vostri telegrammi relativi ai passi di Schœn e agli atti di aggressione dei tedeschi sulla nostra frontiera. Ho fatto notare che vi era una situazione nuova e che non è da escludere che entro stasera le relazioni diplomatiche tra Parigi e Berlino siano interrotte, che noi eravamo esposti a un'invasione dalla parte della nostra frontiera di terra e a delle dimostrazioni delle squadre navali tedesche sulle nostre coste tanto più pericolose in quanto, d'accordo con l'Inghilterra, avevamo concentrato il grosso delle nostre forze navali nel Mediterraneo. Il segretario di Stato mi ha risposto che la Germania ha reclamato dall'Inghilterra una dichiarazione di neutralità e non l'ha ottenuta, quindi il governo britannico era sempre padrone della sua azione e che se il governo non si fosse mostrato favorevole a uno sbarco di truppe inglesi sul continente, che, pensa, sarebbe accolto male dall'opinione pubblica, vi erano altri punti in cui l'intervento gli appariva probabilmente giustificato.»*

Così, il 1° agosto, alla fine della giornata, il governo inglese non si è ancora deciso a intervenire e, se interviene, appare certo che non sarà sulla terra. Se Asquith e Churchill fossero soli con sir Ed. Grey, le cose andrebbero altrimenti, ma, sempre di più, devono fare i conti con le resistenze di alcuni dei loro colleghi.

Nel frattempo, Dumaine ci telegrafa che ha l'impressione che la cancelleria tedesca abbia preso in mano la direzione della politica austro-ungherese. In realtà, non è la cancelleria, è lo Stato maggiore tedesco che ha assunto quella direzione. Abbiamo visto che, il 30, poco dopo mezzanotte, Bethmann Hollweg ha telegrafato a Tschirschky di non comunicare a Vienna i consigli di moderazione precedentemente inviati e che è stato lasciato campo libero al generale Moltke. Il 31, il Consiglio dei ministri, riunito a Vienna per esaminare le proposte inglesi, ha rifiutato di fermare le truppe d'invasione a Belgrado. Francesco Giuseppe ha telegrafato a Guglielmo II: *«Un nuovo salvataggio della Serbia per un intervento russo avrebbe per i miei Stati le più serie conseguenze e mi è quindi impossibile ammettere un simile intervento. Sono consapevole della portata delle mie risoluzioni.»* Il conte Berchtold, a sua volta, ha dichiarato che la cessazione delle ostilità iniziate contro la Serbia era impossibile e che accettare la proposta inglese sarebbe stato lavorare per niente. Bisognava finirla, una volta per tutte, con la Serbia. Una seconda volta, la buona volontà di sir Ed. Grey si scontra contro la cattiva volontà dell'Austria.

Da parte sua, Jules Cambon ci avverte che, nelle strade di Berlino, vengono distribuite edizioni speciali dei giornali che annunciano che è stata ordinata la mobilitazione generale della flotta e dell'armata e che il primo giorno della mobilitazione è domenica 2 agosto.

Tutti questi rifiuti di Vienna, tutti questi movimento di truppe non scoraggiano tuttavia né i tentativi di conciliazione dell'Inghilterra né i nostri.

Sul finire del dopocena, sir Francis Bertie mi chiede udienza e, per ordine del suo governo, mi comunica questa nota:

«Chiedete immediatamente un'udienza al Presidente per comunicargli il telegramma seguente indirizzato da Giorgio V all'imperatore di Russia:

Il mio governo ha ricevuto la seguente dichiarazione del governo tedesco:

«Il 19 luglio, l'imperatore di Russia ha chiesto con un telegramma all'imperatore di Germania di offrire la sua mediazione tra la Russia e l'Austria. Il Kaiser dichiarò immediatamente di essere disponibile: telegrafò allo Zar e fece il passo richiesto nei confronti di Vienna. Senza attendere il risultato di questo intervento, la Russia mobilitò contro l'Austria. Per telegramma, il Kaiser fece sapere all'imperatore d'Austria[123] che a quel punto il suo sforzo di mediazione era reso pressoché illusorio. Il Kaiser chiedeva, inoltre, allo Zar di sospendere le sue operazioni militari contro l'Austria[124]. Questo non fu fatto. Ciò nondimeno, il governo tedesco proseguì la sua mediazione a Vienna. In merito a questo, il governo tedesco è andato all'estremo limite di ciò che può essere suggerito a uno Stato sovrano che è alleato della Germania. Le proposte fatte a Vienna dal governo tedesco erano interamente concepite secondo le grandi linee suggerite dall'Inghilterra e il governo tedesco le ha perorate a Vienna questa mattina[125]. Durante le deliberazioni del gabinetto e prima del loro termine, l'ambasciatore tedesco a Pietroburgo annunciò la mobilitazione generale dell'armata e della flotta russe. Essendo intervenuta questa azione della Russia, la risposta austriaca alle proposte tedesche di mediazione, che erano ancora in discussione, non fu data[126]. Questa azione da parte della Russia è anche diretta contro la Germania, vale a dire contro la Potenza la cui mediazione è stata invocata dallo Zar. Noi siamo stati obbligati a rispondere con delle severe contromisure a questa azione che dovevamo considerare come ostile, se non volevamo mettere in pericolo la sicurezza del nostro paese. Non ci è possibile restare inattivi di fronte alla mobilitazione russa sulla nostra frontiera. Abbiamo dunque informato la Russia che a meno che essa non sia pronta a sospendere in un termine di dodici ore le misure all'apparenza bellicose contro la Germania e l'Austria, noi saremmo stati obbligati a mobilitare e questo avrebbe significato la guerra[127]. Abbiamo chiesto alla Francia se avrebbe osservato la neutralità durante una guerra russo-tedesca.» Non posso impedirmi di pensare che qualche malinteso abbia provocato questo arresto (punto morto). Sono particolarmente ansioso di non lasciarmi scappare alcuna possibilità di evitare la terribile calamità che in questo momento minaccia il mondo intero. Di conseguenza, faccio un appello personale a Voi per allontanare il malinteso che sento essersi prodotto e per

---

[123] (N.d.A.) Lapsus evidente, si tratta dell'«imperatore di Russia».

[124] (N.d.A.) Beninteso, che non vi era stata alcuna operazione contro l'Austria.

[125] (N.d.A.) Abbiamo visto quanto i passi del cancelliere siano stati tardivi e come Moltke abbia agito in senso opposto.

[126] (N.d.A.) Al contrario, l'Austria ignorava della mobilitazione russa quando ha respinto la proposte inglesi, trasmesse dalla Germania.

[127] (N.d.A.) Quest'ultima parte della frase non era stata comunicata né alla Russia né alla Francia.

lasciare ancora aperto un terreno per la negoziazione e la possibile pace. Se credete che io possa, in qualche modo, contribuire al conseguimento di questo importante obiettivo, farò tutto quello che sarà in mio potere per contribuire alla riapertura delle conversazioni interrotte tra le Potenze interessate. Ho la sicura fiducia che voi siate desiderosi quanto me che tutto ciò che è possibile sia fatto per assicurare la pace. Firmato: George I e R.»

Comunico questa nota a Viviani ed egli è d'accordo con me per approvare questa nuova iniziativa e per associarvisi, come a tutte le precedenti. Lo Zar, del resto, ha preceduto il re d'Inghilterra perché, nel pomeriggio, alle 14,06, ha telegrafato al Kaiser: «*Ho ricevuto il tuo telegramma. Comprendo che tu sia obbligato a mobilitare, ma vorrei ottenere da te la stessa garanzia di quella che ti ho dato, cioè sapere che queste misure non significano la guerra e che noi continueremo a negoziare per la salvezza dei nostri due paesi e della pace generale, che è così cara ai nostri cuori. La nostra amicizia di lunga data riuscirà, con l'aiuto di Dio, a impedire lo spargimento d sangue. Pieno di fiducia, aspetto urgentemente la tua risposta.* Nicola II.»

Nello stesso momento, Sazonov riceve la visita dell'ambasciatore d'Austria, che gli dice: «*Il mio governo accetta di discutere con le Potenze il merito dell'ultimatum che abbiamo inviato alla Serbia.*» Per tardiva che sia questa proposta, Sazonov l'accetta con una gioiosa sollecitudine ed esprime il desiderio che il governo inglese si incarichi di condurre i negoziati. Chiede tuttavia che l'Austria fermi le sue operazioni in Serbia e, disgraziatamente, è ciò cui l'Austria non acconsente. Il ministro russo degli Affari esteri informa il suo ambasciatore a Berlino di questo passo e della relativa risposta.

Jules Cambon, informato dal suo collega, ci telegrafa che queste conversazioni sono forzatamente infruttuose dopo l'ultimatum della Germania. «*Ci si può anche chiedere* – dice – *se, in tali condizioni, l'accettazione dell'Austria era seria o se, al contrario, non aveva per fine che far pesare sulla Russia la responsabilità del conflitto.*» Nella notte, l'ambasciatore di Gran Bretagna a Berlino ha fatto un pressante appello ai sentimenti di umanità di Jagow. Il segretario di Stato tedesco ha risposto che la questione era troppo avanti e che ora bisognava attendere la risposta russa all'ultimatum tedesco. Jagow ha precisato, davanti a sir Goschen, che quell'ultimatum esigeva la ritirata della mobilitazione russa, non solamente dalla parte della Germania, ma anche da quella dell'Austria. Sir E. Goschen ne è rimasto molto meravigliato e ha dichiarato che questo punto sembrava inaccettabile per la Russia. Jules Cambon ritiene che l'ultimatum della Germania, intervenendo all'ora precisa in cui l'accordo sembra sul punto di essere concluso tra Vienna e San Pietroburgo, è la dimostrazione della sua politica bellicosa.

Ed ecco chi non è meno sconcertato. Mentre Viviani conferma a sir Francis Bertie la promessa che noi sappiamo spontaneamente fatta al Belgio di rispettare la sua neutralità, Jagow, interrogato da sir E. Goschen, in merito alla stessa cosa, risponde evasivamente: «*Prenderò gli ordini dell'imperatore e del cancelliere, ma dubito che noi siamo in condizioni di dare una risposta, poiché la Germania non può rivelare così i suoi progetti militari.*»

Naturalmente, questo modo di tergiversare non soddisfa l'Inghilterra. Sir Ed Grey si rivolge al gabinetto britannico e chiede ai suoi colleghi l'autorizzazione di dire lunedì alla Camera dei comuni che il governo di Sua Maestà non permetterà una violazione della neutralità belga.

Verso la sei di sera, la stessa neutralità lussemburghese è violata, nel villaggio e alla stazione di Trois-Vierges, da un distaccamento tedesco del 69° reggimento di fanteria di Treviri.

La notte arriva senza che noi conosciamo la verità su ciò che accade a San Pietroburgo. Mi butto appena qualche istante sul mio letto, con l'angoscia nel cuore.

Capitolo VII

La Germania dichiara guerra alla Russia. Incursioni tedesche sul nostro territorio. Violazione della neutralità lussemburghese. Risposta del re d'Inghilterra. Rimpasto ministeriale. La neutralità italiana. Ultimatum al Belgio. La Germania dichiara guerra alla Francia. Discorso di sir Ed. Grey ai Comuni. La seduta del 4 agosto 1914 al Senato e alla Camera dei deputati.

Notte da sabato 1° agosto a domenica 2 agosto.
Nessun telegramma da Pietroburgo. Ma, verso le undici e mezza di sera, Izvol'skij si presenta all'Eliseo e chiede di vedermi con urgenza. Scendo nel mio studio del piano terra e dico all'ufficiale di servizio di far entrare l'ambasciatore. Izvol'skij entra con l'aria scura e il volto congestionato. Mi annuncia che la Germania ha appena dichiarato guerra alla Russia e, con una voce che trema dall'emozione, aggiunge: «*In un'ora così tragica, ho creduto mio dovere, signor Presidente, rivolgermi al capo dello Stato alleato per porgli una domanda: «Cosa farà la Francia?*» E rimane là, davanti a me e, aggiungo, non assomigliando per nulla a quell'immagine leggendaria che si è sovente data di lui dopo la sua morte. Lontano dall'essere felice o di rallegrarsi di ciò che qualcuno ha chiamato «la sua guerra», ne è spaventato. Personalmente, non mi attendevo che la Germania compisse così bruscamente l'atto irreparabile. Nel dolore che mi stringe, non è tanto alla Russia, lo confesso, cui penso; è soprattutto alla Francia minacciata. Rispondo all'ambasciatore che appartiene unicamente al governo pronunciarsi sulla domanda che mi pone, che farò immediatamente convocare i ministri, che essi saranno, suppongo, del parere di mantenere gli impegni dell'alleanza, ma che credo sia nell'interesse della Francia e anche nell'interesse della Russia procrastinare di qualche giorno l'adempimento dei nostri obblighi. Prima di tutto per portare avanti il più possibile la nostra mobilitazione prima dell'entrata in guerra, poi e soprattutto perché preferiremmo, ad ogni buon conto, non dover dichiarare la guerra alla Germania e lasciare a questa il triste onore dell'iniziativa.

Faccio chiamare i ministri. Arrivano velocemente all'Eliseo, salvo Cuyba che non è stato raggiunto dalla convocazione. Metto il Consiglio al corrente del passo di Izvol'skij. Viene approvata unanimemente la risposta che ho dato all'ambasciatore e viene incaricato Viviani di confermargliela. Izvol'skij è rimasto nel salone degli ufficiali. Viviani lo raggiunge. Gli ripete che la Francia manterrà i suoi impegni, ma che è meglio non prendere alcuna decisione prima di qualche giorno. Izvol'skij preferirebbe una dichiarazione immediata e pubblica. Ma finisce per accontentarsi della nostra risposta e se ne va, con un'aria lugubre.

Il Consiglio prosegue la sua seduta ed esamina, con una calma impressionante, tutte le misure di sicurezza militare, di ordine pubblico, di precauzioni finanziarie, che esigono le circostanze. Nella notte, arrivano, con qualche disordine, dei telegrammi da Pietroburgo.

«N° 332, 1° agosto 1914, ore 20,30, ricevuto alle ore 23. *Il re Giorgio V ha telegrafato all'imperatore Nicola per indirizzare un supremo appello ai suoi sentimenti pacifici. Il mio collega d'Inghilterra, che è incaricato di consegnare questo telegramma, ha chiesto immediatamente udienza allo Zar. Sarà probabilmente ricevuto questa notte a Peterhof. Sazonov, sir Buchanan ed io, abbiamo discusso sulla risposta che comporta l'appello di S. M. Britannica. Ho insistito perché l'imperatore Nicola reiteri, al bisogno accentuandole, le dichiarazione del telegramma personale che ha inviato ieri all'imperatore Guglielmo e perché preghi re Giorgio di confermare, se non di garantire, all'imperatore di Germania la sincerità delle sue assicurazioni. Ho in particolare messo in risalto che la risposta dello Zar non deve lasciare alcun dubbio sulla volontà di salvare ancora la pace; poiché questa risposta forse deciderà se l'Inghilterra prenderà o no partito contro la Germania.* Firmato: Paléologue.»

«N° 334, 1° agosto 1914, ore 17, ricevuto il 2 alle ore 4,38 del mattino. *«Nonostante la dichiarazione di guerra, l'imperatore Nicola ha chiamato il mio collega d'Inghilterra questa notte a Peterhof. Credo di sapere che risponderà all'appello di re Giorgio nel senso indicato dal mio telegramma 332.»*

Anche questa volta, il telegramma impiega molto tempo a trasmettere questo messaggio e, inoltre, il n° 334 arriva prima del n° 333.

«N° 333, Pietroburgo, 2 agosto 1914, ore 0,19, ricevuto alle ore 14. *«L'ambasciatore di Germania ha appena consegnato a Sazonov la dichiarazione di guerra.»*

Per il momento noi conosciamo solo il fatto brutale. È solo molto più tardi che sapremo come si è svolto. Il cancelliere Bethmann Hollweg, il generale Falkenhayn, ministro della Guerra, il generale Moltke, l'ammiraglio Tirpitz[128] avevano discusso abbastanza aspramente tra loro la seguente questione: bisognava dichiarare immediatamente la guerra alla Russia, o provvedere prima alla mobilitazione generale, o penetrare in territorio russo senza preventiva dichiarazione? Avevano finalmente deciso per la dichiarazione di guerra. Pourtalès era stato incaricato di portarla a Sazonov. Era stata redatta in due differenti testi, destinati a essere consegnati l'uno o l'altro, alle diciassette (ora russa), a seconda che la Russia avrebbe risposto negativamente all'ultimatum o non avrebbe dato alcuna risposta. L'ambasciatore di Germania, che aveva ricevuto solo alla 17,45 (ora russa) l'ordine dal suo governo e che ne aveva avuto la decifrazione solo un'ora dopo, si era sentito incalzato dal tempo e, nel suo sgomento, aveva lasciato a Sazonov un esemplare dove coesistevano le due redazioni.

Un incidente ancora più singolare aveva, nella notte, seguito questo equivoco. Qualche ora dopo la dichiarazione di guerra, lo zar Nicola II aveva ricevuto dal Kaiser un telegramma inspiegabile: «*Ho segnalato ieri al tuo governo il solo mezzo che permette di evitare la guerra. Benché abbia chiesto una risposta per oggi a mezzogiorno, nessun telegramma del mio ambasciatore con la risposta del tuo governo è ancora pervenuto. Di conseguenza, sono stato obbligato a mobilitare la mia armata. Di fatto, ti devo pregare di ordinare immediatamente alle tue truppe di non commettere, con qualsivoglia pretesto, la più leggera violazione della nostra frontiera.*»

Nel *Libro bianco*, questo telegramma è stato falsamente datato 1° agosto alle 10,45 del mattino. In realtà, è alle 22,45 che Guglielmo II, dopo aver rimaneggiato la bozza del telegramma, che gli aveva consegnato Bethmann Hollweg, che l'ha firmato e spedito. Egli sapeva, in quel momento, che il conte Pourtalès aveva già dovuto consegnare la dichiarazione di guerra. Per quale motivo il Kaiser scrive come se tutto ciò dovesse ancora accadere? Lavora per il *Libro bianco*, come suppone Paléologue? Ha, come credono Kautsky e Basili, un po' perso la testa? O, come ha pensato lo Zar, al ricevimento del telegramma, e come Renouvin sembra disposto ad ammettere, ha teso un trabocchetto a Nicky cercando di spingerlo a qualche passo «ridicolo e disonorevole»? Qualunque sia la spiegazione che si vuole dare, essa non ha niente di lusinghiero per Guglielmo II.

---

[128] Alfred Peter Friedrich von Tirpitz (1849-1930) ammiraglio, fece una brillante carriera e ricoprì la carica di ministro per la Marina dal 1897 al 1916.

Domenica, 2 agosto 1919.

Se lo stato di guerra esiste tra la Germania e la Russia, non esiste tra la Germania e noi. Giorno e notte, tuttavia, la nostre frontiere sono violate. René Viviani telegrafa a Jules Cambon: «*Le truppe tedesche hanno oggi violato la frontiera dell'Est in numerosi punti, vi prego quindi, senza ritardo, di protestare per scritto presso il governo tedesco. Vorrete ispirarvi alla presente nota che, nell'incertezza delle comunicazioni tra Parigi e Berlino, ho indirizzato direttamente all'ambasciatore di Germania:*

Le autorità amministrative e militari francesi della regione dell'Est segnalano numerosi fatti che ho incaricato l'ambasciatore della Repubblica a Berlino di portare all'attenzione del governo imperiale.

Uno si è verificato a Delle, nella regione del Belfort: in due riprese, il posto dei doganieri francesi collocato nel nostro territorio è stato oggetto di una fucilata da parte di un distaccamento di soldati tedeschi.

A nord di Delle due pattuglie tedesche del 5° cacciatori a cavallo hanno oltrepassato la frontiera, nella mattinata di oggi, e sono penetrate sino ai villaggi di Joncherey e Baron, a più di dieci chilometri dalla frontiera. L'ufficiale che comandava la prima pattuglia ha fatto saltare le cervella a un soldato francese. I cavalieri tedeschi hanno portato con sé dei cavalli che il sindaco di Suarce stava per riunire e hanno obbligato gli abitanti del comune a condurre i suddetti cavalli.

L'Ambasciatore della Repubblica a Berlino è stato incaricato di protestare formalmente presso il governo imperiale contro dei fatti che costituiscono una violazione specifica della frontiera da parte di truppe tedesche in armi e che niente giustifica allo stato attuale. Il governo della Repubblica non può che lasciare al governo imperiale l'intera responsabilità dei suoi atti. Firmato: René Viviani.»

In numerosi altri punti, tuttavia, pattuglie tedesche di fanteria e di cavalleria si divertono a calpestare in nostro suolo. Nuovamente, Viviani protesta con Schœn, che avverte lealmente Berlino e sottolinea: «*A seguito di queste notizie qui gli spiriti sono sovraeccitati.*»

Davanti alla spudorata ripetizione di questi fatti, era impossibile per il governo francese non attribuirli a una parola d'ordine generale. Lo Stato maggiore tedesco ha preteso che non ne sapeva niente e che era solo il 3 agosto (prima della dichiarazione di guerra, sono obbligati a riconoscerlo), che aveva permesso «di spingere il servizio di esplorazione al di là della frontiera». Ma la simultaneità di tutte queste incursioni esclude l'ipotesi di incidenti sporadici e, del resto, uno dei cavalieri tedeschi catturati a Joncherey ha dichiarato che il luogotenente maggiore aveva detto ai suoi uomini: «Ordine di violare le frontiere».

I fogli di mobilitazione della 29ª brigata di cavalleria prevedevano, effettivamente, l'esecuzione immediata delle ricognizioni sul territorio francese.

In presenza di fatti che si rivelavano come sistematici, il generale Joffre chiede immediatamente al ministro della Guerra, nella mattinata del 2, di revocare l'ordine di arresto sulla linea dei dieci chilometri. Il governo preferisce ancora attendere, e non è che dopo le due del pomeriggio che la consegna viene revocata e che la libertà assoluta di movimento è resa ai generali comandanti. Inoltre, il generale Joffre, trasmettendo questo provvedimento, alle 17,30, ai comandanti dell'armata, prende cura di aggiungere, d'accordo con Viviani: «*Per ragioni nazionali di ordine morale e per imperiose ragioni di ordine diplomatico, è indispensabile lasciare ai tedeschi l'intera responsabilità della ostilità. Di conseguenza, e fino a nuovo ordine, la copertura si limiterà a respingere al di là della frontiera tutte le truppe d'assalto senza inseguirle oltre e senza entrare sul territorio avversario.*»

Da altra fonte, apprendiamo che le truppe tedesche, dal mattino, sono penetrate nel granducato del Lussemburgo, attraverso i ponti di Wasserbillig e di Remich e che si sono dirette verso la capitale.

Ci affrettiamo a segnalare questo comportamento a sir Ed. Grey. Ma il gabinetto britannico continua nella sua prudente lentezza. Ritornando da Londra, William Martin mi ha riportato la risposta del re. Scritta interamente in inglese e di pugno da Giorgio V, su carta intestata Buckingham Palace, non contiene ancora alcuna rassicurazione positiva. Paralizzato dalle regole costituzionali, il sovrano ha dovuto mantenersi nei limiti che gli hanno tracciato i ministri responsabili. Così si esprime:

«Caro e grande amico, ho molto apprezzato i sentimenti che vi hanno spinto a scrivermi in uno spirito così cordiale e amichevole; vi sono riconoscente d'aver espresso le vostre vedute in modo così completo e franco. Potete essere sicuro che la presente situazione europea è stata per me causa di molte preoccupazioni e inquietudini, e sono felice di pensare che i nostri due governi hanno lavorato insieme così amichevolmente, impegnandosi a trovare come conclusione una soluzione pacifica delle questioni poste. Sarebbe per me fonte di reale soddisfazione se i nostri sforzi potessero essere coronati da successo e io non ho perso tutta la speranza che i terribili avvenimenti che sembrano così imminenti possano essere evitati. Ammiro lo sforzo che voi e il vostro governo vi imponete evitando alla frontiera misure militari ingiustificate e adottando un atteggiamento che non può in alcuna maniera essere interpretato in senso provocatorio.

Dedico personalmente i miei migliori sforzi nei confronti degli imperatori di Russia e di Germania per trovare i mezzi per ritardare almeno le attuali operazioni militari e di guadagnare così del tempo per placare la discussione tra le Potenze. Ho intenzione di proseguire senza tregua questi sforzi per tutto il tempo in cui rimane una speranza di arrivare a un accomodamento amichevole.

Quanto all'atteggiamento del mio paese, gli avvenimenti cambiano con una tale rapidità che è difficile giudicarne a priori gli sviluppi futuri. Ma potete essere sicuro che il mio governo continuerà a esaminare liberamente e lealmente con Cambon tutti i punti che potranno concernere gli interessi delle nostre due nazioni.

Credetemi, signor Presidente, vostro amico sincero. George I. R.»

Così invitato a proseguire i colloqui, Paul Cambon ha quindi ricordato a sir Ed. Grey che, in base ai termini del trattato di Londra del 1867, la Gran Bretagna e la Prussia avevano garantito la neutralità del Lussemburgo e ha aggiunto che la violazione della neutralità lussemburghese indicava certamente il disegno di violare quella del Belgio. Sir Ed. Grey ha risposto che aveva consegnato al principe Lichnowsky un memorandum che precisava che l'opinione pubblica inglese non avrebbe sopportato un attentato all'indipendenza belga (Londra, 2 agosto, n° 173).

Un po' più tardi, Paul Cambon telegrafa nuovamente: «Londra, 2 agosto 1914, ore 4,40 sera, ricevuto ore 18,40. *K. Hardie*[129] *ha organizzato oggi un meeting socialista di protesta contro l'intervento dell'Inghilterra nell'attuale conflitto. È un uomo senza credito e questo meeting non è serio; ma vi è da temere che se ne faccia un caso presso il Partito Laburista alla Camera dei Comuni per impedire, un domani, di seguire il governo, se fa una dichiarazione un po' categorica. Un parlamentare dei più importanti mi ha detto che bisognerebbe far inviare dai capi del partito socialista francese a Ramsay Macdonald, capo del Partito Laburista, un telegramma che chieda l'aiuto di questo partito per ottenere l'intervento britannico contro l'aggressione ingiustificata dei tedeschi. Questo telegramma dovrebbe essere pubblicato questa sera in un giornale di Parigi e inviato ai giornali di Londra, che lo pubblicheranno domani mattina. Importa che sia pubblicato nello stesso tempo in cui lo si invierà al suo destinatario, del quale si ha qualche motivo di diffidare.* Firmato: Paul Cambon.»

Alla domanda di Viviani, Malvy fa venire Sembat e qualche altro

---

[129] James Keir Hardie (1856-1915) sindacalista scozzese, fu eletto alla Camera dei Comuni sette anni prima della fondazione del Partito Laburista, del quale fu il primo presidente. Fu fautore del voto femminile e lottò contro la segregazione razziale.

deputato socialista, che hanno promesso di scrivere immediatamente. Ma quanti indugi del gabinetto inglese aggravano il nostro allarme! Quanto sono lenti e timidi i passi! Molto in fretta, Paul Cambon ci telegrafa ancora: «Londra, 2 agosto, ore 5,30. Ricevuto alle ore 20,20, n° 178. *Confidenziale. Nel Consiglio di questa mattina, si è discusso dell'eventuale invio di una forza inglese sul continente. La maggioranza dei ministri è stata dell'avviso che, stante la situazione nelle Indie e in Egitto, l'Inghilterra non poteva sguarnire le sue forze militari. Informandomi di questa decisione, Sir Ed. Grey mi ha detto che essa non implicava un rifiuto assoluto di intervenire sul terreno, ma che il governo si riservava di ritornare sulla questione seguendo gli sviluppi dell'attuale conflitto. Per quanto concerne un intervento navale, sir Ed. Grey mi ha consegnato la dichiarazione della quale riporto la traduzione: «Sono autorizzato ha dare l'assicurazione che, se la flotta tedesca penetra nella Manica o attraversa il mare del Nord, al fine di intraprendere delle operazioni di guerra contro le coste francesi o la marina mercantile francese, la flotta britannica fornirà tutta la protezione che è in suo potere. Beninteso, questa assicurazione è subordinata all'approvazione che la politica del governo di Sua Maestà avrà da parte del Parlamento britannico, e non deve essere considerata come vincolante per il governo di Sua Maestà ad agire fino a che l'eventualità sopra citata di un'azione della flotta tedesca si sia verificata.» Sir Ed Grey mi ha pregato di tenere questa dichiarazione segreta fino a quando non sarà sottoposta al Parlamento.* Firmato: Paul Cambon.»

«Londra, 2 agosto 1914, ore 5,40 di sera, ricevuto 21,55, n° 179. *Seguito al mio telegramma n° 178. Quanto alla violazione del Lussemburgo, il segretario di Stato degli Affari esteri mi ha ricordato che nel corso della discussione del trattato del 1867, lord Derby e lord Claredon avevano dichiarato che la convenzione differiva da quella relativa alla neutralità belga, nel senso che l'Inghilterra era tenuta a far rispettare quest'ultima convenzione senza il concorso delle altre Potenze garanti, mentre per il Lussemburgo, tutte le Potenze dovevano agire di concerto (parola incomprensibile). La violazione del Lussemburgo è nondimeno un argomento da far valere in previsione di una violazione del Belgio. La neutralità belga è considerata in Inghilterra così importante che, nel Consiglio convocato per questa sera, al fine di fissare i termini delle dichiarazioni da fare domani alla Camera dei comuni, sir Ed. Grey chiederà di essere autorizzato a dire che una violazione di questa neutralità sarebbe considerata con un «casus belli»* ... Firmato: P. Cambon.»

In compenso, a Roma la decisione è presa. Il Consiglio dei ministri, in seduta la notte scorsa, ha definitivamente confermato la neutralità dell'Italia.

Da parte sua, Venizélos[130] ha spontaneamente dichiarato a Halgouët che, se le cose sfociano in una conflagrazione generale, in nessun caso la Grecia si troverà in un campo opposto a quello della Triplice Intesa.

Nella mattinata e nel pomeriggio, il Consiglio dei ministri, riunito sotto la mia presidenza, fa una volta di più sotto la direzione di Viviani, il giro delle capitali europee. Ora si considera che i minuti sono contati e che non sfuggiremo più alla guerra. Ci felicitiamo per il positivo atteggiamento di tutti i partiti, ivi compresi i socialisti e la Confederazione generale del Lavoro. Su proposta del ministro degli Interni, il governo decide, in prima istanza, di non arrestare gli individui segnalati nel carnet B o, in altri termini, considerati come sospetti. Vi sarà eccezione solo quando i prefetti avranno a che fare con pericolosi anarchici. Il Consiglio sottopone alla mia firma un decreto che proclama lo stato d'assedio. Questa decisione comporta la convocazione delle Camere in un termine massimo di quarantotto ore. Poiché non abbiamo ancora risposte precise dall'Inghilterra, il governo preferisce riunire il Parlamento solo martedì. Tutti i ministri sono animati dal più sincero spirito di concordia. Su richiesta di Malvy, decidono di sospendere l'applicazione del decreto che ha recentemente ordinato la chiusura degli istituti religiosi. Inoltre, verrà accordata la grazia a un gran numero di rivoluzionari condannati per reati di stampa.

No, non ci sono più partiti. Il principe Roland Bonaparte[131] mi scrive che si mette interamente al servizio del governo della Repubblica. La legge del 1886 non ci permette di accogliere da parte sua un arruolamento militare. Ma lo ringrazio della sua offerta patriottica e mi risponde che il suo palazzo, comunque, resta a nostra disposizione per stabilirvi un luogo di assistenza medica.

L'incrociatore da battaglia *Gœben* e l'incrociatore veloce *Breslau,* che erano a Brindisi nella notte tra venerdì e sabato, sono stati segnalati uno a Taranto e l'altro a Messina. Scendono verso sud, dopo aver caricato carbone, e sembrano volersi lanciare nel Mediterraneo occidentale all'inseguimento dei nostri bastimenti di trasporto militare. I misteriosi movimenti di questi vascelli da guerra si aggiungono a tanti altri indizi che ci fanno pensare che la Germania voglia far precipitare le cose.

[130] Elefthérios Kyriákou Venizélos(1864-1936), avvocato, viene considerato il «fondatore della Grecia moderna», era in quel periodo primo ministro.
[131] Roland Napoleone Bonaparte (1858-1924) discendente di Lucien Bonaparte fu botanico e geografo.

Lunedì 3 agosto 1914.

Da qualche giorno, il ministro della Marina, Gauthier, malato e sovraffaticato, ci ha più volte inquietato, i suoi colleghi e me, per il suo nervosismo. Gli avevamo raccomandato ieri di prendere rapide misure per sbarrare il Pas-de-Calais con delle torpediniere e dei sottomarini, poiché l'Inghilterra non ha ancora preso alcuna misura di protezione e la Germania può domani approfittare di questo ritardo. Gauthier ha completamente dimenticato questa raccomandazione e, alle undici di sera, è stato necessario che lo facessi venire all'Eliseo, con il capo di Stato maggiore della Marina, per ricordargli le decisioni del Consiglio e pregarlo di eseguirle. Il ministro, passando da un eccesso all'altro, mi ha in seguito scritto per propormi di far attaccare il *Gœben* e il *Breslau* dall'ammiraglio Lapeyrère, prima di ogni dichiarazione di guerra. Gli ho chiesto di non dare alcun ordine prima del Consiglio di questa mattina. Ma, di buonora, Messimy arriva all'Eliseo alquanto irritato con il suo collega della Marina e, quando a sua volta arriva Gauthier, il ministro della Guerra lo accusa aspramente di incapacità. Gauthier risponde con la minaccia di mandare i padrini. Con il mio intervento, la scena finisce con delle lacrime e degli abbracci. Dopo la febbre di queste lunghe giornate e di queste notti senza sonno, tutti hanno i nervi a fior di pelle. Gauthier, brav'uomo e buon patriota, si rassegna a dare le dimissioni per ragioni di salute. È rimpiazzato alla rue Royale da Augagneur, che a sua volta viene sostituito al ministero dell'Istruzione da Albert Sarraut[132]. Viviani abbandona volontariamente il Quai d'Orsay per conservare la presidenza del Consiglio senza portafoglio. Gaston Doumergue[133] riprende la direzione del ministero degli Affari esteri.

Avrei preferito un rimpasto governativo più ampio, che permettesse al gabinetto di rappresentare opinioni politiche diverse e di assumere un carattere di unione nazionale. Ma Viviani, che avrebbe desiderato associarsi con Briand[134] e Delcassé[135], ha incontrato una forte opposi-

---

[132] Albert Pierre Sarraut (1872-1962), radical socialista, ricoprì numerose cariche ministeriali e diplomatiche.

[133] Gaston Doumergue (1863-1937)fu poi, dal 1924 al 1931 presidente nella III Repubblica francese.

[134] Aristide Briand (1862-1932) fu uno degli esponenti politici francesi di maggiore spicco ed anche diplomatico. Fu undici volte presidente del Consiglio e venti volte ministro. Ebbe il premio Nobel per la Pace nel 1926, insieme a Gustav Stresemann, per gli accordi di Locarno tra Francia e Germania.

[135] Théophile Delcassé (1852-1923) fu uno dei fautori dell'Entente cordiale.

zione a sinistra e, nell'interesse della concordia, ha dovuto rinunciare provvisoriamente alla sua idea. Per il resto, le suc scelte hanno spiazzato i malcontenti. Hanno deluso qualche candidato a ministro, che si è lamentato nei corridoi della Camera e vi hanno gettato un po' di amarezza sulle speranze. Un soffio purificante ha ben presto spazzato tutti i miasmi. Il patriottismo ha preso il sopravvento. Senatori e deputati, tutti rientrati a Parigi, si sono riuniti attorno al gabinetto ricostituito.

Questa mattina alla nove, il principe Ruspoli, incaricato d'affari all'ambasciata d'Italia, che rimpiazza Tittoni che è in crociera sulle coste della Norvegia, ha reso visita a Viviani e gli notificato ufficialmente la dichiarazione di neutralità. L'Italia resta neutrale perché la Germania e l'Austria hanno intrapreso una guerra di aggressione e la loro condotta, quindi, la libera dagli obblighi nei loro confronti. La Triplice Alleanza è rotta. Come per mostrare ancora meglio che l'Italia non si sbaglia nel modo in cui valuta la natura e il significato di questa guerra, l'impero di Germania ha appena fatto a Bruxelles un passo cinico che non lascia alcun dubbio sui suoi disegni.

Domenica 2 agosto, alle sette di sera, un auto si ferma in rue de la Loi, davanti al portone del ministero degli Affari esteri belga. È Below Saleske. Questi entra nell'ufficio del ministro e gli dice, con un accento di reale commozione: «*Ho una comunicazione del tutto confidenziale da farvi per conto del mio governo.*» ed estraendo un plico dalla tasca della sua redingote, consegna a Davignon[136] il fatale ultimatum. Il ministro legge, impallidisce e mormora: «*No, non è possibile.*» «*Sì.* – risponde Below Saleske – *La Germania è pacifica, ma bisogna pure che si difenda contro la prossima offensiva che vogliono fare i francesi dalla valle della Mosa.*» Davignon risponde che questo attacco dei francesi verso Namur è del tutto inverosimile; protesta della lealtà del Belgio e dichiara a Below che la nota tedesca deve essere immediatamente presa in esame dal Consiglio dei ministri.

Uscito il ministro di Germania, Davignon mette al corrente il barone Gaiffer, direttore politico, e il barone Van der Elst, segretario generale, e lo trasmette a Broqueville, capo del governo e ministro della Guerra. Mentre si traduce parola per parola l'ultimatum, arriva Broqueville, prende conoscenza del documento e subito si reca dal re, che decide di convocare, per le nove, a Palazzo, il Consiglio dei ministri, di farvi

---

[136] Henri François Julien Claude Davignon (1854-1916) è stato ministro degli Affari esteri del Belgio dal 1907 al 1916.

156

partecipare tutti i ministri di Stato e, inoltre, i generali Selliers de Moranville e Ryckel, rispettivamente capo e sottocapo di Stato maggiore. Il Consiglio della Corona delibera lungamente sotto la presidenza di re Alberto, che ha indossato, per questa circostanza solenne, la tenuta da campagna di luogotenente generale. Davignon legge, tra un profondo silenzio, la traduzione dell'ultimatum. A richiesta di molti partecipanti, ricomincia una seconda volta questa lettura:

«Il governo tedesco ha ricevuto notizie certe in base alle quali le forze francesi avrebbero l'intenzione di marciare sulla Mosa per Givet e Namur. Queste notizie non lasciano alcun dubbio sull'intenzione della Francia di marciare contro la Germania attraverso il territorio belga. Il governo imperiale tedesco non può non temere che il Belgio, malgrado la sua buona volontà, non sia in grado di respingere senza aiuto una marcia francese di tale portata. In questo, vi è certezza sufficiente di una minaccia già diretta verso la Germania.» Questo preambolo menzognero non può trarre in inganno alcun membro del Consiglio della Corona. Tutti sanno che l'accusa portata contro la Francia è falsa e che il governo della Repubblica si è impegnato a rispettare la neutralità belga, mentre il governo imperiale si è rifiutato di prendere tale impegno. Tutti quindi ascoltano questo primo paragrafo con stupefazione.

«È un imperioso dovere di salvaguardia per la Germania di prevenire questo attacco del nemico. Il governo tedesco si dispiacerebbe vivamente che il Belgio guardasse come un atto di ostilità contro di esso il fatto che le misure dei nemici della Germania la obbligano a violare da parte sua il territorio belga.»

L'ipocrisia di queste formule fa rivoltare gli ascoltatori. Ma che cosa ne risulterebbe se sapessero che esse sono state preparate dal 26 luglio? Il seguito del testo li indigna ancora di più:

«La Germania non prevede alcun atto di ostilità nei confronti del Belgio. Se il Belgio acconsente, nella guerra che sta per iniziare, a prendere un atteggiamento di neutralità amichevole di fronte alla Germania, il governo tedesco, da parte sua, si impegna al momento della pace a garantire il regno e tutti i suoi possedimenti in tutta la loro estensione ... Se il Belgio si comporta in modo ostile contro le truppe tedesche e in particolare fa delle difficoltà alla loro marcia in avanti con un'opposizione delle fortificazione della Mosa o con la distruzione delle strade, delle ferrovie, gallerie o altre opere, la Germania sarà obbligata a considerare il Belgio come un nemico...»

Terminata la lettura, Broqueville prende la parola e con qualche frase vigorosa, indica il loro dovere ai colleghi: *«Morire per morire* – dice – *tanto vale morire con onore. Non abbiamo la scelta che tra queste due morti.*

La nostra sottomissione non salverebbe niente. La lotta che la Germania ha intrapreso mette in gioco la libertà dell'Europa. Non nascondiamocelo; se la Germania è vittoriosa, il Belgio, qualunque sia la sua volontà, sarà annesso all'impero.»

Interrogati successivamente dal re, i ministri in carica e i ministri di Stato rispondono all'unanimità che è impossibile cedere all'ultimatum. La redazione della risposta è affidata a Carton de Wiart, ministro della Giustizia, e a Van den Heuvel e Paul Hymans, ministri di Stato. Questi tre commissari si recano al ministero degli Affari esteri per compiere il loro lavoro a mente fredda e vi trovano una bozza già elaborata da Gaiffer. Con l'aiuto di questo schema, dove sono già tracciate le idee essenziali, si mettono al lavoro in presenza di Broqueville e Davignon, e redigono in collaborazione la nota di sobria e virile eloquenza che deve esprimere il pensiero del Belgio. Hanno appena terminato quando Below Saleske ricompare al ministero e, ricevuto dal barone Van der Elst, dichiara di essere incaricato dal suo governo di annunciare al governo belga che la Francia ha ancora violato le frontiera dell'Impero e ha fatto gettare delle bombe in Germania da dei dirigibili. Il barone Van der Elst non si fa imbrogliare da queste nuove calunnie e riconduce freddamente il suo visitatore notturno. Sono le due del mattino. Di nuovo, il Consiglio della Corona si riunisce nel Palazzo reale. Carton de Wiart dà lettura del testo che è stato appena redatto e che, dopo aver sottolineato il profondo e doloroso stupore causato al governo del re dalla nota tedesca, prosegue in questi termini: «*Le intenzioni che essa* (la nota tedesca) *attribuisce alla Francia sono in contraddizione con le dichiarazioni formali che ci sono state fatte il 1° agosto, a nome del governo della Repubblica. Del resto, se, contrariamente alla nostra aspettativa, dovesse essere commessa dalla Francia una violazione della neutralità belga, il Belgio compirebbe tutti i suoi doveri internazionali e la sua armata opporrebbe all'invasore la più vigorosa resistenza … Il Belgio è sempre stato fedele ai suoi obblighi internazionali; esso ha compiuto i suoi doveri in uno spirito di leale imparzialità; non ha trascurato alcuno sforzo per mantenere o far rispettare la sua neutralità. L'attentato alla sua indipendenza di cui la minaccia il governo tedesco costituirebbe una flagrante violazione del diritto delle genti. Il governo belga, accettando le proposte che gli vengono notificate, sacrificherebbe l'onore della nazione, e nello stesso tempo tradirebbe i suoi doveri di fronte all'Europa. Cosciente del ruolo che il Belgio ha da più ottant'anni nella civilizzazione del mondo, si rifiuta di credere che l'indipendenza del Belgio non possa essere conservata che al prezzo della violazione della sua neutralità. Se tale speranza è delusa, il governo belga è fermamente deciso a respingere, con tutti i mezzi in suo potere, ogni attentato al suo diritto.»* Non è stata presentata alcuna osservazione. Il re, che dalla prima ora ha dato un esempio di sangue freddo e di fermezza, mette ai voti l'approvazione della nota. Constata l'unanimità e ringrazia i suoi consiglieri. È deciso. Il Belgio ha preferito il martirio alla vergogna.

In presenza dell'inqualificabile attentato commesso contro di esso, noi offriamo al governo reale di prestargli l'appoggio delle nostre forze, non ora, ma più tardi, quando saranno mobilitate e concentrate. Ci risponde dignitosamente che ci ringrazia, ma che, nelle attuali circostanze, non fa ancora appello alla garanzia delle Potenze. Successivamente valuterà, ci dice, ciò che si dovrà fare.

Secondo quanto ha detto sir Ed. Grey a Paul Cambon, l'opinione pubblica britannica si solleverà di indignazione quando conoscerà la sfida gettata al Belgio. In un Consiglio di ieri sera, e prima di conoscere l'ultimatum tedesco, i ministri inglesi hanno deciso che sir. Ed. Grey avrebbe fatto domani, in merito alla neutralità belga, una dichiarazione alla Camera dei comuni.

Questa mattina, 3 agosto, Paul Cambon ci telegrafa ciò che deve dire esattamente il segretario di Stato: «*Nel caso in cui le squadre tedesche violeranno lo stretto o risaliranno il mare del Nord per doppiare le isole britanniche, nel disegno di attaccare le coste francesi o la marina da guerra francese, la squadra inglese interverrà per prestare alla marina francese piena protezione* (full protection), *in modo che, da quel momento, l'Inghilterra e la Germania saranno in stato di guerra.»* «*Sir Ed. Grey* – aggiunge Paul Cambon – *mi ha fatto osservare che parlare di un'operazione attraverso il mare del Nord è mirare, di fatto, a una dimostrazione nell'oceano Atlantico.*»

Tuttavia, sir Ed. Grey chiede ancora che prima di comunicare la sua dichiarazione alle Camere francesi, Viviani aspetti che sia fatta oggi, lunedì, verso le quattro alla Camera dei comuni.

La Germania prova subito a parare il colpo e, nella giornata, la sua ambasciata a Londra invia un comunicato alla stampa per annunciare che, se l'Inghilterra rimane neutrale, il governo imperiale rinuncerà a ogni operazione navale e non si servirà delle coste belghe come punto d'appoggio. Questa notizia ci fa ancora più rimpiangere che l'opposizione di numerosi membri del gabinetto britannico abbia impedito ad Asquith e a sir Ed. Grey di pronunciarsi prima. È evidente che la Germania ha un grande timore dell'intervento inglese e, se ne avesse avuto più velocemente la certezza, forse si sarebbe fermata sull'orlo del burrone.

Ma non abbiamo più da temere alcun ripensamento? Verso le nove di sera, Viviani arriva all'Eliseo in compagnia di Doumergue. Un telegramma d'agenzia annuncia che dopo il Consiglio del pomeriggio, i ministri inglesi si sono ritirati alquanto agitati. La seduta della Camera dei comuni sarebbe stata rinviata a domani, 4 agosto. Sir Ed. Grey non avrebbe fatto la dichiarazione stabilita. Viviani pareva all'improvviso particolarmente scoraggiato. Per fortuna, un'ora più tardi, tutto è cambiato. L'Havas riceve un telegramma che annuncia che la seduta di Westminster ha luogo e che il segretario di Stato si è espresso come aveva annunciato. Ma la giornata di lunedì si chiude senza che noi abbiamo particolari più ampi, e non è che nella notte che arrivano al Quai d'Orsay dei telegrammi dettagliati di Paul Cambon: «Londra 4 agosto 1914, ore 12,17. *Sir Ed. Grey mi ha detto che noi dovremmo considerare come vincolante per il governo britannico la dichiarazione concernente l'intervento della flotta inglese relativo al mio telegramma 178. La discussione prosegue dalla Camera dei comuni ma il successo del governo è assicurato.*» «N° 193, ore 12,17. *Sir Ed. Grey, che ho visto dopo il Consiglio di gabinetto di questa sera e che ho interrogato su ciò che voi potreste annunciare domani alla Camera in modo ufficiale, mi ha detto che voi* (parola incomprensibile) *dare conoscenza della dichiarazione che mi ha consegnato sulle operazioni navali e della quale vi ho inviato il testo nel mio telegramma 186 bis. Per quanto concerne il Belgio, voi potete dichiarare che il governo britannico non si disinteresserà della neutralità belga e che manterrà il trattato di garanzia. Infine, potete annunciare che la mobilitazione della flotta inglese è compiuta e che sono già stati dati gli ordini per la mobilitazione dell'armata di terra.*»

N° 194, ore 12,17. Segreto. *Sir Ed. Grey mi ha detto confidenzialmente che, nel Consiglio di questa sera, era stato deciso di inviare delle istruzioni domani mattina all'ambasciata d'Inghilterra a Berlino per invitare il governo tedesco a ritirare il suo ultimatum al Belgio. Se esso si rifiuta, ha aggiunto il segretario di Stato, sarà la guerra.*»

Nel frattempo, a Berlino, i servizi di propaganda si impegnano, con una sconcertante attività, a una sapiente falsificazione dei fatti. Il ministero della Wilhelmstrasse ha redatto, ieri notte, un avviso destinato ad essere pubblicato in Inghilterra e in America. Vi è detto, contro ogni verità, che Viviani ha detto a Schœn: «*La Francia si terrà al fianco della Russia.*» «*Il pubblico* – dice il nostro ambasciatore a Berlino – *è convinto che dei distaccamenti francesi abbiano passato la frontiera tedesca e, da ieri, due giornali di Berlino hanno annunciato che degli aviatori francesi hanno gettato delle bombe persino su Norimberga.*»

Si componeva così la favola che andava a fornire il pretesto per la dichiarazione di guerra.

Lunedì 3 agosto, alle sei e un quarto del pomeriggio, il nostro caro ed eminente amico, Myron T. Herrick, ambasciatore degli Stati Uniti, telefona al Quai d'Orsay e, con la voce commossa dalle lacrime, fa sapere a Viviani che Schœn, dopo aver chiesto agli Stati Uniti di accettare la difesa degli interessi tedeschi in Francia, ha espresso il desiderio che la bandiera stellata fosse issata sull'ambasciata della Germania. Herrick ha provvisoriamente accettato la missione di difendere gli interessi tedeschi, con la riserva di accettazione da parte degli Stati Uniti, ma ha rifiutato di issare la bandiera americana sull'ambasciata di rue de Lille.

Viviani capisce che è la guerra; dà l'ordine di avvisarmi e attende la visita che, pochi minuti più tardi, gli fa annunciare Schœn. Riceve l'ambasciatore in presenza di de Margerie. «*Signor presidente* – gli dice Schœn un po' agitato – *noi siamo stati insultati, il mio imperatore ed io. Una donna mi ha insultato vicino alla mia vettura.*» «*Stavate venendo qui?*» «*Sì.*» «*Venite dunque per lamentarvi di questo incidente?*» «*No.*» «*Vi esprimo il mio rammarico e le mie scuse.*» Schœn inclina la testa e tace. Poi, prende un documento dalla sua tasca e lo legge. È una lettera formulata da lui, così redatta: «*Signor presidente, le autorità amministrative e militari tedesche hanno constatato un certo numero di atti di ostilità, commessi sul territorio tedesco da degli aviatori militari francesi. Numerosi di essi hanno violato la neutralità del Belgio, sorvolando il territorio di questo paese; uno ha provato a distruggere delle costruzioni vicino a Wesel, altri sono stati visti sulla regione dell'Eifel, un altro ha gettato delle bombe sulla ferrovia nei pressi di Karlsruhe e di Norimberga. Sono incaricato e ho l'onore di far conoscere a Vostra eccellenza che in presenza di queste aggressioni l'Impero tedesco si considera in stato di guerra con la Francia, a causa di quest'ultima.*» La lettera termina con la richiesta dei passaporti per Schœn e per il personale dell'ambasciata.

Viviani ascolta questa lettura in silenzio e prende il documento che gli consegna l'ambasciatore. Quindi, protesta contro l'ingiustizia e l'insensatezza della tesi imperiale. Ricorda che, ben lontano dall'aver permesso delle incursioni sul territorio tedesco, la Francia ha tenuto le proprie truppe a dieci chilometri al di qua della frontiera e che sono, al contrario, delle pattuglie tedesche che sono venute ad ammazzare, sul nostro suolo e a quella distanza, i nostri soldati.

Schœn dichiara di non saperne nulla; non ha più niente da dire e Viviani altrettanto. Il presidente del Consiglio accompagna l'ambasciatore fino al cortile del ministero e attende che Schœn sia salito sulla sua vettura. L'ambasciatore saluta con un inchino profondo e se ne va. All'indomani, rientrerà tranquillamente in Germania, trattato dalle autorità francesi con tutti i riguardi possibili, mentre Jules Cambon, obbligato dalla dichiarazione di guerra a lasciare Berlino, si vedrà rifiutata la strada che aveva scelto, dovrà pagare in oro, non essendo accettati gli assegni, il trasporto del personale dell'ambasciata, e dovrà viaggiare in un vagone chiuso, come una specie di prigioniero.

Viviani viene all'Eliseo a riferirmi questa tragica conversazione. È esasperato dalla cattiva fede del governo tedesco. Più tardi, quando scriverà la sua *Risposta al Kaiser*[137], si esprimerà ancora con la stessa forza di indignazione.

Ecco i fatti, quali sono stati ora stabiliti e quali li ricorda Viviani. Nel pomeriggio del 2 agosto, il ministro imperiale a Monaco, Treutler, telegrafava a Jagow: «*La notizia sparsa qui, in base alla quale aviatori francesi avrebbero gettato delle bombe nei dintorni di Norimberga, non ha ricevuto fino ad ora alcuna conferma. Non si sono visti che degli aerei sconosciuti, che non assomigliano a degli apparecchi militari. Il lancio di bombe non è accertato e ancora meno la nazionalità francese degli aviatori.*» A questa perentoria testimonianza, si può aggiungere il dispaccio pubblicato il 3 agosto, molto di buon'ora, dalla *Gazzetta di Colonia*: «*Il ministero bavarese della guerra dubita dell'esattezza della notizia che annuncia che degli aviatori sarebbero stati visti al di sopra della linea di Norimberga gettare bombe sulla strada. Monaco, 2 agosto.*»

La principale accusa presentata in appoggio della dichiarazione di guerra era dunque riconosciuta falsa ventiquattro ore prima del passo fatto da Schœn. La notizia di un raid di apparecchi su Wesel non era meno inesatta, né meno assurda.

Come fa notare ancora con qualche ragione Viviani, se noi ci eravamo resi colpevoli di queste incursioni, perché Jagow, quando Jules Cambon gli ha consegnato, il 3 agosto, alle nove di mattina, la protesta del governo francese contro le violazioni tedesche, non ha avuto l'idea di scusare le loro mancanze con le nostre? Non ha detto niente.

Poi, un po' più tardi, Jules Cambon riceve la visita dello stesso Jagow abbacinato dagli aerei di Norimberga, che cerca di far passare per una convinzione la sua temporanea credulità: «Lunedì mattina, 3 agosto, alle undici, Cambon telegrafa: *Jagow è venuto a vedermi e si lamenta degli atti di aggressione che pretende siano stati commessi in Germania, a*

[137] René Viviani, *Réponse au Kaiser*, J Ferenczi et fils Éditeurs, Paris, 1923.

Norimberga e a Coblenza in particolare, da degli aviatori francesi che, secondo lui, sarebbero venuti dal Belgio.»

Peraltro, qualunque falsità contenesse la nota consegnata da Schœn, non riportava tutte quelle racchiuse nel testo inviato da Berlino. Il governo imperiale aveva segnalato al suo ambasciatore, non solamente dei presunti voli aerei, ma delle incursioni terrestri, da Montreux-Vieux e dalla strada di montagna dei Vosgi e, il 3 agosto, alle 13,05, nel momento in cui partiva il telegramma indirizzato a Schœn, Jagow affermava seriamente che delle truppe francesi si trovavano ancora sul territorio tedesco.

Perché l'ambasciatore non ha utilizzato queste informazioni nella sua lettera? Ne supponeva il carattere fantasioso? Ha spiegato nelle sue memorie che il telegramma era arrivato confuso e non aveva potuto essere completamente decifrato e questa spiegazione ha dato luogo a diverse supposizioni. Essa è apparsa alquanto contestabile ad Aulard[138], che ha fatto uno studio tecnico approfondito sulla «confusione» denunciata e che ne ha denunciata l'inverosimiglianza. Aggiungo che, in ogni caso, a quella data e dalla fine del 1911, i servizi del Quai d'Orsay non possedevano il cifrario tedesco e che l'hanno scoperto molto più tardi durante la guerra. È sotto il ministero Clemenceau che sono stati letti, per la prima volta, i telegrammi inviati o ricevuti da Schœn nel 1914.

Confuso o no, il testo di Jagow non conteneva che delle false affermazioni. Non più sulla terra che nell'aria, le nostre truppe non avevano oltrepassato la frontiera francese. Il 3 agosto, un comunicato dell'agenzia Wolff annunciava audacemente che, dalla vigilia, delle compagnie francesi si trovavano a Sainte-Marie-aux-Mines, a Metzeral, a Valdieu, vale a dire nei punti di comando delle alte vallate dell'Alsazia. Niente era vero in questa nota e, dopo averla riportata in una bozza di telegramma, il cancelliere aveva creduto più prudente non farne uso in un documento ufficiale. Il resto non era da meno.

Sarebbe ozioso proseguire questa discussione. Sia nella nota di Schœn, sia nelle istruzioni che aveva ricevuto, nessuna lagnanza ha fondamento e non si è mai provato a giustificare le più gravi: distruzione di Wesel, sorvolo nella regione dell'Eifel, bombe sulla via di Karlsruhe, bombe sulla via di Norimberga. Di certo, l'onestà di Schœn è stata profondamente offesa dai miserabili pretesti che aveva imma-

---

[138] Alphonse Aulard (1849-1928) storico francese che dedicò i suoi studi in particolare alla Rivoluzione.

ginato il suo governo, e ha scritto nelle sue memorie queste frasi, che sono la più sobria e giusta delle condanne: «*La responsabilità da addossare era così grave che necessitava per agire di argomenti irrefutabili. Anche se quegli attacchi avessero avuto luogo realmente, non bisognava attribuire loro l'importanza di attacchi di guerra.*» Ma il governo imperiale non guardava così finemente. Era precipitoso e cercava degli argomenti in fretta. Jagow aveva parlato a Jules Cambon di un aereo francese che sarebbe stato visto a Coblenza. Non ne ha più fatto parola, qualche ora più tardi, nella nota inviata a Parigi. Avrebbe magari potuto parlare anche di un aereo avvistato a Berlino, se la sua immaginazione non avesse esitato ad attribuirci un volo così lontano.

Rileggendo la dichiarazione di guerra, Viviani e tutti i ministri attribuiscono, sotto forme diverse, a Guglielmo II e ai suoi consiglieri il *quos vult perdere Jupiter dementat*[139]. Come può il governo imperiale, dall'inizio di un così terribile conflitto, sacrificare l'onestà dei mezzi al fine che si propone la sua megalomania? Davanti a questa stupefacente incoscienza, in Consiglio, facciamo un esame di noi stessi e del nostro agire e non abbiamo alcunché da rimproverarci. Per me, che dal gennaio 1913, non ho compiuto, al di fuori del governo, alcun atto personale, tuttavia non penso di invocare la mia irresponsabilità costituzionale, oggi più di ieri, per declinare una responsabilità morale; non intendo commettere la viltà di mettermi al riparo dietro al gabinetto, che non è, in maggioranza, composto dai miei vecchi amici politici. Solidarizzo volentieri con esso e dico che entrambi abbiamo fatto tutto per evitare la guerra.

No, no, nessun uomo politico francese ha qualcosa di cui rimproverarsi. Ministri del luglio 1914 o ministri precedenti, tutti coloro che hanno avuto tra le mani le sorti della Francia, possono presentarsi a testa alta davanti alla Storia. In nessun momento essi hanno tradito la causa della pace; in nessun momento essi hanno peccato contro l'umanità. I colpevoli sono il governo austriaco, che ha dichiarato guerra alla Serbia, e il governo tedesco, che l'ha dichiarata successivamente alla Russia e alla Francia, e che ora viola la neutralità belga. Non vi è alcuna scusa, poiché la rapidità della sua mobilitazione gli dà, in ogni caso, dei vantaggi. Fino alla dichiarazione di guerra, tutto poteva ancora essere salvato. Dopo la dichiarazione di guerra, tutto era perduto.

---

[139] La locuzione completa latina di Euripide sarebbe *Quos vult Iupiter perdere, dementat prius*, «a quelli che vuole rovinare, Giove toglie prima la ragione».

Ma, davanti alle prove che ci aspettano, non è sufficiente essere senza rimproveri per essere senza tristezza e, la sera di questa terribile giornata del 3 agosto, io penso, con dolore, ai massacri che si preparano e a tanti giovani uomini che vanno coraggiosamente incontro morte.

Martedì, 4 agosto 1914.

Sir Ed. Grey ha pronunciato ieri ai Comuni un discorso di notevole rilevanza, che ha ottenuto un grande successo. Ha dimostrato che la Germania faceva alla Francia una guerra offensiva. Ha spiegato che l'Inghilterra non aveva verso di noi alcun obbligo diplomatico. Ha letto il nostro accordo del 22 novembre 1912; ha parlato dei nostri accordi militari; ha concluso che l'Inghilterra era libera da ogni impegno giuridico, ma che era legata alla Francia da un'amicizia sincera e che il suo interesse nazionale era, del resto, che le nostre coste non fossero violate. Ha molto più insistito sull'ultimatum notificato dalla Germania al Belgio, sulla nobile lettera indirizzata dal re Alberto I a Giorgio V relativa alla garanzia della neutralità data dalle Potenze e in particolare dall'Inghilterra. La Camera ha acclamato il ministro. L'opinione pubblica britannica ha compiuto il proprio cambiamento. Inglesi e francesi sono ora all'unisono.

L'Inghilterra, sfortunatamente, non è pronta a entrare in azione. È così lontana dall'aver voluto la guerra che è ancora alle procedure diplomatiche: «Telegramma da Londra, n°202, 4 agosto, ore 6,19. *Sir Ed. Grey mi ha pregato di andare ad incontrarlo immediatamente per dirmi che il primo ministro dichiarerà oggi alla Camera dei comuni che la Germania era stata invitata a ritirare il suo ultimatum al Belgio e a dare la sua risposta all'Inghilterra questa sera prima di mezzanotte. Ho chiesto a sir Ed. Grey che cosa farebbe il suo governo se la risposta della Germania fosse negativa. «La guerra», mi ha risposto. «Come farete la guerra? Imbarcherete immediatamente il vostro corpo di spedizione?» «No, bloccheremo tutti porti tedeschi. Non abbiamo ancora previsto l'invio di una forza militare sul continente. Vi ho già spiegato che avevamo bisogno delle nostre forze per far fronte alla nostra difesa in certi punti e che l'opinione pubblica non era favorevole a una spedizione.» «Le vostre spiegazioni – ho risposto – non mi sono parse soddisfacenti e non mi sembra che dobbiate fermarvi davanti a così fragili considerazioni. Quanto al sentimento pubblico, oggi non è quello di tre giorni fa. Vuole la guerra con tutti i mezzi. Il momento è decisivo. Un uomo di Stato lo coglierebbe. Voi sarete obbligato dalla spinta dell'opinione pubblica a intervenire sul continente, ma il vostro intervento, per essere efficace, deve essere immediato.» Ho mostrato allora sulla carta la disposizione delle nostre difese e la necessità di essere protetti sulla nostra sinistra, in caso di violazione della neutralità belga. Ho aggiunto che, negli accordi dei nostri Stati maggiori, gli imbarchi del materiale e degli approvvigionamenti dovevano incominciare il secondo giorno della mobilitazione e che ogni istante perduto porterebbe delle complicazioni nell'esecuzione del nostro programma. Ho pregato il segretario di Stato agli Affari esteri di esporre al primo ministro e al gabinetto queste considerazioni. Mi ha promesso di farlo.* Firmato: Paul Cambon.»

In Belgio, tuttavia, gli avvenimenti precipitano: «Bruxelles, 4 agosto 1914, ore 9,40. *Il ministro di Germania informa questa mattina il ministero degli Affari esteri belga che, a seguito del rifiuto del governo belga, il governo imperiale si vede obbligato a eseguire con la forza delle armi le misure di sicurezza indispensabili di fronte alle minacce francesi.* Firmato: Klobukowski.»

«Bruxelles, n° 103, ore 11,46. *Abbiamo appena assistito a una seduta indimenticabile. L'intero Parlamento, senza distinzione di partiti, ha acclamato il re che, in un discorso eloquente ed energico, ha dichiarato che la patria era in pericolo e bisognava difendere la sua indipendenza sino alla fine. Il presidente del Consiglio ha letto in seguito, in mezzo a un profondo silenzio, l'ultimatum tedesco, la risposta del governo reale e la lettera, indirizzata questa mattina al ministero degli Affari esteri, nella quale Below dichiara che il governo imperiale «assumerà al bisogno con la forza le misure necessarie esposte come indispensabili di fronte alle minacce francesi». Broqueville ha letto in seguito una dichiarazione del governo che fa appello all'unione di tutti i partiti di fronte al pericolo che minaccia il Belgio e ha terminato con queste parole: «Un paese che difende la propria indipendenza può essere vinto; ma non sarà mai sottomesso.» Questa seduta è terminata tra l'entusiasmo.»*

«Bruxelles, n° 106. *Il presidente del Consiglio denuncia alla Camera l'invasione del territorio. All'unanimità, la Camera vota duecento milioni per la Difesa nazionale, la legge sullo spionaggio, richiamo delle classi del quattordicesimo e del quindicesimo, ferma indefinita delle classi 1914 e 1915 e amnistia dei disertori. Il capo del partito socialista, Vandervelde, nominato ministro Stato. Il Belgio dà un ammirevole spettacolo.»*

«Bruxelles, n° 118, ore 23,49. *Quattro corpi d'armata dei quali il settimo corpo a Verviers hanno invaso il territorio belga da Aquisgrana a Recht. Incontro d'avanguardie davanti a Liegi, in particolare a Visé, che è incendiata. Si segnalano Huy e Argenteau in fuoco e la popolazione civile decimata in rappresaglie per colpi di fuoco sparati sui distaccamenti. Truppe tedesche progrediscono nella regione di Liegi:* Firmato: Klobukowski.»

Così, solo qualche ora dopo la dichiarazione di guerra, la Germania è pronta a battersi. È sufficiente dire che la sua vera mobilitazione è iniziata molto tempo prima di essere proclamata. Mentre si sparano i primi colpi e si preparano più lentamente le operazioni militari di vasta portata tra Russia e Germania, l'Austria, che è la causa primaria del conflitto europeo, ha spinto il paradosso fino a non rompere con alcuno, per il momento, se non con la Serbia. Il conte Szécsen non sembra pensare di lasciare la sua ambasciata. Dumaine ci telegrafa che crede di non dover lasciare la sua e ritiene, con ragione, che, fino a nuovo ordine, non tocchi a noi prendere iniziative.

Le altre nazioni iniziano a definire il ruolo che intendono avere nel terribile dramma che sta per iniziare. Molte vogliono rimanere dietro le quinte. L'Italia conferma al mondo la sua intenzione di conservare la neutralità. Dopo vivaci discussioni in seno al governo rumeno, la stessa decisione è presa a Bucarest. La Svezia ha decretato la mobilitazione delle classi dal 1905 al 1913; ma è vero che la mobilitazione, quando lo si vuole, non è la guerra, che il ministro svedese degli Affari esteri ha promesso alla Russia la neutralità, con una riserva: se l'Inghilterra prende parte alla guerra, è possibile che la Svezia sia messa nelle condizioni dalla Germania di dichiararsi e che a quel momento, costretta dal pubblico sentimento, sia portata a schierarsi a fianco degli Imperi centrali. La Danimarca ha proclamato la sua neutralità nei conflitti tra la Germania e la Russia, come in quello tra la Germania e la Francia. In Olanda, Loudon[140] ha categoricamente affermato a Marcellin Pellet[141] che l'Olanda non solo conserverà la neutralità, ma è risoluta a farla rispettare. La Svizzera resta fedele alle sue tradizioni di fiera indipendenza. Da San Sebastian, dove si trovano la corte e il governo della Spagna, Geoffray[142] ci riferisce una conversazione che ha appena avuto con il re. Alfonso XIII[143] gli ha detto che il suo paese non può impegnarsi nella lotta e resterà neutrale, ma che egli, avendo sangue francese nelle vene, ha seguito con ammirazione gli sforzi che il governo della Repubblica ha fatto per mantenere la pace e il bell'afflato patriottico che ha accompagnato la mobilitazione. Ha espresso la più viva simpatia per la Francia e ha concluso che essa

[140] John Loudon (1866-1955) fu ministro degli Affari esteri dell'Olanda dal 1913 al 1918.
[141] Marcellin Pellet (1849-1942) storico, avvocato e diplomatico.
[142] Léon Geoffray (1852-1927) fu ambasciatore di Francia a Madrid dal 1910 al 1917.
[143] Alfonso XIII di Borbone (1886-1941) divenuto re di Spagna alla nascita, assunse realmente il potere nel 1902 (dopo la reggenza della madre Maria Cristina d'Asburgo-Teschen) e fu deposto nell'aprile del 1931, a seguito della vittoria elettorale dei repubblicani

sta per difendere l'indipendenza delle nazioni latine e, quindi, anche quella della Spagna.

Geoffray aggiunge: «*Il Re mi ha parlato questa mattina di un telegramma indirizzato dal duca di Guisa al presidente della Repubblica, in vista di ottenere il permesso di servire come soldato, anche sotto falso nome nell'armata francese nel corso dell'attuale guerra. Sua Maestà mi ha detto che attribuirebbe un valore «enorme» a che questo favore fosse accordato a suo cugino: «Io non posso servire sotto la vostra bandiera – mi ha detto – e vorrei che uno dei miei cugini potesse farlo. Voi sapete che il duca di Guisa non ha mai fatto politica. Se gli fosse accordato questo favore, alle condizioni che il governo della Repubblica giudicherà possibili, ne sarai personalmente molto riconoscente.*»

Il duca di Guisa, in effetti, mi ha chiesto, con una perfetta dignità, se non gli poteva essere accordato di servire, apertamente o meno, nelle armate francesi. Avrei voluto potere rispondere affermativamente a questa generosa proposta. Ma la legge, che ho già opposto al principe Rolando Bonaparte, è formale, e il gabinetto teme che non sia possibile abrogarla senza un dibattito pericoloso per l'unità nazionale.

Il duca di Vendôme, cognato di re Alberto, ha scritto anch'egli a Messimy per chiedere l'autorizzazione di servire come soldato alla frontiera dell'Est, nelle truppe di prima linea. Il governo è obbligato a dargli la stessa risposta del duca di Guisa e del principe Roland. Ma queste lettere mi danno la prova che nulla vi è ancora tra i francesi delle loro discordie di ieri. È veramente l'unanimità del popolo che si è sollevata, in faccia alla Germania, sotto il drappello tricolore. E quando ho scritto il mio passaggio, la parola mi è venuta naturale sotto la penna: l'unione sacra (*l'union sacrée*), sacra come il battaglione tebano, i cui guerrieri, legati da un'indissolubile amicizia, giuravano di morire insieme, sacra, come le guerre intraprese dai greci per la difesa del tempio di Delfi, sacra come ciò che è grande, inviolabile e quasi soprannaturale.

Le esequie di Jean Jaurès hanno avuto luogo questa mattina, tra un'affluenza straordinaria. Anche queste hanno preso il carattere augusto di una manifestazione di solidarietà nazionale. Tutti i rappresentanti del paese vi hanno assistito insieme ai presidenti delle Camere e al presidente del Consiglio. Maurice Barrès era là, a nome della Lega dei Patrioti. Viviani ha pronunciato, tra le acclamazioni, un discorso molto commovente. Jouhaux, segretario della Confederazione generale del Lavoro, ha parlato con un accento di gravità e di sincerità che ha profondamente toccato il cuore di tutti.

Alle tre del pomeriggio, sono iniziate le sedute delle due Camere. Al Senato, ogni frase del mio messaggio, letta dal guardasigilli, è stata sottolineata da unanimi applausi. Alla fine, tutti i senatori si sono alzati, hanno salutato con una triplice salva e hanno ripetutamente gridato «Viva la Francia!». Bienvenu-Martin, che oggi dà un figlio alla patria, mi ha detto: «*Lo spettacolo è straziante.*»

Alla Camera, quando al suono dei tamburi, Deschanel[144] è arrivato tra gli zuavi che gli facevano ala, la folla che riempiva la sala dei Passi Perduti, anche qui ha gridato,: «Viva la Francia! Viva la Repubblica!». Salito al suo seggio Deschanel ha pronunciato, con qualche parola commossa, l'orazione funebre di Jaurès, «*assassinato da un demente, nell'ora stessa in cui tentava un supremo sforzo in favore della pace e dell'unione nazionale.*» Il presidente della Camera ha proseguito: «*I suoi avversari sono colpiti come i suoi amici e s'inchinano con rispetto davanti alla nostra tribuna in lutto. Ma che dico? Vi sono ancora degli avversari? No, non ci sono che francesi, dei francesi che, da quarantaquattro anni, hanno fatto ogni sacrificio per la causa della pace e che, oggi, sono pronti a ogni sacrificio per la più santa della cause: la salvezza della civiltà, la libertà della Francia e dell'Europa.*»

Poi, Viviani, molto pallido, contenendo a fatica la sua sensibilità eccessiva, per la quale arrivava così frequentemente a soffrire, ha salito con passo lento i gradini della tribuna e ha letto, con voce grave, il messaggio presidenziale.

Tutti i suoi colleghi del ministero ed egli avevano pensato, come me, che dovessi indirizzare oggi una comunicazione solenne ai rappresentanti del paese. Un messaggio, non è tuttavia, contrariamente a un'opinione molto diffusa, un atto personale del presidente della Repubblica. È un documento che deve essere deliberato in Consiglio e controfirmato dal governo responsabile. Unicamente un messaggio di dimissioni è dispensato dall'essere controfirmato. Avevo quindi letto la mia bozza al gabinetto che l'aveva accuratamente esaminata. Thomson e Augagneur avevano anche suggerito delle leggere modifiche di forma, che avevo accettato. Si era facilmente raggiunta l'unanimità sul testo definitivo che avevo redatto.

Dalle prime parole, su tutti i gradini dell'anfiteatro, la Camera intera, dall'estrema destra all'estrema sinistra, si è alzata. Uomini quali il conte Mun e Maurice Barrès hanno immediatamente trovato comu-

---

[144] Paul Deschanel (1855-1922) fu presidente della Repubblica per circa otto mesi nel 1920. Dovette dimettersi perché affetto da una grave malattia mentale.

nanza con i Jules Guesde, i Vaillant, i Marcel Sembat, nell'amore fervente per la patria. Il messaggio ha ricevuto analoga accoglienza nell'altra Assemblea e gli spettatori hanno fatto eco all'entusiasmo dei deputati:

«*Signori, la Francia è stata appena oggetto di un'aggressione brutale e premeditata che è un'insolente sfida al diritto delle genti. Prima ancora che ci fosse indirizzata una dichiarazione di guerra e anche prima che l'ambasciatore di Germania chiedesse i suoi passaporti, il nostro territorio è stato violato. L'Impero tedesco ieri non ha fatto altro che dare tardivamente il vero nome a uno stato che aveva già creato.*

Da più di quarant'anni, i francesi, in un sincero amore per la pace, hanno respinto nel fondo del loro cuore il desiderio di legittime riparazioni.

Essi hanno dato al mondo l'esempio di una grande nazione che, definitivamente risollevatasi dalla sconfitta con la volontà, la pazienza e il lavoro, non ha fatto uso della sua rinnovata e ringiovanita forza che per l'interesse e per il bene dell'umanità.

Da quando l'ultimatum dell'Austria ha aperto una minacciosa crisi per l'Europa intera, la Francia si è prodigata a seguire e a raccomandare ovunque una politica di prudenza, di saggezza e di moderazione. Nessuno le può imputare alcun atto, alcun gesto, alcuna parola, che non sia stato pacifico e conciliante. Nell'ora dei primi combattimenti, essa ha il diritto di rendere solenne giustizia agli sforzi che ha fatto, sino all'ultimo momento, per scongiurare la guerra che sta scoppiando e della quale l'impero tedesco sopporterà davanti alla storia la schiacciante responsabilità.

All'indomani dello stesso giorno in cui noi e i nostri alleati esprimevamo pubblicamente la speranza di vedere proseguire pacificamente i negoziati iniziati sotto gli auspici del gabinetto di Londra, la Germania ha dichiarato improvvisamente la guerra alla Russia, ha invaso il territorio del Lussemburgo, ha oltraggiosamente insultato la nobile nazione belga, nostra vicina e nostra amica, e ha cercato di sorprenderci proditoriamente in piene conversazioni diplomatiche.

Ma la Francia vegliava. Tanto vigile quanto pacifica, essa era preparata; e i nostri nemici stanno incontrando sul loro cammino le nostre valorose truppe di copertura, che sono al loro posto di battaglia e al riparo delle quali si concluderà con metodo la mobilitazione di tutte le nostre forze nazionali. La nostra bella e coraggiosa armata, che la Francia accompagna oggi con il suo pensiero materno, si è levata fremente per difendere l'onore della bandiera e del suolo patrio.

Il presidente della Repubblica, interprete dell'unanimità del paese, esprime alle nostre truppe di terra e di mare l'ammirazione e la fiducia di tutti i francesi.

Strettamente unita in un unico sentimento, la nazione persevererà nel sangue freddo di cui ha dato quotidiano esempio dall'apertura della crisi. Essa saprà, come sempre, conciliare i più generosi afflati e gli ardori più entusiastici con quella padronanza di sé che è il segno delle energie durature e la migliore garanzia della vittoria.

Essa è fedelmente seguita dalla Russia, sua fedele alleata; è sostenuta dalla leale amicizia dell'Inghilterra. E già da tutto il mondo civilizzato le giungono le simpatie e gli auguri. Poiché essa rappresenta oggi, una volta di più davanti all'universo, la libertà, la giustizia e la ragione.

Nella guerra che si sta ingaggiando, la Francia avrà dalla sua parte il diritto, del quale i popoli come gli individui, non potranno impunemente misconoscere l'eterna forza morale. Essa sarà eroicamente difesa da tutti i propri figli, dei quali niente romperà davanti al nemico l'unione sacra e che sono oggi fraternamente uniti nella stessa indignazione contro l'aggressore e in una stessa fede patriottica. In alto i cuori e viva la Francia!»

Dopo il messaggio, Viviani ha letto, a nome del governo, una dichiarazione più lunga e più dettagliata, dove ricordava, con emozione e con vigore, gli avvenimenti che si erano succeduti dopo il doppio assassinio di Sarajevo. Ha particolarmente insistito sui preparativi militari che la Germania aveva iniziato dopo l'ultimatum austriaco, sulla cattiva volontà che aveva posto nel trattenere il proprio alleato, sui pretesti assurdi che aveva invocato per dichiarare guerra.

«Avevamo dedicato alla pace – ha detto – *un sacrificio senza precedenti portando per mezzo secolo, silenziosamente al nostro fianco, la ferita aperta dalla Germania. Ne abbiamo consentite altre in ogni contrasto che, dal 1904, la diplomazia imperiale ha sistematicamente provocato, sia per il Marocco, sia altrove, tanto nel 1905 che nel 1906, nel 1908 che nel 1911. Anche la Russia ha dato prova di grande moderazione, all'epoca degli avvenimenti del 1908 come nell'attuale crisi. Essa ha osservato la stessa moderazione e la Triplice Intesa con lei quando, nella crisi orientale del 1912, l'Austria e la Germania hanno formulato sia contro la Serbia, sia contro la Grecia, delle pretese discutibili come i fatti hanno dimostrato. Inutili sacrifici, sterili transazioni, sforzi vani! …»* E Viviani concludeva, tra unanimi applausi: *«Non abbiamo nulla da rimproverarci, Saremo senza paura. La Francia ha spesso provato, nelle condizioni meno favorevoli, che è il più temibile avversario, quando si batte, come nel caso di oggi, per la libertà e per il diritto.»*

Tutti i progetti di legge depositati dal governo sono in seguito votati nelle due Camere senza un parola di discussione, prestiti e crediti supplementari, regime della stampa in tempo di guerra e diverse altre disposizioni urgenti. Dopodiché, Viviani fa, con poche parole vibranti, un magnifico appello al paese e le Camere si aggiornano *sine die*. Il governo, che ha aperto per decreto questa sessione straordinaria, non vuole, per rispetto al Parlamento, pronunciarne d'autorità la chiusura.

«*Bella e buona giornata* – scrive Maurice Barrès – *perfetta sotto ogni punto di vista, apice della perfezione parlamentare.*» Dopo la seduta, i ministri accorrono all'Eliseo. Mai, mi dicono, hanno visto uno spettacolo più grandioso di quello cui hanno assistito. Tutti mi ripetono a gara: «*Perché non potevate esserci? A memoria d'uomo, non vi è stata in Francia cosa più bella.*»

Dello stesso editore

Friedrich von Schiller – *Storia della guerra dei Trent'anni*

Aurelio Picco – *Charles d'Éon il diplomatico travestito – 1728/1810*

Hector Fleischmann – *La ghigliottina nel 1793*

Albert Mathiez – *Le origini dei culti rivoluzionari 1789/1792*

K. Waliszewski – *La corte di Caterina II di Russia*

K. Waliszewski – *Caterina II di Russia – Una donna al potere*

Tutti le opere sono disponibili anche in formato Kindle su Amazon.

Di prossima pubblicazione

Raymond Poincaré – *L'invasione – 1914 – Nove anni al servizio della Francia*

www.ingramcontent.com/pod-product-compliance
Lightning Source LLC
LaVergne TN
LVHW021713080426
835510LV00010B/981